um
tempo
pra
mim

Ana Beatriz Barbosa Silva

um tempo pra mim

10 minutos diários de autocuidado MENTAL

principium

Copyright © 2024 by Editora Globo S.A.
Copyright © 2024 by Ana Beatriz Barbosa Silva

Todos os direitos reservados. Nenhuma parte desta edição pode ser utilizada ou reproduzida — em qualquer meio ou forma, seja mecânico ou eletrônico, fotocópia, gravação etc. — nem apropriada ou estocada em sistema de banco de dados, sem a expressa autorização da editora.

Texto fixado conforme as regras do Novo Acordo Ortográfico da Língua Portuguesa (Decreto Legislativo nº 54, de 1995)

Editora responsável: Amanda Orlando
Editor-assistente: Rodrigo Ramos
Revisão: Lorraine Furtado, Luisa Tieppo,
Mariana Donner e Vanessa Raposo
Projeto gráfico: Renata Zucchini
Capa: Gabryel Matias Lopes Pereira

1ª edição, 2024 — 1ª reimpressão, 2024

CIP-BRASIL. CATALOGAÇÃO NA PUBLICAÇÃO
SINDICATO NACIONAL DOS EDITORES DE LIVROS, RJ

S578t
    Silva, Ana Beatriz Barbosa
       Um tempo pra mim : 10 minutos diários de autocuidado mental / Ana Beatriz Barbosa Silva. - 1. ed. - Rio de Janeiro : Principium, 2024.
    384 p. ; 23 cm.

    ISBN 9786588132517

       1. Desenvolvimento pessoal. 2. Autorrealização (Psicologia). 3. Técnicas de autoajuda. I. Título.

24-94243   CDD: 158.1
                   CDU: 159.923.2

Gabriela Faray Ferreira Lopes - Bibliotecária - CRB-7/6643

Direitos de edição em língua portuguesa para o Brasil adquiridos por Editora Globo S.A.
Rua Marquês de Pombal, 25 – 20230-240 – Rio de Janeiro / RJ
www.globolivros.com.br

COMO USAR

Somente você é capaz de ser dono do seu tempo, por isso, pode começar a usar este livro – e usufruir dos exercícios aqui propostos – em qualquer dia do ano. Basta abrir na página correspondente à data corrente e mãos à obra!

Um tempo pra mim conta com 365 reflexões e atividades – uma para cada dia do ano, divididas de acordo com as datas aproximadas do início das estações. Mesmo em um país tropical como o Brasil, onde as estações não são tão marcadas como em outras regiões do globo, as mudanças típicas de cada uma delas também mexem com as nossas emoções e o funcionamento do nosso corpo. No verão, estamos mais abertos, saímos mais de casa, usamos roupas mais despojadas e festas como o réveillon e o carnaval nos trazem alegria e animação. No outono é quando, segundo dizem, o ano realmente começa e passamos por nossos meses mais produtivos, nos preparando para o que virá a seguir. No inverno, enfrentamos temperaturas baixas no Sul e no Sudeste e chuvas no Norte e Nordeste. É o tempo de nos conectarmos com nossa casa e olharmos mais para dentro. Por fim, com a chegada da primavera, temos a certeza de que tudo renasce. As temperaturas voltam a subir e, aos poucos, nosso olhar retorna para o lado de fora e para, o outro, em busca de um novo horizonte.

O design dos dias de verão é marcado pela cor laranja; o outono, pela verde; o inverno, pela lilás; e a primavera, pela rosa. As cores, assim como as estações, mexem com nosso ânimo e nossos sentimentos, de forma que é recomendado que você pense, ainda, nos muitos significados de cada uma delas quando estiver realizando as atividades propostas.

Cada página conta com uma frase para meditação e um texto com uma reflexão para o dia. Em seguida, há um exercício para colocar o conteúdo em prática. Esta edição oferece algumas linhas para que você inclua seus pensamentos após a realização da atividade, um espaço impor-

ESTE LIVRO

tante para organizar os pensamentos e para o qual você pode retornar sempre que sentir a necessidade de se reconectar com aquelas ideias e se recordar das sensações daquele momento.

Há, ainda, um espaço para anotar seu sentimento predominante quando fez a reflexão do dia – amor, raiva, cansaço, dúvida, ansiedade, tristeza, alegria, animação etc. Os sentimentos influenciam nossa maneira de pensar e são um filtro de ideias, de forma que, quando você reler suas anotações, será importante saber com que viés elas foram escritas.

Na seção "consistência", você deve anotar quantas reflexões das 365 aqui presentes você já fez. Esse controle o ajudará a criar o hábito diário e avaliar o avanço realizado em sua saúde mental – e também na física, já que o corpo é, além de um espelho da alma, um reflexo da nossa mente.

Para a leitura, a reflexão e as suas anotações pessoais, você não precisará de mais de dez minutos. Mesmo em meio à correria da rotina, sempre temos alguns minutos disponíveis, seja ao acordar, ou no transporte, no intervalo do almoço, em alguma sala de espera ou antes de dormir. Leve **Um tempo pra mim** sempre com você e aproveite os pequenos intervalos do dia para um encontro necessário consigo mesmo e veja como esse momento tornará sua vida mais plena e focada em alcançar a felicidade, seus sonhos e metas.

Um tempo pra mim é muito mais do que um livro, é um acerto de tempo entre seu eu que vem à tona de forma automática em meio às inúmeras – e aparentemente infinitas – tarefas cotidianas e o seu eu mais profundo. Você tem em mãos uma passagem para uma viagem incrível rumo ao ser humano melhor que habita dentro de você e que espera para ser despertado. Vamos iniciar esta jornada? **A hora é agora!**

O escudo da arrogância

A presunção advinda da arrogância cria um escudo ao redor das pessoas que as impede de assimilar novos conhecimentos, impedindo a evolução.

A arrogância, quando combinada com a presunção, se torna uma barreira que afasta o crescimento e a evolução. Esse comportamento cria um escudo ao redor das pessoas, isolando-as de novas ideias e experiências.

A presunção faz com que as pessoas acreditem que já sabem tudo o que precisam saber, bloqueando qualquer possibilidade de aprendizado ou mudança. Quando nos deixamos levar pela arrogância, construímos muros ao nosso redor, protegendo nossas crenças e conservando nossos preconceitos. Esse comportamento nos afasta do conhecimento e da sabedoria que poderiam nos transformar.

Isso não apenas impede o progresso pessoal, mas também nos aparta dos outros, tornando difícil a troca de experiências e o crescimento conjunto. A evolução, seja intelectual, emocional ou espiritual, exige abertura e humildade.

APLICAÇÃO PRÁTICA

Reflita sobre situações em que você pode ter deixado a presunção e a arrogância bloquearem novas ideias ou experiências. Comprometa-se a ser mais aberto e receptivo ao aprendizado, lembrando-se de que a verdadeira sabedoria vem da humildade.

CONSISTÊNCIA:
.... / 365

SENTIMENTO:

ANOTAÇÕES:

2 janeiro

A verdade por trás da arrogância

A arrogância é o disfarce mais comum da covardia.

A arrogância muitas vezes aparece como uma atitude de autoconfiança, mas, na verdade, pode ser um disfarce para inseguranças profundas. É uma máscara que a covardia usa para esconder o medo de enfrentar a própria vulnerabilidade.

Pessoas arrogantes frequentemente sentem a necessidade de se afirmar como superiores, mas essa necessidade tende a nascer de um medo interno de serem vistas como inferiores ou insuficientes. A arrogância se torna então um escudo, uma forma de evitar o confronto dessas inseguranças e de manter uma imagem de força. No entanto, essa fachada esconde uma grande fragilidade. A verdadeira coragem não precisa da arrogância; ela vem da aceitação de quem somos, com todas as nossas imperfeições e vulnerabilidades.

A covardia, por outro lado, teme essa aceitação e, por isso, se esconde atrás de uma falsa confiança. Quando reconhecemos a origem da arrogância, podemos começar a trabalhar para superá-la.

APLICAÇÃO PRÁTICA

Observe se em algum momento você utilizou a arrogância como mecanismo de defesa. Reflita sobre as inseguranças que podem estar por trás desse comportamento e trabalhe para substituí-las por uma autoconfiança baseada em autenticidade e aceitação.

CONSISTÊNCIA:
.... / 365

SENTIMENTO:

ANOTAÇÕES:

3
janeiro

A interligação da humanidade

Uma pandemia tem o poder de nos lembrar que estamos todos interligados de maneira inexorável. O bem ou mal que fazemos repercute em tudo e em todos.

As crises globais, como uma pandemia, revelam de forma contundente a interconexão entre todos os seres humanos. Elas nos lembram de que nossas ações, sejam boas ou más, têm impactos que se estendem para muito além de nós mesmos.

A pandemia nos mostrou de maneira clara e inegável que ninguém está isolado no mundo. O que fazemos, seja no âmbito individual ou coletivo, reverbera por toda a humanidade. O vírus, ao se espalhar globalmente, evidenciou como estamos interligados por redes complexas de relacionamentos, economia, saúde e bem-estar. Assim, atos de bondade e responsabilidade, como seguir medidas de segurança e cuidar dos outros, se multiplicam em efeitos positivos que salvam vidas e promovem o bem comum.

Por outro lado, ações irresponsáveis ou egoístas também têm repercussões amplas, causando danos que se espalham rapidamente. Essa realidade nos chama a uma consciência maior sobre nosso papel no mundo.

APLICAÇÃO PRÁTICA

Reflita sobre como suas ações diárias impactam aqueles ao seu redor. Comprometa-se a agir de forma que suas escolhas contribuam positivamente para a comunidade e para o mundo, lembrando-se de que estamos todos interligados.

CONSISTÊNCIA:
.... **/ 365**

SENTIMENTO:

ANOTAÇÕES:

4 janeiro

Entre o medo e o amor

O medo e o amor estão em nosso DNA essencial. Um nos separa, o outro nos une. Entretanto, somente o autoconhecimento pode acionar o amor escondido dentro de nós.

O medo e o amor são forças fundamentais que coexistem dentro de cada ser humano. Enquanto o medo tende a nos afastar dos outros e de nós mesmos, o amor tem o poder de unir e curar. No entanto, para que o amor prevaleça, é necessário um profundo autoconhecimento.

O medo é uma resposta natural que muitas vezes nos protege, mas também pode nos impedir de viver plenamente. Ele pode nos isolar, criar barreiras e nos afastar do que mais desejamos. Por outro lado, o amor nos abre, nos conecta e nos aproxima dos outros. Porém, para escolher o amor sobre o medo, precisamos primeiro nos conhecer profundamente. O autoconhecimento nos permite entender as raízes de nossos medos e transformá-los, permitindo que o amor floresça em nosso coração.

Quando nos conhecemos, podemos reconhecer e desativar os gatilhos do medo, escolhendo conscientemente o caminho do amor. Esse processo nos capacita a viver de forma mais plena, conectada e significativa.

APLICAÇÃO PRÁTICA

Pratique o autoconhecimento dedicando tempo para refletir sobre seus medos e suas motivações. Pergunte-se como pode transformar esses medos em amor e comece a fazer escolhas diárias que reflitam essa transformação.

CONSISTÊNCIA:
.... / 365

SENTIMENTO:

ANOTAÇÕES:

5 janeiro

Respeito e evolução

As diferenças existem para que possamos evoluir rumo ao amor universal. Respeite os outros. Se não for por educação, que seja por inteligência.

As diferenças entre as pessoas não são obstáculos a serem superados, mas sim oportunidades para o crescimento e a evolução. Elas nos desafiam a expandir nossa compreensão e a cultivar o respeito, um passo essencial para alcançar o amor universal.

A diversidade humana é uma das maiores riquezas do mundo. Cada pessoa, com sua história, cultura e perspectiva únicas, contribui para o mosaico complexo que é a humanidade. Quando encontramos diferenças, podemos reagir de várias maneiras, mas o respeito deve ser sempre a base de qualquer interação. Respeitar as diferenças, mesmo que não as compreendamos de todo, é uma demonstração de inteligência e maturidade.

Respeitar é reconhecer a dignidade do outro, independentemente de concordarmos ou não com ele. Esse respeito é a base para o amor universal, um amor que transcende diferenças e vê a humanidade comum em todos nós.

APLICAÇÃO PRÁTICA

Ao se deparar com alguém que tem opiniões ou estilos de vida diferentes dos seus, pratique o respeito, lembrando-se de que essas diferenças são oportunidades de crescimento. Reflita sobre como o respeito pode abrir portas para uma compreensão na construção de relacionamentos saudáveis.

CONSISTÊNCIA: .... / 365

SENTIMENTO:

ANOTAÇÕES:

6
janeiro

A ética como guia

*Coloque ética em seu caráter:
faça o que é correto e não o que é mais fácil.*

Em um mundo onde a facilidade muitas vezes se sobrepõe à integridade, a ética se torna um guia essencial para nossas ações. Fazer o que é certo, mesmo quando é difícil, fortalece nosso caráter e nos alinha com nossos valores mais profundos.

A ética é a bússola interna que nos orienta em nossas escolhas e ações. Ela não se baseia em conveniência ou vantagem pessoal, mas sim em princípios sólidos de integridade e justiça. Muitas vezes, o caminho ético não é o mais fácil. Ele pode exigir sacrifícios, coragem e a disposição de ir contra a corrente. No entanto, é esse compromisso com o que é certo que constrói um caráter forte e respeitável.

Agir de acordo com a ética não significa apenas evitar o mal, mas também buscar o bem ativamente. É uma escolha consciente de viver de forma alinhada com valores que promovem o bem-estar coletivo e a justiça. Quando fazemos o que é correto, mesmo em face de dificuldades, estamos contribuindo para um mundo mais justo e honesto, e também nos tornando pessoas em quem os outros podem confiar.

APLICAÇÃO PRÁTICA

Reflita sobre uma situação recente em que você precisou escolher entre o que era fácil e o que era certo. Como essa escolha impactou você e os outros? Comprometa-se a fazer escolhas éticas, mesmo quando o caminho parecer mais difícil.

CONSISTÊNCIA:
.... / 365

SENTIMENTO:

ANOTAÇÕES:

A chave para a transformação
A aceitação é o primeiro passo para a mudança.

Antes de qualquer mudança significativa é necessário aceitar a realidade como ela é. Só assim podemos agir de forma consciente e transformar o que precisa ser mudado.

Muitas vezes, resistimos à realidade, negando ou evitando enfrentar situações difíceis. No entanto, a mudança só pode ocorrer quando aceitamos o ponto de partida – nossas limitações, desafios e fraquezas. A aceitação não significa conformismo, mas sim a disposição de enxergar as coisas como são, sem máscaras ou ilusões. Ao aceitar a verdade, nos capacitamos para agir de maneira clara e intencional em direção à transformação que desejamos. A partir dessa base de aceitação, o caminho para a mudança se torna mais acessível e concreto.

APLICAÇÃO PRÁTICA

Reflita sobre as áreas da sua vida que você gostaria de mudar. Antes de agir, pergunte-se se já aceitou completamente a situação atual. Use essa aceitação como o ponto de partida para a transformação.

CONSISTÊNCIA:
.... / 365

SENTIMENTO:

ANOTAÇÕES:

Desperte para a realidade

Se você ainda não percebeu que o mundo ao seu redor é a verdadeira matriz, lamento informar, mas você é 100% manipulado e ainda nem notou.

Vivemos em um mundo onde a informação e as percepções são frequentemente moldadas por forças externas. Reconhecer essa realidade é o primeiro passo para libertar-se da manipulação e começar a ver o mundo com clareza.

A matriz a que a frase que abre esta seção se refere é o conjunto de influências que moldam nossas crenças, opiniões e comportamentos. Elas podem vir de mídias, governos, culturas ou até mesmo de círculos sociais. Se não estivermos conscientes, podemos facilmente nos tornar vítimas dessas manipulações, vivendo vidas que não são verdadeiramente nossas.

Despertar para essa realidade exige um nível de autocrítica e questionamento que nem sempre é confortável. No entanto, essa ação é necessária para desenvolver uma visão mais autêntica e independente do mundo. Quando começamos a questionar as narrativas que nos são apresentadas e a buscar a verdade por conta própria, ganhamos a liberdade de pensar e agir de acordo com nossos próprios valores e convicções.

APLICAÇÃO PRÁTICA

Comece a questionar as informações e as influências que você aceita em sua vida. Reflita sobre o que realmente ressoa com seus valores e o que pode estar sendo imposto externamente. Esse processo de autoanálise o libertará de manipulações e o ajudará a viver de forma consciente.

CONSISTÊNCIA:
.... / 365

SENTIMENTO:

ANOTAÇÕES:

O tempo e a mente

Somente o tempo, senhor de todas as verdades,
pode mudar uma mente radical.

Mudanças profundas na forma de pensar raramente acontecem de uma hora para a outra. O tempo, com sua capacidade de trazer novas perspectivas e experiências, é o verdadeiro agente de transformação das mentes mais radicais.

Uma mente radical, presa em ideias fixas e absolutas, muitas vezes resiste a novas informações e mudanças. No entanto, o tempo tem uma maneira sutil e poderosa de suavizar essas resistências. Através de novas experiências, desafios e aprendizados que só o tempo é capaz de oferecer, mesmo as crenças mais rígidas podem começar a se transformar.

O tempo nos concede a oportunidade de refletir e a maturar ideias. Nos ensina que nada é permanente, nem mesmo nossas crenças mais arraigadas. Ao longo dos anos, o que parecia inabalável pode ser questionado, revisado e, eventualmente, alterado. Essa transformação não acontece porque alguém impôs uma nova visão, mas porque o tempo permite que as verdades mais profundas se revelem gradualmente.

APLICAÇÃO PRÁTICA

Se você está preso em uma mentalidade rígida, confie no processo do tempo. Permita que novas experiências e reflexões atuem como catalisadores para a mudança. Lembre-se de que o tempo é um professor paciente e de que a transformação verdadeira acontece de dentro para fora.

CONSISTÊNCIA:
.... / 365

SENTIMENTO:

ANOTAÇÕES:

10
janeiro

Respeito e amor verdadeiro

*O respeito talvez seja
a forma mais genuína de amor.*

O respeito é uma manifestação profunda de amor, pois reconhece e honra a dignidade e os direitos do outro. Sem respeito, o amor perde sua autenticidade e se torna vazio.

O respeito é a base sobre a qual o amor verdadeiro se constrói. Ele vai além de simples palavras ou gestos superficiais; é uma atitude contínua que reconhece o valor intrínseco do outro. Quando respeitamos alguém, estamos demonstrando que reconhecemos sua individualidade, suas escolhas e seus sentimentos. Esse respeito é o que mantém o amor saudável e duradouro.

O respeito também implica em dar espaço ao outro, em não tentar controlá-lo ou moldá-lo segundo nossas vontades. Ele promove a liberdade dentro do relacionamento, permitindo que ambos cresçam juntos sem sufocar um ao outro. Sem respeito, o amor pode facilmente se transformar em possessividade ou manipulação, perdendo assim sua pureza e força.

APLICAÇÃO PRÁTICA

Reflita sobre como você pratica o respeito em seus relacionamentos. Busque maneiras de expressar esse respeito de forma mais consistente e profunda, reconhecendo-o como uma expressão genuína de amor.

CONSISTÊNCIA:
.... / 365

SENTIMENTO:

ANOTAÇÕES:

11 janeiro

O verdadeiro poder

O bem tem força, o mal também, mas PODER mesmo só quem tem é o Dono do Universo. Se você não entendeu isso, ainda não entendeu nada.

Vivemos em um mundo onde tanto o bem quanto o mal possuem força e impacto. No entanto, existe uma diferença fundamental entre força e poder. O poder verdadeiro pertence apenas ao Criador, ao "Dono do Universo".

As forças do bem e do mal estão constantemente em conflito, influenciando eventos e decisões ao nosso redor. No entanto, é crucial compreender que, enquanto ambos têm força, o poder supremo não reside em suas mãos. O poder, no sentido mais profundo, está nas mãos do Criador que rege o universo com sabedoria e justiça. Essa compreensão nos coloca em uma posição de humildade e confiança. Saber que o poder absoluto pertence ao Dono do Universo nos permite enfrentar as adversidades com serenidade, sabendo que, no final, a justiça divina prevalecerá. Aqueles que entendem isso encontram paz, pois reconhecem que estão nas mãos de uma força maior que transcende as batalhas entre o bem e o mal.

APLICAÇÃO PRÁTICA

Reflita sobre como você tem lidado com as forças conflitantes do bem e do mal em sua vida. Lembre-se de que o verdadeiro poder está além dessas forças e que confiar em um poder maior pode trazer paz e orientação em tempos de incerteza.

CONSISTÊNCIA:
.... / 365

SENTIMENTO:

ANOTAÇÕES:

Autenticidade em todos os lugares

Que eu possa sempre ser eu mesmo onde quer que eu vá e com quem esteja.

Ser fiel a si mesmo é um dos maiores desafios da vida moderna, onde muitas vezes nos sentimos pressionados a nos adaptar ou a mudar de acordo com o ambiente ou as pessoas ao nosso redor. No entanto, a verdadeira paz interior vem da autenticidade.

A autenticidade é a chave para viver uma vida plena e satisfatória. Quando somos verdadeiros conosco em todos os momentos e lugares, evitamos a dissonância interna que surge quando tentamos ser alguém que não somos. Essa coerência entre o que sentimos, pensamos e fazemos é essencial para o nosso bem-estar. Muitas vezes, adaptamos nosso comportamento e até nossas crenças para agradar aos outros ou para nos encaixar em certos grupos. No entanto, essa adaptação constante pode nos afastar da nossa essência, criando vazio e insatisfação. Ser você mesmo, independentemente das circunstâncias, é um ato de coragem e amor-próprio. É escolher viver com integridade e honestidade, construindo relações genuínas e ambientes onde você pode florescer.

APLICAÇÃO PRÁTICA

Reflita sobre situações em que você sentiu necessidade de mudar quem você é para agradar ou se encaixar. Comprometa-se a praticar a autenticidade, permanecendo fiel a si mesmo em qualquer situação ou companhia.

CONSISTÊNCIA:
.... / 365

SENTIMENTO:

ANOTAÇÕES:

O valor da generosidade no conhecimento

Conhecimento sem generosidade é apenas vaidade.

O conhecimento é uma ferramenta poderosa, mas quando usado apenas para exaltar a si mesmo, perde seu verdadeiro valor. O conhecimento ganha significado real quando é compartilhado com generosidade.

Conhecimento acumulado sem disposição de compartilhar é uma forma de vaidade. Quando usamos nosso saber apenas para nos destacar ou para nos sentir superiores aos outros, estamos desperdiçando seu potencial transformador. A verdadeira sabedoria se manifesta quando usamos o conhecimento para ajudar, inspirar e elevar os outros. A generosidade ao compartilhar conhecimento cria um ciclo virtuoso, onde todos crescem e aprendem juntos. Ela transforma o conhecimento em uma força coletiva, capaz de promover mudanças significativas na sociedade. Sem generosidade, o conhecimento é como uma chama guardada sob uma cúpula, brilhando apenas para si mesma. Porém, quando compartilhado, ele ilumina o caminho de muitos, multiplicando seu impacto.

APLICAÇÃO PRÁTICA

Pense em uma área em que você tem conhecimento que poderia beneficiar os outros. Encontre maneiras de compartilhar esses saberes de forma generosa, seja através de mentorias, conversas ou até mesmo escrevendo ou dando aulas.

CONSISTÊNCIA:
.... / 365

SENTIMENTO:

ANOTAÇÕES:

14 janeiro

O amor como caminho espiritual

O amor como propósito do viver é a estrada mais segura e rápida para nossa evolução espiritual, pois somente ele é capaz de proporcionar a paz de espírito.

O amor é uma força transformadora que, quando escolhido como propósito de vida, nos guia de maneira segura e direta em nossa jornada espiritual. Ele é o único caminho que nos leva à verdadeira paz de espírito.

Quando escolhemos viver com o amor como nosso norte, estamos abraçando a essência da nossa existência. O amor nos conecta ao divino e nos alinha com os princípios mais elevados do universo. Ele nos impulsiona a agir com compaixão, bondade e empatia, promovendo a harmonia tanto interna quanto externa. A evolução espiritual ocorre quando transcendemos as limitações do ego e escolhemos amar incondicionalmente. Esse amor não é restrito a relações pessoais, mas se estende a todos os seres, ao mundo e à vida em si. Ao fazer do amor o propósito central de nossa vida, encontramos a paz de espírito que tanto buscamos, pois estamos em sintonia com a verdadeira natureza do universo.

APLICAÇÃO PRÁTICA

Reflita sobre como você pode integrar o amor como propósito em sua vida diária. Comece com pequenos gestos de amor e compaixão, e observe como eles transformam sua jornada espiritual e trazem paz interior.

CONSISTÊNCIA:
.... / 365

SENTIMENTO:

ANOTAÇÕES:

15
janeiro

Combatendo a psicofobia

É igualmente importante combater o preconceito a transtornos mentais, chamado de psicofobia.

Os transtornos mentais ainda carregam um estigma significativo em nossa sociedade, e esse preconceito, conhecido como psicofobia, impede muitas pessoas de buscar ajuda e viver plenamente. Combater a psicofobia é essencial para criar uma sociedade mais justa e compassiva.

A psicofobia se manifesta através do preconceito, da discriminação e estigmatização das pessoas que vivem com transtornos mentais. Esse preconceito não apenas marginaliza essas pessoas, como também perpetua o silêncio e a vergonha, dificultando o acesso ao tratamento e ao apoio necessários. A saúde mental é tão importante quanto a saúde física, e reconhecer isso é o primeiro passo para combater a psicofobia. Precisamos promover uma maior compreensão e aceitação, educando as pessoas sobre a natureza dos transtornos mentais e desmistificando as ideias errôneas que os cercam.

APLICAÇÃO PRÁTICA

Comprometa-se a aprender mais sobre os transtornos mentais e a falar contra a psicofobia quando a encontrar. Apoie iniciativas que promovam a saúde mental e ofereça seu apoio a quem possa estar lutando em silêncio.

CONSISTÊNCIA:
.... / 365

SENTIMENTO:

ANOTAÇÕES:

O perigo de mimar demais os filhos

Dar tudo para o filho é apostar no fracasso dele.

O desejo de proteger e proporcionar o melhor para os filhos é natural para qualquer pai ou mãe. No entanto, dar tudo a eles pode, paradoxalmente, prejudicar seu desenvolvimento e prepará-los para o fracasso.

Dar tudo a um filho, sem permitir que ele enfrente desafios ou aprenda a conquistar as coisas por si próprio, pode criar uma dependência prejudicial. Quando tudo é dado sem esforço, a criança pode crescer sem desenvolver a resiliência, a responsabilidade e a capacidade de lidar com frustrações. Esses são atributos essenciais para o sucesso na vida adulta. O fracasso, nesse contexto, não se refere apenas à falta de realizações materiais, mas à incapacidade de se adaptar e prosperar em um mundo que exige esforço e perseverança. Criar filhos independentes e bem-sucedidos envolve encontrar o equilíbrio entre oferecer apoio e permitir que eles enfrentem suas próprias batalhas, aprendendo com seus erros e desenvolvendo a força interior necessária para superar os desafios da vida.

APLICAÇÃO PRÁTICA

Reflita sobre como você está criando seus filhos ou como você foi criado. Leve em consideração que permitir que as crianças enfrentem desafios e conquistem suas próprias vitórias pode prepará-las melhor para a vida. Encontre maneiras de incentivar a independência e a resiliência.

CONSISTÊNCIA:
.... / 365

SENTIMENTO:

ANOTAÇÕES:

17
janeiro

A coragem de amar

Amar é um ato de coragem imensurável.

Amar profundamente é um ato de grande coragem, pois envolve abrir mão de nossas defesas, enfrentar incertezas e nos expor à vulnerabilidade. No entanto, é essa coragem que faz do amor uma das experiências mais transformadoras da vida.

Amar alguém verdadeiramente significa se permitir ser vulnerável, abrir o coração e confiar no outro, mesmo sabendo que existe o risco de dor, decepção ou perda. É preciso coragem para se entregar ao amor, pois ele nos desafia a ir além de nossas zonas de conforto e a enfrentar medos profundos, como o medo de rejeição ou abandono. No entanto, é essa mesma coragem que torna o amor tão poderoso e significativo. Ao nos permitirmos amar, crescemos, aprendemos e nos conectamos com os outros de maneiras profundas e duradouras. O amor, quando vivido plenamente, nos ensina a aceitar a impermanência da vida e a valorizar cada momento, sabendo que o verdadeiro amor, mesmo diante das adversidades, enriquece e fortalece nossa alma.

APLICAÇÃO PRÁTICA

Reflita sobre as áreas de sua vida onde o medo pode estar impedindo você de amar plenamente. Desafie-se a enfrentar esses medos e a se abrir para o amor com coragem, permitindo-se viver essa experiência de forma completa e enriquecedora.

CONSISTÊNCIA:
.... / 365

SENTIMENTO:

ANOTAÇÕES:

18
janeiro

A simplicidade do dom

Quando a gente exerce um dom, tudo fica simples. Nenhum pensamento interfere, o fazer ocorre simples e naturalmente.

Exercer um dom é uma das experiências mais naturais e gratificantes que podemos ter. Quando estamos em sintonia com nossas habilidades inatas, as ações fluem com facilidade, sem o peso da dúvida ou da complexidade.

Cada pessoa possui dons únicos, habilidades que parecem fluir sem esforço quando colocadas em prática. Quando exercemos esses dons, entramos em um estado de fluxo, onde o fazer se torna uma extensão natural de quem somos. Nesse estado, o trabalho não é uma tarefa árdua, mas uma expressão de nossa essência. É como se o mundo ao redor se alinhasse para facilitar o caminho, e os obstáculos que normalmente nos fariam parar simplesmente desapareceriam. Esse alinhamento entre o ser e o fazer traz uma profunda sensação de realização e paz, pois estamos vivendo de acordo com nosso propósito. Exercer um dom é mais do que fazer algo bem; é um ato de conexão profunda com nossa própria identidade e com o universo.

APLICAÇÃO PRÁTICA

Identifique um dom ou talento que você possui e busque maneiras de exercê-lo com mais frequência em sua vida diária. Observe como isso traz simplicidade e alegria à sua rotina, e considere como pode expandir o uso desse dom para beneficiar a si mesmo e aos outros.

CONSISTÊNCIA:
.... / 365

SENTIMENTO:

ANOTAÇÕES:

19 janeiro

O vazio do ter

Ter tudo que se deseja é o caminho mais curto para chegar a um profundo vazio existencial.

O desejo incessante por mais, seja em termos de bens materiais ou conquistas, pode levar a uma armadilha perigosa: o vazio existencial. Quando todos os desejos são satisfeitos, mas a alma permanece carente, percebemos que o verdadeiro preenchimento não vem do ter, mas do ser.

Vivemos em uma sociedade que muitas vezes equaciona felicidade com a aquisição de coisas. No entanto, quando todas as necessidades e desejos materiais são satisfeitos, muitas pessoas se encontram enfrentando um vazio interno profundo. Isso ocorre porque o verdadeiro sentido da vida não está em possuir, mas em encontrar propósito, conexão e significado. Quando buscamos preencher nosso interior com coisas externas, podemos acabar descobrindo que, apesar de termos tudo o que sempre quisemos, ainda falta algo essencial. Esse vazio existencial é um lembrete de que a satisfação verdadeira vem de dentro, de viver de acordo com nossos valores, de cultivar relacionamentos significativos e de buscar um propósito maior do que nós mesmos.

APLICAÇÃO PRÁTICA

Reflita sobre suas próprias buscas e desejos. Pergunte-se se eles realmente contribuem para sua satisfação interior ou se estão apenas preenchendo um vazio temporário. Concentre-se em cultivar o que realmente importa, em vez de focar na aquisição de bens ou status.

CONSISTÊNCIA:
.... / 365

SENTIMENTO:

ANOTAÇÕES:

20
janeiro

Respeito no diálogo

Qualquer diálogo sem respeito é apenas uma tentativa de doutrinação. E toda doutrinação é uma tentativa explícita de manipulação.

O respeito é o alicerce de qualquer comunicação verdadeira e produtiva. Sem ele, o diálogo se degrada em uma tentativa de imposição de ideias, transformando-se em manipulação ao invés de uma troca genuína de perspectivas.

Quando o respeito está ausente em uma conversa, a verdadeira comunicação se perde. O diálogo deve ser um espaço para a troca de ideias, onde as partes envolvidas se sentem livres para expressar seus pensamentos e sentimentos. No entanto, sem respeito, a conversa rapidamente se transforma em uma tentativa de doutrinação, onde um lado tenta impor suas crenças e opiniões sobre o outro. Essa dinâmica é prejudicial, pois mina a confiança e bloqueia o crescimento mútuo. A doutrinação, por outro lado, é uma forma de manipulação, que busca controlar o pensamento e a ação do outro em vez de inspirar uma compreensão genuína. Para que o diálogo seja construtivo, é essencial que todas as partes envolvidas pratiquem o respeito, reconhecendo a dignidade e a autonomia do outro.

APLICAÇÃO PRÁTICA

Em suas próximas conversas, especialmente aquelas que envolvem opiniões divergentes, pratique a escuta ativa e o respeito. Busque entender antes de ser entendido, e observe como essa abordagem transforma o diálogo em uma troca enriquecedora.

CONSISTÊNCIA:
.... / 365

SENTIMENTO:

ANOTAÇÕES:

21
janeiro

O reflexo do coração

Se vejo o mundo com o coração repleto, identifico amor por todos os lados, mas se o coração está vazio, só é possível ver o caos.

A maneira como percebemos o mundo é um reflexo direto do que carregamos em nosso coração.

Nossa percepção da realidade é profundamente influenciada pelo estado do nosso coração. Quando estamos preenchidos com amor, compaixão e gratidão, o mundo ao nosso redor parece mais acolhedor e harmonioso. Pequenos gestos de bondade se destacam, e até os desafios da vida são vistos com uma perspectiva mais positiva. Por outro lado, quando o coração está vazio, seja por tristeza, raiva ou ressentimento, tendemos a ver apenas o que está errado. O caos parece dominar, e a negatividade se torna a lente através da qual enxergamos tudo. Esse ciclo se autoalimenta, pois quanto mais nos focamos no caos, mais ele parece crescer. Por isso, é essencial cultivar um coração repleto de amor e positividade, pois é através dele que podemos transformar nossa visão do mundo e, consequentemente, nossa experiência de vida.

APLICAÇÃO PRÁTICA

Faça uma autoavaliação do estado do seu coração hoje. Se estiver vazio ou cheio de negatividade, procure práticas como a meditação, gratidão ou mesmo uma simples conversa com alguém querido para reabastecê-lo de amor. Observe como isso muda sua percepção do mundo ao seu redor.

CONSISTÊNCIA:
.... / 365

SENTIMENTO:

ANOTAÇÕES:

22
janeiro

Trovoadas na alma

Tem dias em que os silêncios da mente viram trovoadas na alma da gente.

Há momentos em que o silêncio da mente, em vez de trazer paz, se transforma em inquietude. Esses silêncios podem amplificar os conflitos internos, tornando-se trovoadas que reverberam em nossa alma.

Nem todo silêncio é sinônimo de tranquilidade. Às vezes, o silêncio externo contrasta com uma tempestade interna de emoções e pensamentos. Esses momentos de trovoada na alma são, muitas vezes, resultado de questões não resolvidas, medos ou ansiedades que se acumulam silenciosamente até que não possam mais ser ignorados. Quando isso acontece, o que parecia ser um silêncio pacífico pode se tornar uma experiência avassaladora de introspecção e autoconfronto. No entanto, essas trovoadas internas também têm seu propósito. Elas nos forçam a enfrentar o que temos evitado e podem nos levar a uma clareza renovada, após a tempestade passar. Como o céu que se limpa após a chuva, nossa alma também pode emergir mais leve e purificada, pronta para novos começos.

APLICAÇÃO PRÁTICA

Nos dias em que você sentir essas trovoadas internas, em vez de fugir delas, permita-se sentir e explorar o que está acontecendo dentro de você. Use ferramentas como a escrita ou a meditação para processar essas emoções e buscar a calma após a tempestade.

CONSISTÊNCIA:
.... / 365

SENTIMENTO:

ANOTAÇÕES:

Surfando na instabilidade
Ser feliz é saber surfar na instabilidade da vida.

A vida é cheia de altos e baixos, mudanças e incertezas. A felicidade não está em evitar essas ondas, mas em aprender a surfar nelas com graça e resiliência.

A instabilidade é uma constante na vida. Planos mudam, situações inesperadas surgem, e o controle que pensamos ter frequentemente nos escapa. No entanto, a verdadeira felicidade não depende de uma vida estável e previsível, mas da nossa capacidade de nos adaptar e encontrar equilíbrio nas ondas da vida. Saber surfar na instabilidade significa aceitar a impermanência e aprender a fluir com a mudança, em vez de lutar contra ela. Isso exige flexibilidade, resiliência e uma dose saudável de desapego. Quando adotamos essa postura, cada mudança, por mais desafiadora que seja, se torna uma oportunidade de crescimento e aprendizado. A felicidade, então, não é um destino fixo, mas uma jornada contínua de adaptação e renovação.

APLICAÇÃO PRÁTICA

Enfrente as próximas mudanças ou incertezas em sua vida com a mentalidade de um surfista. Em vez de resistir, tente fluir com os acontecimentos, buscando o equilíbrio e aproveitando a jornada, independentemente das ondas que surgirem.

CONSISTÊNCIA:
.... / 365

SENTIMENTO:

ANOTAÇÕES:

A fonte da própria felicidade

A gente não é veículo de felicidade para ninguém.

É comum acreditar que podemos ou devemos ser a fonte da felicidade de alguém. No entanto, a felicidade verdadeira é um estado interno que cada pessoa deve cultivar por si própria.

Ninguém pode ser responsável pela felicidade de outra pessoa. Embora possamos contribuir para a alegria e o bem-estar dos outros, a felicidade autêntica vem de dentro, e cada indivíduo deve encontrar e nutrir essa fonte por si próprio. Quando tentamos ser o veículo da felicidade de alguém, corremos o risco de criar dependências insalubres e de nos sobrecarregar com responsabilidades que não são nossas. Além disso, esse comportamento pode levar à frustração, tanto para quem tenta proporcionar essa felicidade quanto para quem a recebe, pois a verdadeira felicidade não pode ser dada, apenas compartilhada. É importante lembrar que, mesmo que possamos compartilhar momentos felizes e apoiar uns aos outros, cada pessoa é a única responsável por sua própria felicidade.

APLICAÇÃO PRÁTICA

Certifique-se de que você não está tentando ser o veículo da felicidade de alguém ou dependendo de outra pessoa para sua própria felicidade. Concentre-se em cultivar a felicidade interior e compartilhe essa alegria de forma saudável.

CONSISTÊNCIA:
.... / 365

SENTIMENTO:

ANOTAÇÕES:

25 janeiro

A verdade além das aparências

Tudo que é visível do comportamento alheio, em geral, é fake news porque a verdade nunca está à mostra.

Muitas vezes, o que vemos das ações e dos comportamentos dos outros não é a verdade completa. As aparências podem enganar e a verdade mais profunda muitas vezes permanece oculta.

O comportamento que observamos nos outros é apenas uma pequena fração da realidade. As motivações, pensamentos e emoções que realmente guiam as ações de uma pessoa estão geralmente ocultos, como a parte submersa de um iceberg. Por isso, julgar alguém com base apenas no que é visível pode levar a mal-entendidos e conclusões errôneas. O conceito de *fake news* aqui se refere ao fato de que as aparências externas muitas vezes mascaram a verdade interna. Entender isso nos ajuda a ser mais compassivos e menos rápidos em julgar, reconhecendo que cada pessoa carrega uma complexidade interna que não é visível a olho nu. A verdade raramente está cem por cento à mostra, e é preciso paciência, empatia e abertura para se aproximar dela.

APLICAÇÃO PRÁTICA

Antes de tirar conclusões sobre alguém com base em seu comportamento visível, lembre-se de que há sempre mais por trás das aparências. Pratique a empatia e a compreensão, dando às pessoas o benefício da dúvida e reconhecendo a complexidade de suas experiências internas.

CONSISTÊNCIA: .... / 365

SENTIMENTO:

ANOTAÇÕES:

26
janeiro

A presença imperfeita

*Não sou perfeito,
mas sou presente na vida de quem eu amo.*

Ninguém é perfeito, mas a perfeição não é um requisito para amar e ser amado. O que realmente importa é estar presente e comprometido na vida daqueles que amamos.

A imperfeição é uma parte natural da condição humana. Todos nós cometemos erros, temos falhas e enfrentamos desafios pessoais. No entanto, o amor verdadeiro não exige perfeição; ele se constrói na presença constante, no apoio incondicional e no compromisso de estar ao lado daqueles que amamos, independentemente das circunstâncias. Ser presente significa estar disponível, emocional e fisicamente, para compartilhar momentos, oferecer consolo e celebrar as alegrias da vida juntos. Essa presença, mesmo que imperfeita, é o que fortalece os laços e cria conexões profundas e duradouras. No final, não são nossas imperfeições que definem nossos relacionamentos, mas sim o amor e a dedicação que trazemos a eles.

APLICAÇÃO PRÁTICA

Reflita sobre como você pode ser mais presente na vida das pessoas que ama, mesmo reconhecendo suas imperfeições. Lembre-se de que a perfeição não é necessária para ser um bom parceiro, amigo ou parente; o que importa é o comprometimento e a presença.

CONSISTÊNCIA:
.... **/ 365**

SENTIMENTO:

ANOTAÇÕES:

27
janeiro

A hipocrisia como *fake news*

A hipocrisia cotidiana é a forma mais patética de fake news.

A hipocrisia, que é dizer uma coisa e fazer outra, é uma forma de distorcer a realidade que engana tanto os outros quanto a si mesmo. Em sua essência, é uma *fake news* do cotidiano, onde as aparências enganam e a verdade é suprimida.

A hipocrisia é uma máscara que muitos usam para esconder suas verdadeiras intenções, crenças ou sentimentos. Ela cria uma desconexão entre palavras e ações, o que não só engana os outros, mas também corrói a integridade de quem a pratica. Assim como as *fake news* distorcem os fatos para criar uma narrativa falsa, a hipocrisia distorce a verdade de uma pessoa, apresentando uma fachada que não corresponde à realidade. Essa dissonância entre o que se diz e o que se faz não apenas mina a confiança nas relações, mas também impede o crescimento pessoal e a autêntica expressão de quem somos. A hipocrisia, portanto, é uma forma de autoengano e manipulação que afasta a verdade e prejudica tanto o hipócrita quanto aqueles ao seu redor.

APLICAÇÃO PRÁTICA

Examine suas próprias ações e palavras para garantir que estão alinhadas. Evite a tentação da hipocrisia, sendo honesto consigo mesmo e com os outros, e esforçando-se para viver de acordo com seus valores e crenças verdadeiros.

CONSISTÊNCIA:
.... / 365

SENTIMENTO:

ANOTAÇÕES:

28
janeiro

A inanição da consciência

A mais perigosa de todas as inanições é aquela que acomete a nossa consciência e o nosso espírito.

A inanição física é uma condição grave, mas a inanição da consciência e do espírito pode ser ainda mais destrutiva, pois nos desconecta do propósito, da moralidade e do sentido da vida.

Quando a consciência e o espírito estão famintos, perdemos nossa direção moral e espiritual. Essa inanição ocorre quando deixamos de alimentar nossa alma com valores, reflexões e ações significativas. Sem esse alimento, a consciência se torna entorpecida, e o espírito perde sua vitalidade. Isso pode levar a uma vida vazia, onde as decisões são guiadas pela apatia ou pelo egoísmo, em vez de princípios éticos e espirituais. A inanição da consciência e do espírito nos faz perder a conexão com o que é verdadeiramente importante, resultando em um estado de vazio interior que pode ser devastador. Recuperar essa vitalidade exige esforço consciente para nutrir a alma, seja através da meditação, da prática de boas ações ou da busca por sabedoria e entendimento.

APLICAÇÃO PRÁTICA

Pergunte a si mesmo como você tem nutrido sua consciência e seu espírito. Busque práticas que reabasteçam seu ser interior, como a leitura de textos inspiradores, a meditação ou a dedicação a causas que reflitam seus valores mais profundos.

CONSISTÊNCIA:
.... / 365

SENTIMENTO:

ANOTAÇÕES:

A ponte para o infinito

O amor é a ponte para o infinito.

O amor tem o poder de transcender as limitações do tempo e do espaço, criando uma conexão profunda e eterna que se estende além do plano físico e nos leva ao infinito.

O amor é uma força universal que conecta todas as coisas. Ele transcende a existência física e nos conecta a algo maior, algo que vai além do que podemos ver ou tocar. Quando amamos verdadeiramente, nos sintonizamos com o infinito, com a essência eterna da vida. O amor nos permite sentir uma conexão profunda com o universo, com os outros e com nós mesmos. Essa conexão é a ponte que nos leva além das preocupações mundanas e das limitações temporais, nos guiando em direção a uma compreensão mais ampla e espiritual da existência. Através do amor, encontramos um propósito maior e uma paz que só pode ser descrita como infinita.

APLICAÇÃO PRÁTICA

Reflita sobre como o amor em suas várias formas – seja romântico, familiar, ou universal – tem o poder de conectá-lo ao infinito. Cultive esse amor em sua vida diária, permitindo que ele guie suas ações e decisões, e observe como isso transforma sua experiência de vida.

CONSISTÊNCIA:
.... / 365

SENTIMENTO:

ANOTAÇÕES:

A inviolabilidade da verdade

Nunca vi alguém enganar a verdade.

A verdade tem uma qualidade única: ela sempre prevalece, independentemente de quanto se tente ocultá-la ou distorcê-la. Enganar a verdade é uma tarefa impossível, pois ela eventualmente se revela, trazendo à luz o que estava escondido.

A verdade pode ser temporariamente obscurecida, mas nunca é derrotada. A tentativa de enganar a verdade, seja através de mentiras, manipulações ou omissões, é sempre uma batalha perdida. Isso porque a verdade tem uma forma de emergir, mesmo nas circunstâncias mais complicadas. Ela é como uma correnteza forte que, independentemente de barreiras, em algum momento encontra seu caminho. A vida tem uma maneira de expor a verdade, de colocar as coisas em seu devido lugar. Quando aceitamos e vivemos de acordo com a verdade, por mais difícil que seja, nos alinhamos com uma força que é invencível e purificadora. Viver na verdade é viver em paz, sabendo que, no final, a verdade sempre triunfará.

APLICAÇÃO PRÁTICA

Reflita sobre sua relação com a verdade. Se há algo que você tem tentado ocultar ou distorcer, considere a libertação que pode surgir ao permitir que a verdade seja revelada. Confie que, embora a verdade possa ser difícil, ela traz consigo a paz e a integridade.

CONSISTÊNCIA:
.... / 365

SENTIMENTO:

ANOTAÇÕES:

31
janeiro

A beleza de se dedicar por inteiro

Gosto das pessoas que colocam inteireza em tudo que fazem.

Colocar inteireza em tudo o que fazemos significa se entregar completamente a cada ação, com presença, dedicação e autenticidade. É essa inteireza que dá valor e significado ao que realizamos.

Fazer algo com inteireza significa se comprometer totalmente, colocando coração e alma em cada tarefa, por menor que seja. Pessoas que vivem dessa forma inspiram os outros, porque sua dedicação é palpável e genuína. Quando fazemos algo com inteireza, estamos completamente presentes no momento e essa presença transforma o que poderia ser uma atividade mundana em uma expressão de nossa verdadeira essência. A inteireza reflete um respeito profundo pelo trabalho e pelas pessoas ao nosso redor e é uma das marcas da excelência e da autenticidade. Quando vivemos com inteireza, nossas conquistas e nossas relações se tornam mais significativas porque estamos verdadeiramente comprometidos com o que fazemos.

APLICAÇÃO PRÁTICA

Escolha uma atividade diária e faça-a com inteireza, colocando toda a sua atenção e dedicação nela. Observe como essa abordagem transforma sua experiência e o resultado do que você realiza.

CONSISTÊNCIA:
.... / 365

SENTIMENTO:

ANOTAÇÕES:
....
....
....
....

O legado do amor

Viva para deixar saudades amorosas no coração dos que ficaram após sua partida.

A vida é passageira, mas o impacto que deixamos na vida dos outros pode durar para sempre. Viver de uma maneira que inspire saudades amorosas é viver com propósito e significado.

Todos nós deixaremos este mundo um dia, mas o que realmente importa é o legado que deixamos para trás. Quando vivemos com amor, compaixão e generosidade, tocamos o coração das pessoas de maneiras que ressoam muito depois de nossa partida. Essas saudades amorosas são o reflexo de uma vida bem vivida, onde as conexões que criamos foram profundas e significativas. O amor que compartilhamos não se dissipa com o tempo; ele permanece vivo nas memórias e nos corações daqueles que ficam. Viver para deixar saudades amorosas significa priorizar as relações humanas, fazer o bem e ser uma presença positiva na vida dos outros. Esse é o verdadeiro legado, que transcende o tempo e se perpetua através das gerações.

APLICAÇÃO PRÁTICA

Reflita sobre o legado que você deseja deixar. Aja de maneira que as pessoas ao seu redor sintam seu amor e sua presença de forma tão forte que, quando você não estiver mais presente fisicamente, o impacto positivo que você deixou continue a viver no coração delas.

CONSISTÊNCIA:
.... / 365

SENTIMENTO:

ANOTAÇÕES:

O poder do apoio emocional na cura

O apoio emocional é fundamental para a recuperação.

A recuperação de qualquer dificuldade – seja física, mental ou emocional – é fortalecida quando contamos com o apoio emocional de pessoas que nos amam e entendem.

Ninguém se recupera – não importa de qual tipo de mal se esteja sofrendo – completamente sozinho. O apoio emocional de amigos, familiares ou profissionais é uma parte essencial do processo de cura. Esse apoio nos oferece conforto, segurança e a sensação de que não estamos sozinhos em nossa jornada. Quando somos compreendidos e acolhidos, nosso processo de recuperação se torna mais leve, e encontramos forças em momentos de fraqueza. O apoio emocional nos dá a confiança de que, mesmo diante das adversidades, temos pessoas ao nosso lado para nos ajudar a superar os desafios.

APLICAÇÃO PRÁTICA

Se estiver em um processo de recuperação, permita-se receber apoio emocional. Compartilhe suas dificuldades com pessoas de confiança e valorize o impacto positivo que esse suporte pode ter em sua cura.

CONSISTÊNCIA:
.... / 365

SENTIMENTO:

ANOTAÇÕES:

3
fevereiro

A verdade oculta
A verdade nunca está à mostra.

A verdade é muitas vezes complexa e multifacetada, raramente se revelando em sua totalidade na superfície. Ela exige busca, reflexão e, frequentemente, paciência para ser compreendida em sua totalidade.

A verdade quase nunca se apresenta de maneira óbvia. Ela está muitas vezes oculta sob camadas de aparências, interpretações e percepções. O que parece ser verdade em um primeiro momento pode, ao ser examinado mais profundamente, revelar outras dimensões que mudam completamente a nossa compreensão. Isso é válido tanto para as situações do cotidiano quanto para as verdades mais profundas da vida. Para encontrar a verdade, é preciso ir além do superficial, questionar o que nos é apresentado e estar disposto a explorar as nuances que compõem a realidade. Essa busca pela verdade requer humildade, pois implica reconhecer que nosso entendimento inicial pode estar incompleto ou equivocado.

APLICAÇÃO PRÁTICA

Ao enfrentar situações em que a verdade não está clara, adote uma postura de investigação e reflexão. Evite conclusões precipitadas e esteja disposto a aprofundar sua compreensão, sabendo que a verdade pode estar oculta à primeira vista.

CONSISTÊNCIA:
............./ 365

SENTIMENTO:

ANOTAÇÕES:

Liberdade *versus* transgressão

Não confunda transgressão com liberdade.

Há uma diferença sutil, mas crucial, entre transgressão e liberdade. Enquanto a transgressão muitas vezes surge da rebeldia e da rejeição de normas, a verdadeira liberdade é um estado de espírito que transcende as limitações externas e internas.

A transgressão é com frequência vista como uma forma de romper com as regras e normas estabelecidas, mas nem sempre leva à verdadeira liberdade. Transgredir pode ser apenas uma reação impulsiva, uma tentativa de afirmar individualidade sem uma compreensão real das consequências ou do propósito. A liberdade, por outro lado, é um estado de consciência que vai além de simplesmente quebrar regras; é sobre viver de acordo com seus valores mais profundos, com plena responsabilidade e entendimento. Liberdade não é fazer o que se quer a qualquer custo, mas sim escolher viver de maneira que respeite tanto a si mesmo quanto os outros.

APLICAÇÃO PRÁTICA

Reflita sobre as vezes em que você confundiu transgressão com liberdade. Considere como você pode buscar uma liberdade mais profunda e autêntica, baseada na compreensão e no respeito, em vez de na simples rejeição de normas.

CONSISTÊNCIA:
.... / 365

SENTIMENTO:

ANOTAÇÕES:

5 fevereiro

A harmonia entre mente e coração

*Mudar a mente sem mudar o coração
é como falar de amor sem amar.*

Mudanças superficiais na maneira de pensar não são suficientes para uma transformação verdadeira. Para que a mudança seja completa e genuína, é necessário que a mente e o coração estejam alinhados.

Mudar a mente é um passo importante, mas sem a mudança no coração, essa transformação pode ser superficial e insustentável. O coração representa as emoções, os desejos e as motivações mais profundas. Quando a mente e o coração estão em desarmonia, podemos nos encontrar em conflito interno, dizendo uma coisa, mas sentindo outra. Isso é especialmente verdadeiro quando falamos de amor. Podemos entender o conceito de amor com a mente, mas sem senti-lo de verdade no coração, esse amor permanece uma ideia, não uma realidade vivida. Para viver de forma plena, mente e coração devem trabalhar juntos, criando uma coerência entre o que pensamos, sentimos e fazemos. É essa harmonia que leva a uma vida autêntica e significativa.

APLICAÇÃO PRÁTICA

Ao buscar mudanças em sua vida, certifique-se de que elas envolvam tanto a mente quanto o coração. Pergunte a si mesmo se suas ações e pensamentos estão alinhados com seus sentimentos mais profundos e trabalhe para harmonizar essas duas partes de si mesmo.

CONSISTÊNCIA:
.... / 365

SENTIMENTO:

ANOTAÇÕES:

A excitação do sorriso

Não existe nada mais empolgante do que um sorriso de felicidade.

Um sorriso de felicidade é uma das expressões mais puras e contagiantes de alegria humana. Ele carrega consigo uma energia vibrante que tem o poder de iluminar qualquer ambiente e elevar o espírito de quem o recebe.

O sorriso é uma linguagem universal de felicidade e bem-estar. Quando alguém sorri com verdadeira felicidade, essa energia se espalha e toca todos ao redor. Não é apenas a expressão facial que faz um sorriso emocionante, mas o sentimento genuíno que ele reflete. Um sorriso de felicidade é um sinal de que, naquele momento, a pessoa está em paz consigo mesma e com o mundo. Essa autenticidade é o que torna o sorriso tão poderoso e contagiante. Ele nos lembra da simplicidade da alegria e da importância de compartilhar esses momentos de luz com os outros. Um sorriso pode mudar o humor, acalmar tensões e criar conexões instantâneas, mostrando que a felicidade é, em sua essência, uma emoção compartilhada.

APLICAÇÃO PRÁTICA

Busque momentos de felicidade genuína no seu dia a dia e permita que eles se expressem através de um sorriso. Observe como isso impacta tanto você quanto as pessoas ao seu redor e compartilhe essa alegria sempre que possível.

CONSISTÊNCIA:
............../ 365

SENTIMENTO:

ANOTAÇÕES:

O silêncio dos pensamentos

Há tantas coisas para dizer que às vezes os pensamentos se confundem e a boca se cala em um silêncio repleto de tudo.

Há momentos em que as palavras parecem insuficientes para expressar a profundidade de nossas ideias e sentimentos. Nesses momentos, o silêncio se torna a melhor resposta, carregando consigo um universo de significados.

Às vezes, a mente fica tão cheia de pensamentos e emoções que as palavras simplesmente não conseguem acompanhar. Nessas situações, o silêncio não é um vazio, mas uma presença densa, cheia de tudo o que não conseguimos verbalizar. Esse silêncio pode ser uma forma de processar internamente o que estamos sentindo, dando espaço para que nossos pensamentos se organizem e façam sentido. Também pode ser um sinal de que certas emoções são tão profundas que transcendem a linguagem. Respeitar esses momentos de silêncio é reconhecer que nem tudo precisa ser dito para ser compreendido. Às vezes, o silêncio fala mais alto que as palavras, comunicando de uma forma que só o coração entende.

APLICAÇÃO PRÁTICA

Nos momentos em que sentir seus pensamentos confusos, permita-se ficar em silêncio. Use esse tempo para refletir e processar suas emoções antes de tentar colocá-las em palavras. Valorize o poder do silêncio como uma forma de comunicação e introspecção.

CONSISTÊNCIA:
.... / 365

SENTIMENTO:

ANOTAÇÕES:

8
fevereiro

O sol dos desejos

*Tenho em mim tantos desejos e um sol ardente
que nunca se põe para realizá-los.*

Os desejos são como um sol interior que nos ilumina e nos impulsiona a buscar a realização dos nossos sonhos. Esse sol nunca se põe, mantendo viva a chama da esperança e da ambição dentro de nós.

Dentro de cada um de nós existe um fogo de desejos e sonhos que nos motiva a seguir em frente, a superar obstáculos e a buscar a realização pessoal. Esse sol ardente representa a paixão e a determinação que nos impulsionam a não desistir, mesmo diante das dificuldades. Ele nos dá a energia e a coragem para perseguir nossos objetivos, independentemente do tempo que leve ou dos desafios que surjam. Esse sol interior é uma força poderosa que ilumina nosso caminho, mantendo a chama da esperança viva e nos lembrando de que somos capazes de alcançar o que desejamos desde que mantenhamos nossa visão clara e nosso coração determinado.

APLICAÇÃO PRÁTICA

Reflita sobre seus desejos e sonhos. Permita que o "sol" dentro de você brilhe, renovando sua determinação e energia para buscar o que realmente importa para você. Use essa energia para tomar ações concretas em direção à realização dos seus objetivos.

CONSISTÊNCIA:
.... / 365

SENTIMENTO:

ANOTAÇÕES:

9 fevereiro

A plenitude do presente

A maior tragédia da vida é não vivê-la na plenitude do aqui e agora.

A vida é feita de momentos que acontecem no presente. Deixar de vivê-los plenamente é a verdadeira tragédia, pois significa perder a essência da existência, que só pode ser encontrada no aqui e agora.

A plenitude da vida está na capacidade de viver o presente com total consciência e apreciação. Muitas vezes, nos perdemos em preocupações com o futuro ou em arrependimentos sobre o passado, deixando escapar os momentos preciosos que estão acontecendo agora. A verdadeira tragédia é passar pela vida sem realmente experimentá-la, sem estar presente nos momentos que compõem nossa existência. Viver no aqui e agora significa estar consciente, envolvido e grato por cada experiência, independentemente de sua natureza. É nesse estado de presença que encontramos a verdadeira paz, alegria e satisfação, pois a vida só pode ser plenamente vivida no presente.

APLICAÇÃO PRÁTICA

Pratique a atenção plena, concentrando-se no momento presente em suas atividades diárias. Relembre-se frequentemente de que a vida está acontecendo agora e que o presente é o único momento em que você pode realmente viver e agir.

CONSISTÊNCIA:
.... / 365

SENTIMENTO:

ANOTAÇÕES:

....
....
....
....

10 fevereiro

A brincadeira do destino

Talvez o acaso seja apenas o destino brincando de aparecer.

Muitas vezes, o que chamamos de acaso pode ser uma manifestação do destino, uma forma lúdica que a vida encontra para nos mostrar o caminho que devemos seguir.

O acaso e o destino são conceitos que frequentemente se entrelaçam de maneiras misteriosas. O que parece ser uma coincidência ou um evento fortuito pode, na verdade, ser uma parte do plano maior que o destino desenhou para nós. Às vezes, esses "acasos" são o destino disfarçado, nos guiando suavemente na direção certa sem que percebamos. Eles nos desafiam a ver além das aparências e a confiar na sabedoria do universo. Quando abraçamos essa visão, começamos a ver os eventos inesperados da vida não como meros acidentes, mas como oportunidades para crescimento e transformação. O acaso, então, deixa de ser uma mera casualidade e se torna uma dança entre nossa liberdade de escolha e o propósito maior que nos guia.

APLICAÇÃO PRÁTICA

Ao se deparar com eventos inesperados ou coincidências, reflita sobre como eles podem estar conectados ao seu caminho de vida. Permita-se considerar que o acaso pode ser o destino brincando de se revelar e aproveite essas oportunidades para aprender e crescer.

CONSISTÊNCIA: .... / 365

SENTIMENTO:

ANOTAÇÕES:

11
fevereiro

Conexões de alma

*Ando em busca de novas conexões:
as de alma.*

As conexões verdadeiras vão além da superficialidade e alcançam a alma. São essas relações profundas que buscamos quando queremos nos conectar em um nível mais significativo e duradouro.

Conexões de alma são aquelas que transcendem o mundano e tocam o que há de mais profundo em nós. Elas não se baseiam em interesses superficiais ou em necessidades momentâneas, mas em uma afinidade espiritual, em uma compreensão mútua que vai além das palavras. Essas conexões nos ajudam a crescer, a nos entender melhor e a encontrar propósito e significado na vida. Em um mundo onde tantas relações são efêmeras e superficiais, buscar conexões de alma é procurar por aquilo que realmente importa: o encontro genuíno entre dois seres, onde ambos se reconhecem e se apoiam em sua jornada. Essas conexões são raras e preciosas, e encontrá-las é como descobrir um tesouro que enriquece nossa existência.

APLICAÇÃO PRÁTICA

Reflita sobre as conexões em sua vida. Busque cultivar relações que realmente toquem sua alma, baseadas em autenticidade, profundidade e compreensão mútua. Invista tempo e energia nessas conexões, pois elas são as que realmente importam e que durarão ao longo do tempo.

CONSISTÊNCIA:
.... / 365

SENTIMENTO:

ANOTAÇÕES:
....
....
....
....

A alegria do amor

*Se a alegria do seu amor não te alegra,
você definitivamente não sabe amar.*

O amor, em sua essência, deve ser fonte de alegria e contentamento. Se o amor que você experimenta não traz felicidade, é um sinal de que há algo fundamentalmente errado na maneira como você está vivenciando esse sentimento.

O amor verdadeiro é uma força que enche o coração de alegria, mesmo nas dificuldades. Ele nos motiva a sermos melhores, a compartilhar a felicidade e a encontrar beleza nas pequenas coisas. Se a experiência do amor se torna uma fonte de dor, angústia ou insatisfação constante, pode ser um indicativo de que não estamos amando de maneira saudável ou verdadeira. Amar não deve ser um fardo, mas uma alegria compartilhada, que cresce e se expande conforme nos dedicamos a ela. O amor que não traz alegria precisa ser reavaliado, pois o amor, quando puro, tem o poder de transformar nossas vidas para melhor. Saber amar é saber encontrar e nutrir essa alegria em si e no outro.

APLICAÇÃO PRÁTICA

Pergunte-se se os afetos que você cultiva em sua vida trazem a alegria que deveria acompanhar o amor verdadeiro. Se não, reflita sobre o que pode estar faltando ou precisando ser ajustado e trabalhe para cultivar um amor que realmente o alegre e enriqueça sua vida.

CONSISTÊNCIA:
.... / 365

SENTIMENTO:

ANOTAÇÕES:

13
fevereiro

A lei do bumerangue

*A vida é um bumerangue:
tudo que é enviado sempre volta.*

A vida segue uma lei simples e poderosa: aquilo que damos ao mundo, seja bom ou ruim, inevitavelmente retorna para nós.

O conceito de "tudo que vai, volta" é uma verdade universal que nos lembra da importância de nossas ações, pensamentos e palavras. O bumerangue da vida é implacável: ele sempre retorna ao ponto de origem. Isso significa que tudo o que fazemos – nossas bondades, mas também nossas negatividades – voltará para nós de alguma forma. Este entendimento nos encoraja a agir com consciência e intenção positiva, sabendo que o que semeamos hoje será o que colheremos amanhã. Quando enviamos ao mundo energias de amor, generosidade e respeito, essas energias retornam, muitas vezes multiplicadas. Da mesma forma, quando agimos de forma prejudicial ou negativa, eventualmente enfrentaremos as consequências. Portanto, viver com a consciência da lei do bumerangue nos inspira a ser cuidadosos e compassivos, criando um ciclo de positividade em nossa vida.

APLICAÇÃO PRÁTICA

Reflita sobre o que você tem lançado no mundo através de suas ações e palavras. Considere como essas energias podem voltar para você e ajuste seu comportamento, se necessário, para garantir que o que você envia seja algo que ficaria feliz em receber de volta.

CONSISTÊNCIA:
.... / 365

SENTIMENTO:

ANOTAÇÕES:

14 fevereiro

O perdão ao invejoso

Que Deus perdoe aqueles que não se alegram com a felicidade alheia. O invejoso é, na verdade, um estéril criativo.

A inveja é um sentimento destrutivo que impede as pessoas de celebrarem as conquistas dos outros. No entanto, essa falta de alegria pela felicidade alheia muitas vezes revela uma esterilidade criativa, uma incapacidade de encontrar alegria em si mesmo.

A inveja corrói a alma, impedindo que a pessoa reconheça e celebre as realizações dos outros. Esse sentimento nasce da comparação constante e da falta de autovalorização. Quem inveja não consegue criar sua própria felicidade e, em vez disso, se consome com o sucesso dos outros. É um ciclo vicioso que aprisiona a pessoa em uma visão limitada e negativa da vida. Perdoar aqueles que não conseguem se alegrar com a felicidade alheia é um ato de compaixão, um reconhecimento de que a inveja é, em última análise, um reflexo da insatisfação interior e da esterilidade criativa. Aqueles que são incapazes de gerar sua própria alegria precisam de luz e compreensão, e não de condenação.

APLICAÇÃO PRÁTICA

Trabalhe para transformar esse sentimento em inspiração, buscando sua própria felicidade e criatividade. E, acima de tudo, pratique o perdão e a compreensão para com aqueles que ainda lutam contra a inveja e outros sentimentos correlatos.

CONSISTÊNCIA:
.... / 365

SENTIMENTO:

ANOTAÇÕES:

O conforto de ser

Um dos maiores privilégios é estar confortável consigo mesmo.

Estar confortável consigo mesmo é um privilégio raro e valioso. Esse estado de aceitação e paz interior é fundamental para o bem-estar e a felicidade verdadeira.

Viver em paz consigo mesmo é um dos maiores presentes que podemos conquistar. Significa aceitar quem somos, com todas as nossas imperfeições e singularidades, e encontrar conforto em nossa própria companhia. Estar confortável consigo mesmo é se encontrar em harmonia com seus pensamentos, sentimentos e ações, sem a necessidade de buscar validação externa. Esse estado de serenidade nos permite viver de forma autêntica e plena, pois não estamos constantemente tentando nos ajustar às expectativas dos outros. É um privilégio que nos proporciona liberdade emocional e mental, permitindo-nos desfrutar da vida com mais leveza e satisfação.

APLICAÇÃO PRÁTICA

Reflita sobre o seu nível de conforto consigo mesmo. Se houver áreas de desconforto, trabalhe na autoaceitação e na autocompaixão. Lembre-se de que a jornada para estar em paz consigo mesmo é contínua e merece atenção e cuidado diários.

CONSISTÊNCIA:
.... / 365

SENTIMENTO:

ANOTAÇÕES:

A verdade das ações

Somos o que fazemos e não o que falamos.

As palavras têm poder, mas são as ações que realmente definem quem somos. O que fazemos, mais do que o que dizemos, revela nosso verdadeiro caráter e intenções.

As palavras podem ser facilmente ditas, mas, sem ação, elas são vazias. O verdadeiro valor de uma pessoa é demonstrado através de suas ações – como trata os outros, como enfrenta desafios e como contribui para o mundo ao seu redor. Nossas ações são um reflexo direto de nossos valores e crenças mais profundos. Enquanto as palavras podem ser manipuladas ou usadas para impressionar, as ações são inegáveis e revelam nossa verdadeira essência. É através do que fazemos que deixamos nosso legado e impactamos o mundo. Portanto, é essencial que nossas ações estejam alinhadas com nossos princípios, pois é isso que realmente define quem somos.

APLICAÇÃO PRÁTICA

Faça uma autoavaliação de suas ações diárias e pergunte a si mesmo se elas estão em consonância com o que você diz acreditar. Se houver dissonância, trabalhe para alinhar suas palavras e ações, lembrando-se de que são as ações que realmente importam.

CONSISTÊNCIA:
.... / 365

SENTIMENTO:

ANOTAÇÕES:

17
fevereiro

As cicatrizes da vida
Toda cicatriz um dia foi dor.

As cicatrizes que carregamos, sejam físicas ou emocionais, são marcas de dores passadas. No entanto, elas também são símbolos de superação e resiliência.

Cada cicatriz que temos conta uma história de dor, de desafios superados e de batalhas enfrentadas. Elas são lembretes de que, embora tenhamos sofrido, também tivemos a força para continuar. As cicatrizes nos ensinam sobre a natureza temporária da dor – que, por mais intensa que seja, eventualmente passa, deixando apenas uma marca que nos lembra da nossa resiliência. Essas marcas nos tornam quem somos, mais fortes e mais conscientes das nossas capacidades. Ao honrar nossas cicatrizes, reconhecemos a jornada que nos trouxe até aqui e nos preparamos para enfrentar novos desafios com a confiança de que podemos superá-los.

APLICAÇÃO PRÁTICA

Reflita sobre as cicatrizes que você carrega. Veja-as não apenas como lembranças de dor, mas como provas de sua resiliência e crescimento. Use essas experiências para fortalecer sua confiança e sua capacidade de superar futuros desafios.

CONSISTÊNCIA:
.... / 365

SENTIMENTO:

ANOTAÇÕES:

18 fevereiro

Os vazios por trás dos excessos

Todo excesso esconde alguns vazios.

Os excessos na vida, seja em consumo, comportamento ou emoções, muitas vezes são uma tentativa de preencher vazios internos. Compreender esses vazios é o primeiro passo para encontrar equilíbrio.

Quando nos envolvemos em excessos – seja de comida, trabalho, compras, ou qualquer outra coisa – geralmente estamos tentando preencher um vazio interno que não conseguimos identificar ou aceitar. Esses vazios podem ser emocionais, espirituais ou existenciais, e os excessos servem como uma fuga temporária da dor ou da insatisfação. No entanto, os excessos nunca proporcionam uma verdadeira solução; eles apenas mascaram o problema por um tempo, frequentemente criando novas adversidades durante o processo. Para alcançar um estado de equilíbrio e satisfação genuína, é necessário olhar para dentro e confrontar os vazios que estamos tentando preencher. Somente ao entender e confrontar essas lacunas podemos encontrar a paz duradoura e evitar os excessos que nos afastam de nosso verdadeiro bem-estar.

APLICAÇÃO PRÁTICA

Identifique áreas em sua vida onde você pode estar se envolvendo em excessos. Pergunte a si mesmo quais vazios internos esses comportamentos podem estar mascarando. Trabalhe para enfrentar e preencher essas lacunas.

CONSISTÊNCIA:
.... / 365

SENTIMENTO:

ANOTAÇÕES:

19
fevereiro

O poder das escolhas

Nossas escolhas despertam os deuses que irão nos iluminar ou os fantasmas que irão assombrar.

As escolhas que fazemos na vida têm o poder de nos guiar para a luz ou de nos levar para a escuridão. Essas escolhas despertam forças que podem nos elevar ou nos assombrar.

Cada escolha é uma convocação para forças que moldam nosso destino. Escolhas sábias e alinhadas com nossos valores e princípios trazem a iluminação, o crescimento e a paz. Esses são os "deuses" que nos guiam, nos inspiram e nos protegem ao longo da jornada da vida. Por outro lado, escolhas impulsivas, egoístas ou mal pensadas são capazes de despertar "fantasmas" que nos assombram – arrependimentos, medos e conflitos que podem nos seguir por anos. Entender o peso de nossas escolhas nos ajuda a tomar decisões mais conscientes, reconhecendo que cada ato é uma semente plantada que dará frutos, sejam eles doces ou amargos.

APLICAÇÃO PRÁTICA

Antes de tomar decisões importantes, reflita sobre as possíveis consequências de suas escolhas. Pergunte-se se essa decisão irá despertar "deuses" que iluminarão seu caminho ou "fantasmas" que poderão assombrá-lo no futuro.

CONSISTÊNCIA:
.... / 365

SENTIMENTO:

ANOTAÇÕES:

20 fevereiro

A gratidão pela vida

Se a gente admitir que já ganhou uma vida e que cada dia é um milagre que temos que agradecer, esse negócio de "perder" não terá tanta importância.

Reconhecer que a própria vida é um presente e que cada dia é um milagre transforma nossa perspectiva sobre o que significa "perder". Com gratidão, o conceito de perda diminui em importância.

Viver com a consciência de que a própria existência é um milagre muda radicalmente a forma como encaramos os desafios e as perdas da vida. Quando nos concentramos na gratidão por estarmos vivos, por termos a oportunidade de experimentar e crescer a cada novo dia, as preocupações com o que perdemos ou deixamos de ganhar tornam-se menos significativas. A vida em si é a maior vitória, e cada dia é uma chance de celebrar esse milagre. Esse reconhecimento nos liberta da ansiedade e do apego ao que julgamos ser perdas, permitindo-nos viver com mais leveza e alegria. A gratidão nos ancorará em uma perspectiva positiva, onde o que importa é o presente e a possibilidade de fazer o melhor com o que temos.

APLICAÇÃO PRÁTICA

Sempre que se sentir desanimado por uma perda, lembre-se de que a maior vitória é estar vivo e ter a oportunidade de continuar. Isso ajudará a reduzir o impacto das "perdas" e a focar no que realmente importa.

CONSISTÊNCIA:
.... / 365

SENTIMENTO:

ANOTAÇÕES:

21
fevereiro

A sabedoria do tempo certo

*Não prometa nada quando estiver muito feliz,
não responda nada quando estiver com raiva e não decida
nada se estiver triste.*

As emoções intensas podem nublar nosso julgamento, levando-nos a fazer promessas, responder impulsivamente ou tomar decisões das quais depois podemos nos arrepender. Saber esperar o momento certo é um sinal de sabedoria.

As emoções são poderosas e podem influenciar nossas palavras e ações de maneiras que não refletiriam nossos verdadeiros desejos ou intenções em um estado de calma. Quando estamos muito felizes, podemos prometer mais do que podemos cumprir, movidos por um otimismo exagerado. Quando estamos com raiva, nossas respostas podem ser duras e injustas, baseadas mais na emoção do momento do que na realidade. E, quando estamos tristes, nossas decisões podem ser sombrias e pessimistas, refletindo um estado temporário de desânimo. Por isso, é importante reconhecer o poder das emoções e dar a nós mesmos o tempo para processá-las antes de agir. Esperar até que a calma retorne nos permite tomar decisões mais equilibradas e evitar arrependimentos futuros.

APLICAÇÃO PRÁTICA

Da próxima vez que se sentir sobrecarregado por uma emoção intensa, lembre-se de esperar antes de fazer promessas, responder ou tomar decisões importantes. Dê a si mesmo o tempo necessário para processar a emoção e agir com clareza e sabedoria.

CONSISTÊNCIA:
.... / 365

SENTIMENTO:

ANOTAÇÕES:

Dançando na chuva

Depois de tantas tempestades, aprendi a dançar na chuva e a me deixar levar sem medo pelos ventos do destino.

As tempestades da vida são inevitáveis, mas nossa atitude diante delas faz toda a diferença. Aprender a dançar na chuva e a confiar nos ventos do destino permite que a gente viva com mais leveza e resiliência.

Enfrentar tempestades é uma parte inevitável da vida. Elas podem nos derrubar, nos desafiar e nos forçar a reavaliar nossas escolhas e caminhos. No entanto, é através dessas tempestades que aprendemos as lições mais importantes e desenvolvemos a resiliência necessária para seguir em frente. Aprender a dançar na chuva é uma metáfora para aceitar os desafios da vida com graça e coragem, sem resistir ao que não podemos controlar. Deixar-se levar pelos ventos do destino é confiar que, mesmo nos momentos de incerteza, estamos sendo guiados para onde precisamos estar. Quando abraçamos essa atitude, encontramos uma paz interior que nos permite navegar pelas tempestades com um coração leve e confiante.

APLICAÇÃO PRÁTICA

Nos momentos de adversidade, pratique a aceitação e a confiança. Em vez de resistir ou temer, busque dançar na chuva, aproveitando as lições que cada desafio traz. Confie que os ventos do destino estão te guiando e abrace a jornada com leveza e coragem.

CONSISTÊNCIA:
.... / 365

SENTIMENTO:

ANOTAÇÕES:

23 fevereiro

Perder e ganhar

Só sabemos perder quando sabemos ganhar.

Na vida, ganhar e perder são dois lados da mesma moeda. Para realmente entender e aceitar a perda, precisamos primeiro aprender a ganhar com humildade e gratidão.

Saber ganhar com graça e humildade é uma habilidade que nos prepara para enfrentar as perdas inevitáveis da vida. Quando entendemos que tanto as vitórias quanto as derrotas são partes naturais da jornada, começamos a ver o valor de ambas. Ganhar com gratidão nos ensina a apreciar o que temos, sem nos apegarmos a isso de forma possessiva. Esse fato, por sua vez, nos prepara para lidar com as perdas com serenidade, entendendo que elas são temporárias e que sempre há algo a aprender e a ganhar, mesmo na derrota. A verdadeira sabedoria está em equilibrar esses dois aspectos, aceitando tanto as vitórias quanto as perdas como oportunidades de crescimento e evolução.

APLICAÇÃO PRÁTICA

Reflita sobre como você lida com as vitórias e derrotas em sua vida. Se tiver dificuldades em aceitar a perda, trabalhe para cultivar a humildade e a gratidão em suas vitórias. Esse equilíbrio o ajudará a enfrentar os altos e baixos da vida com mais serenidade e compreensão.

CONSISTÊNCIA:
.... / 365

SENTIMENTO:

ANOTAÇÕES:

24 fevereiro

O antagonismo entre amor e poder

O contrário do amor é o poder.

O amor e o poder muitas vezes se encontram em conflito, pois enquanto o amor busca conexão e harmonia, o poder muitas vezes se preocupa com controle e dominação.

Amor e poder representam duas forças opostas na vida. O amor é uma força que une, que busca o bem-estar dos outros e que floresce na liberdade e na confiança mútua. Já o poder, quando mal utilizado, pode se tornar uma ferramenta de controle, subjugação e egoísmo. Quando o poder é o objetivo principal, o amor tende a ser sufocado, pois o controle não permite o espaço necessário para que o amor cresça. No entanto, quando o amor é o foco, o desejo de poder diminui, dando lugar a relações baseadas em respeito, igualdade e cuidado mútuo. O verdadeiro amor não precisa de poder para existir; ele é, por si só, uma força poderosa que transforma e eleva.

APLICAÇÃO PRÁTICA

Avalie as dinâmicas de poder em seus relacionamentos. Pergunte a si mesmo se o poder ou o controle estão interferindo no amor que você deseja cultivar. Trabalhe para substituir a necessidade de controle pelo desejo de conexão.

CONSISTÊNCIA:
.... / 365

SENTIMENTO:

ANOTAÇÕES:

25 fevereiro

A paz interior

As pessoas irão te julgar até pelo que você não fez, por isso siga em frente com a consciência limpa e o coração tranquilo.

O julgamento dos outros é uma constante na vida, mas não precisa ser um fardo. Manter a consciência limpa e o coração tranquilo é a chave para navegar por esses julgamentos com serenidade.

É inevitável que as pessoas formem opiniões e façam julgamentos, muitas vezes sem conhecimento completo dos fatos. Isso pode incluir conclusões injustas ou mal-entendidos sobre nossas ações ou até sobre o que não fizemos. No entanto, tentar agradar a todos ou evitar o julgamento alheio é uma batalha sem fim. A verdadeira paz vem de dentro, da confiança de que estamos agindo de acordo com nossos valores e de que nossa consciência está limpa. Quando vivemos com integridade e seguimos o que acreditamos ser certo, podemos enfrentar os julgamentos dos outros sem nos abalar. Um coração tranquilo é o melhor escudo contra as críticas injustas, e uma consciência limpa nos permite seguir em frente, independentemente do que os outros possam pensar ou dizer.

APLICAÇÃO PRÁTICA

Se você estiver preocupado com o julgamento alheio, lembre-se de que o mais importante é a sua própria consciência e paz interior. Concentre-se em viver de acordo com seus valores e deixe de lado as preocupações com o que os outros pensam.

CONSISTÊNCIA:
.... / 365

SENTIMENTO:

ANOTAÇÕES:

A força dos amigos

Umas dezenas de vezes pensei em desistir, mas centenas de amigos me fizeram prosseguir.

A vida pode ser difícil, e às vezes pensamos em desistir. No entanto, são os amigos que nos dão força e nos motivam a continuar, nos mostrando o valor da amizade e do apoio mútuo.

Desistir pode parecer uma opção atraente quando enfrentamos desafios esmagadores ou quando nos sentimos sobrecarregados pela vida. No entanto, a presença de amigos leais e solidários pode fazer toda a diferença. São eles que nos lembram do nosso valor, que nos oferecem encorajamento e que nos ajudam a ver além das dificuldades momentâneas. A amizade verdadeira é uma força poderosa que pode nos levantar quando estamos caídos e nos motivar a seguir em frente, mesmo quando tudo parece perdido. Essas conexões humanas são essenciais para nossa resiliência e bem-estar, pois nos lembram de que não estamos sozinhos em nossa jornada e que sempre há alguém disposto a caminhar ao nosso lado.

APLICAÇÃO PRÁTICA

Valorize e nutra suas amizades. Se estiver passando por um momento difícil, não hesite em buscar o apoio dos amigos. Lembre-se de que a força da amizade pode ser o que você precisa para continuar e superar os desafios que enfrenta.

CONSISTÊNCIA:
.... / 365

SENTIMENTO:

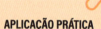

ANOTAÇÕES:

27 fevereiro

Luz nas noites escuras

Que os sonhos e as estrelas possam sempre iluminar as noites escuras.

Nos momentos mais sombrios da vida, é importante ter algo em que acreditar, algo que nos dê esperança e nos guie.

A vida é cheia de momentos difíceis, momentos em que a escuridão parece dominar e as soluções parecem distantes. No entanto, são os sonhos que mantemos e as "estrelas" que seguimos que nos guiam através dessas noites escuras. Os sonhos representam nossas aspirações mais profundas, nossas esperanças e os objetivos pelos quais lutamos, mesmo quando tudo ao redor parece sombrio. As estrelas simbolizam orientação, lembrando-nos de que, mesmo nas horas mais difíceis, há sempre algo maior nos guiando, algo para mirar. A combinação desses dois elementos – sonhos e estrelas – nos dá a força e a direção para continuar em frente. Quando mantemos nossos sonhos vivos e buscamos as "estrelas" que nos inspiram, podemos encontrar luz nas noites mais escuras e superar qualquer desafio que a vida nos imponha.

APLICAÇÃO PRÁTICA

Nos momentos de escuridão ou de dúvida, conecte-se com seus sonhos mais profundos. Lembre-se de que, mesmo nas fases mais difíceis, essas luzes podem te guiar de volta ao caminho da esperança e da realização.

CONSISTÊNCIA:
.... / 365

SENTIMENTO:

ANOTAÇÕES:

28 fevereiro

A ação vale mais que palavras

*Se você tem algo a dizer, reflita!
Porém, se tem algo a fazer, faça – e faça bem feito,
pois, na vida, o que fica é o feito, não o dito.*

As palavras têm valor, mas as ações são o que realmente deixam um impacto duradouro. O que fazemos define nossa trajetória e nosso legado, muito mais do que o que dizemos.

Refletir antes de falar é sempre importante, pois as palavras têm o poder de curar ou ferir. No entanto, é através das ações que construímos o mundo ao nosso redor. As palavras podem ser esquecidas ou distorcidas, mas as ações têm consequências reais e concretas. Fazer bem feito é uma responsabilidade, pois cada ação tem o potencial de impactar não apenas nossa própria vida, mas também a vida de outros. Quando colocamos dedicação e intenção em nossas ações, criamos um legado de integridade e realização. Ao fim, não seremos lembrados pelo que dissemos, mas pelo que fizemos – as marcas que deixamos no mundo através de nossos atos.

APLICAÇÃO PRÁTICA

Ao refletir sobre suas intenções e palavras, certifique-se de que elas estejam alinhadas com suas ações. Priorize fazer as coisas bem-feitas, pois é no "fazer" que você realmente molda o mundo ao seu redor e constrói seu legado.

CONSISTÊNCIA:
.... / 365

SENTIMENTO:

ANOTAÇÕES:

1 março

O obstáculo da inércia

Muitas pessoas que não fazem nada para mudar o mundo ainda tentam atrapalhar aqueles que estão em ação.

Há pessoas que, embora escolham não agir para mudar o mundo ou suas próprias realidades, frequentemente tentam minar os esforços daqueles que se dedicam à mudança. Esses obstáculos não devem nos desviar de nossos propósitos.

Muitas vezes, aqueles que não tomam iniciativa para melhorar o mundo ou a vida podem sentir-se ameaçados ou desconfortáveis com as ações daqueles que se dedicam a promover mudanças. Isso pode levar a atitudes de crítica, sabotagem ou desmotivação, como uma forma de justificar a própria inércia. Essas pessoas que optam por não agir podem projetar seus medos e inseguranças nos outros, tentando desacreditar ou impedir quem está em movimento. No entanto, é importante reconhecer que, ao agir, fazemos nossa parte para melhorar o mundo e não devemos permitir que a negatividade de quem não se envolve nos atrapalhe. Seguir em frente, apesar dos obstáculos criados por quem escolhe a inércia, é uma prova de determinação e comprometimento com o que realmente importa.

APLICAÇÃO PRÁTICA

Se encontrar críticas ou resistência de pessoas que não estão agindo, não permita que isso o desmotive. Continue firme em seus objetivos e no seu propósito de fazer a diferença. Use essas situações como lembretes de que sua ação é necessária e valiosa.

CONSISTÊNCIA:
.... / 365

SENTIMENTO:

ANOTAÇÕES:

Amor-próprio: a cura interna

O amor-próprio é o antídoto para muitos males emocionais.

Muitas das nossas dores emocionais têm raízes na falta de amor-próprio. Cultivar o amor por si mesmo é a chave para curar feridas e construir uma base emocional sólida.

O amor-próprio é a fundação de uma vida emocional saudável. Quando não nos valorizamos ou cuidamos de nós mesmos, ficamos vulneráveis a uma série de problemas emocionais, como insegurança, ansiedade e relacionamentos tóxicos. O amor-próprio nos dá força para estabelecer limites saudáveis, reconhecer nosso valor e lidar com as adversidades de maneira mais equilibrada. Ele é o antídoto para muitas das dores que carregamos, pois nos lembra que merecemos cuidado, respeito e compaixão, tanto de nós mesmos quanto dos outros.

APLICAÇÃO PRÁTICA

Reflita sobre como você pode cultivar mais amor-próprio em sua vida. Dedique tempo para cuidar de si mesmo e valorizar suas qualidades, sabendo que esse amor é fundamental para seu bem-estar emocional.

CONSISTÊNCIA:
.... / 365

SENTIMENTO:

ANOTAÇÕES:

3
março

O caminho da fé e da paz
É pela fé e pela paz que eu quero seguir sempre.

A fé e a paz são forças que, juntas, nos guiam em direção a uma vida plena e equilibrada. Ao adotar essas duas virtudes como norte, podemos caminhar com segurança, independentemente dos desafios que encontramos pelo caminho.

A fé é uma força poderosa que nos conecta ao invisível, ao que está além da nossa compreensão imediata, mas que sentimos profundamente. Ela nos dá confiança para seguir em frente, mesmo quando o caminho é incerto. A paz, por sua vez, é a tranquilidade que encontramos quando estamos em harmonia com nós mesmos e com o mundo ao nosso redor. Juntas, a fé e a paz nos permitem viver de maneira equilibrada e serena, sem nos deixar abalar pelas adversidades. Ao seguir pelo caminho da fé e da paz, escolhemos a confiança em vez do medo e a serenidade no lugar do caos. É uma escolha consciente que nos permite viver com mais propósito e clareza.

APLICAÇÃO PRÁTICA

Cultive a fé em sua vida, confiando que há sempre algo maior guiando seu caminho. Busque também a paz interior, praticando o desapego ao controle excessivo e focando na serenidade. A combinação dessas duas virtudes pode transformar sua jornada.

CONSISTÊNCIA:
.... / 365

SENTIMENTO:

ANOTAÇÕES:

A coragem de amar

Ouse amar.

Amar é um ato de ousadia, pois envolve vulnerabilidade, entrega e coragem. É necessário arriscar-se, expor-se e confiar para viver plenamente o amor em todas as suas formas.

Amar de verdade exige coragem. Requer a disposição de abrir o coração, sabendo que, ao fazê-lo, estamos nos tornando vulneráveis. O amor, em qualquer de suas manifestações – seja romântico, fraternal ou altruísta – nos expõe a riscos: o risco de ser magoado, o risco de perder, o risco de não ser correspondido. No entanto, é através dessa entrega que encontramos as experiências mais significativas e transformadoras da vida. Ousar amar é escolher viver com autenticidade, abraçando tanto as alegrias quanto as dores que o amor pode trazer. Aqueles que têm a coragem de amar são os que realmente vivem, pois o amor é a força mais poderosa e renovadora que existe.

APLICAÇÃO PRÁTICA

Seja corajoso em suas relações, seja com os outros ou consigo mesmo. Permita-se amar plenamente, sem medo das vulnerabilidades que isso possa trazer. O amor, quando vivido com ousadia, é capaz de transformar sua vida de maneiras inimagináveis.

CONSISTÊNCIA:
.... **/ 365**

SENTIMENTO:

ANOTAÇÕES:

5 março

O convite à felicidade

Resolvi abrir a porta, puxar uma cadeira e tomar um longo café com a felicidade.

A felicidade pode ser convidada para fazer parte da nossa vida. Quando nos dispomos a recebê-la de braços abertos e sem pressa, criamos espaço para uma vida mais alegre e satisfatória.

Muitas vezes, a felicidade está batendo à nossa porta, mas estamos ocupados demais, distraídos ou com medo de recebê-la. Quando escolhemos abrir a porta e convidar a felicidade para se sentar conosco, reconhecemos que ela merece nosso tempo e nossa atenção. Tirar um momento para "tomar um longo café com a felicidade" é uma metáfora para desacelerar e de fato apreciar os momentos de alegria e contentamento que a vida oferece. Não se trata de buscar grandes realizações ou de estar constantemente em busca de novas fontes de felicidade, mas de apreciar e saborear o que já está presente. A felicidade, muitas vezes, está nas pequenas coisas, nas conversas tranquilas e nos momentos de conexão com nós mesmos e com os outros.

APLICAÇÃO PRÁTICA

Reserve um tempo para desacelerar e apreciar as pequenas alegrias da vida. Abra um intervalo na sua agenda para "tomar um café com a felicidade" – desacelere, relaxe e aproveite a alegria que já está disponível para você, mesmo nas coisas mais simples.

CONSISTÊNCIA:
.... / 365

SENTIMENTO:

ANOTAÇÕES:

Coração e mente alinhados

*É impossível tirar da cabeça
aquilo que já habita o seu coração.*

Quando algo realmente toca o coração, torna-se impossível esquecer. O que habita nosso coração tem um poder profundo sobre nossos pensamentos e ações.

O coração tem uma sabedoria que a mente, muitas vezes, não consegue compreender totalmente. Quando algo toca nosso coração de maneira verdadeira e profunda – seja uma pessoa, uma causa, um sonho – isso permanece conosco, mesmo que tentemos racionalizar ou afastar esses sentimentos. O que reside no coração molda nossos pensamentos e influencia diretamente nossas decisões. Esse alinhamento entre coração e mente nos dá clareza sobre o que importa de verdade em nossa vida. Tentativas de "esquecer" o que o coração já abraçou são muitas vezes inúteis, pois é o coração que nos guia para o que é essencial. Aceitar e honrar o que habita nosso coração é o primeiro passo para viver uma vida autêntica e alinhada com nossa verdadeira essência.

APLICAÇÃO PRÁTICA

Reflita sobre o que habita o seu coração. Aceite que esses sentimentos e desejos são uma parte importante de quem você é. Ao invés de lutar contra eles, busque maneiras de alinhar sua mente e suas ações com o que seu coração já reconheceu como importante.

CONSISTÊNCIA:
.... / 365

SENTIMENTO:

ANOTAÇÕES:

A coragem na vulnerabilidade

A verdadeira coragem é ser vulnerável.

Ser vulnerável exige mais coragem do que manter uma fachada de força. Mostrar-nos como realmente somos, com nossas fraquezas e incertezas, é um ato de verdadeira bravura.

Vivemos em uma cultura que muitas vezes valoriza a invulnerabilidade, a ideia de que ser forte é nunca demonstrar fraqueza. No entanto, a verdadeira coragem está em nos permitir ser autênticos e mostrar que, sim, podemos às vezes desabar. Quando estamos vulneráveis, abrimos espaço para a conexão real com os outros, pois mostramos nossa humanidade. Esse ato exige coragem porque nos expõe ao risco de rejeição ou de receber críticas, mas é justamente essa exposição que permite que cresçamos e que nossos relacionamentos se tornem mais profundos e significativos.

APLICAÇÃO PRÁTICA

Experimente ser vulnerável em suas interações. Compartilhe seus sentimentos e incertezas com quem confia, sabendo que essa vulnerabilidade é um ato de coragem que promove conexões mais autênticas.

CONSISTÊNCIA:
.... / 365

SENTIMENTO:

ANOTAÇÕES:

8
março

A definição interna
O que me define está bem longe dos olhos alheios.

Nossa verdadeira essência não pode ser captada pelas opiniões ou pelos olhares dos outros. O que nos define vem de dentro, da nossa percepção de nós mesmos e de nossas experiências mais íntimas.

É comum que as pessoas ao nosso redor formem opiniões e expectativas sobre quem somos com base no que elas veem externamente. No entanto, essas percepções são muitas vezes superficiais e limitadas. O que realmente nos define é o que carregamos por dentro – nossos valores, sonhos, lutas e crescimento interior. As aparências podem enganar, e o que os outros veem pode não refletir a profundidade do que somos. Por isso, é importante lembrar que nossa definição de identidade vem de nós mesmos, não do julgamento ou das impressões dos outros. Aceitar e honrar nossa essência interior nos liberta das expectativas externas e nos permite viver de maneira mais autêntica e alinhada com quem realmente somos.

APLICAÇÃO PRÁTICA

Não se deixe definir pelas percepções externas. Reflita sobre quem você realmente é, independentemente do que os outros possam pensar. Fortaleça sua autopercepção e viva de acordo com sua verdadeira essência, sem buscar validação externa.

CONSISTÊNCIA:
.... / 365

SENTIMENTO:

ANOTAÇÕES:

9

março

Deixe o amor entrar

Se o amor pede passagem, abra todas as portas e janelas e deixe ele entrar.

Quando o amor se aproxima, devemos estar abertos e dispostos a recebê-lo em toda sua plenitude. Resistir ao amor é perder a chance de viver experiências transformadoras.

O amor, em suas várias formas, é uma energia que pode transformar completamente nossa vida, mas, para isso, precisamos estar receptivos a ele. Muitas vezes, erguemos barreiras emocionais por medo de sermos magoados ou rejeitados, ou simplesmente por estarmos presos em nossas rotinas. No entanto, quando o amor pede passagem – seja um novo relacionamento, uma reconciliação ou até mesmo o amor por algo novo – é essencial abrir todas as portas e janelas, permitindo que essa energia entre. O amor precisa de espaço para florescer, e quando nos abrimos para ele, deixamos que ele transforme nossa vida de maneiras inesperadas e maravilhosas. Resistir ao amor é resistir à vida em si, enquanto acolhê-lo nos conecta com o que há de mais belo na existência.

APLICAÇÃO PRÁTICA

Se você sentir o amor se aproximando, em qualquer uma de suas formas, permita-se abrir completamente para ele. Não tenha medo de abaixar suas defesas e dar passagem para ele. Jamais se esqueça de que ele é uma força capaz de enriquecer profundamente sua vida.

CONSISTÊNCIA:
.... **/ 365**

SENTIMENTO:

ANOTAÇÕES:

10 março

O limite do politicamente correto
O politicamente correto nem sempre é o mais correto.

O movimento do politicamente correto é importante para promover o respeito e a inclusão. No entanto, quando levado ao extremo, pode sufocar a liberdade de expressão e a autenticidade, criando uma sociedade excessivamente cautelosa e artificial.

O politicamente correto surgiu como uma maneira de corrigir injustiças e evitar que discursos ofensivos e preconceituosos se proliferassem. Contudo, quando levado a extremos, pode se tornar uma forma de censura e limitação da expressão autêntica. Quando as pessoas sentem que precisam andar sempre na linha para evitar ofensas, o diálogo honesto e aberto é comprometido. O mundo não se sustenta apenas em padrões rígidos de comportamento; é preciso haver espaço para o debate, para a liberdade de expressão e para a individualidade. O excesso de politicamente correto pode levar a uma sociedade superficial, onde as pessoas evitam discutir o que realmente pensam ou sentem por medo de represálias. Equilibrar o respeito com a liberdade de expressão é essencial para que a sociedade cresça de maneira saudável.

APLICAÇÃO PRÁTICA

Procure o equilíbrio entre respeitar os outros e manter sua própria autenticidade. Reflita sobre como suas palavras podem afetar os outros, mas não deixe de expressar suas opiniões de forma genuína e construtiva.

CONSISTÊNCIA:
.... / 365

SENTIMENTO:

ANOTAÇÕES:

11 março

A liberdade de ser

Não me idealize. Quero ter a liberdade e o prazer de ser quem eu sou.

Ser idealizado pelos outros pode parecer lisonjeiro, mas, na verdade, cria uma prisão de expectativas irreais. A real liberdade vem de ser aceito como somos, com todas as nossas imperfeições.

Ser idealizado é uma forma sutil de aprisionamento. Quando os outros criam uma imagem idealizada de quem somos, isso impõe expectativas que muitas vezes não podemos ou não queremos atender. A liberdade real está em ser aceito por quem somos de verdade – com nossas falhas, peculiaridades e imperfeições. O prazer de viver de forma autêntica vem de saber que não precisamos nos moldar às fantasias ou expectativas dos outros. A idealização muitas vezes leva à decepção, pois ninguém pode sustentar uma imagem perfeita por muito tempo. Ao rejeitar a idealização, abraçamos nossa verdadeira essência e permitimos que os outros nos vejam como realmente somos, criando relacionamentos mais autênticos e satisfatórios.

APLICAÇÃO PRÁTICA

Caso perceba que alguém está idealizando você, tenha uma conversa honesta com a pessoa sobre suas realidades e limitações. Busque viver de forma autêntica, sem se preocupar em atender às expectativas irreais dos outros. Isso vai trazer mais liberdade e autenticidade para suas relações.

CONSISTÊNCIA:
.... / 365

SENTIMENTO:

ANOTAÇÕES:

O valor do intangível

O que o dinheiro não pode comprar define quem você é de verdade.

O dinheiro pode comprar muitas coisas, mas os aspectos mais importantes da vida são aqueles que ele não pode adquirir. Esses valores e qualidades definem quem somos essencialmente.

O que realmente define o caráter de uma pessoa são os elementos intangíveis, aqueles que o dinheiro jamais poderá comprar: integridade, bondade, honestidade, amor, lealdade. Esses atributos são conquistados através de nossas escolhas e ações ao longo da vida, e não pela quantidade de bens materiais que acumulamos. As pessoas verdadeiramente ricas são aquelas que têm um coração generoso, uma mente aberta e uma alma compassiva. Enquanto o dinheiro pode proporcionar conforto e segurança, são as virtudes internas que revelam a verdadeira essência de quem somos. Quando olhamos para nossa vida, o que fica não é o que possuímos, mas as marcas que deixamos nas pessoas e no mundo.

APLICAÇÃO PRÁTICA

Reflita sobre os aspectos da sua vida que o dinheiro não pode comprar. Como você tem cultivado essas virtudes em seu dia a dia? Priorize o desenvolvimento das qualidades que realmente definem sua essência.

CONSISTÊNCIA: .... / 365

SENTIMENTO:

ANOTAÇÕES:

13
março

A ilusão da superioridade

*O problema dos idiotas
é que eles se acham gênios.*

A falta de autocrítica e humildade muitas vezes leva as pessoas a superestimarem as próprias capacidades. O verdadeiro conhecimento começa com a compreensão de que sempre há algo a aprender.

Muitas pessoas que têm uma visão limitada de si mesmas e do mundo se consideram mais sábias do que realmente são. Esse fenômeno, conhecido como "efeito Dunning-Kruger", devido aos psicólogos norte-americanos que o estudaram, ocorre quando alguém tem uma autopercepção exagerada de sua inteligência ou habilidades. A verdadeira sabedoria começa com a humildade de reconhecer o que não sabemos. Aqueles que se acham gênios sem terem adquirido a experiência ou o conhecimento necessários para tal são, na verdade, prisioneiros de sua própria ignorância. Essa falta de autocrítica e reflexão impede o crescimento e o desenvolvimento pessoal. Somente quem admite suas limitações pode aprender e evoluir verdadeiramente.

APLICAÇÃO PRÁTICA

Sempre se questione e mantenha a humildade no que diz respeito às suas capacidades. Em vez de presumir que sabe tudo, esteja aberto a aprender continuamente com os outros e com suas próprias experiências.

CONSISTÊNCIA:
.... / 365

SENTIMENTO:

ANOTAÇÕES:

14
março

A natureza da eternidade

A eternidade é uma experiência imaterial totalmente fora do binômio tempo e espaço.

A eternidade transcende os conceitos de tempo e espaço que usamos para compreender a realidade física. Ela é imaterial e nos leva a uma dimensão além do que podemos experimentar com nossos sentidos.

Quando falamos de eternidade, estamos nos referindo a uma realidade que vai além da compreensão humana comum, que é baseada no tempo linear e no espaço físico. A eternidade não está limitada a esses parâmetros; é uma existência imaterial, onde passado, presente e futuro coexistem de maneira que nossa mente finita não pode conceber plenamente. Muitas tradições espirituais e filosóficas exploram a ideia de que o verdadeiro "eu" ou a alma faz parte dessa eternidade, vivendo além das limitações materiais. A eternidade é uma experiência profunda, que nos conecta com o infinito e o divino. É um estado de ser que não pode ser medido ou explicado, apenas sentido e intuído em momentos de profunda introspecção e transcendência.

APLICAÇÃO PRÁTICA

Medite sobre a natureza imaterial da eternidade e como ela pode influenciar sua compreensão da vida e da morte. Permita-se contemplar o que está além das limitações do tempo e espaço, e como isso afeta sua percepção de propósito e significado.

CONSISTÊNCIA:
.... / 365

SENTIMENTO:

ANOTAÇÕES:

O amor vivido

*Fala-se tanto do amor,
mas poucos o vivenciam de verdade.*

Embora o amor seja um dos temas mais discutidos e um dos sentimentos mais desejados, poucas pessoas o vivenciam em sua forma mais pura e verdadeira. Vivenciar o amor vai além das palavras, é uma experiência profunda que exige entrega e comprometimento.

Muitas vezes, o amor é romantizado e idealizado em conversas, livros, filmes e músicas, mas a verdadeira vivência do amor é algo que vai muito além da teoria. O amor real é construído no cotidiano, através de atos de bondade, compreensão, sacrifício e paciência. Ele não é sempre fácil ou perfeito. Na verdade, o verdadeiro amor muitas vezes exige esforço e superação de desafios. Poucas pessoas conseguem vivenciar o amor em toda a sua profundidade, pois ele exige vulnerabilidade e a capacidade de amar sem esperar algo em troca. Amar de verdade é estar disposto a se comprometer, a aceitar as falhas do outro e a crescer junto, construindo uma conexão que transcende o superficial.

APLICAÇÃO PRÁTICA

Reflita sobre como você vive o amor em sua vida. O amor que você expressa é apenas superficial ou você se entrega verdadeiramente a ele? Busque maneiras de vivenciar o amor de forma mais autêntica e profunda, indo além das palavras.

CONSISTÊNCIA:
.... / 365

SENTIMENTO:

ANOTAÇÕES:

16
março

O amor completo
Eu lhe desejo amor e tudo o que nele couber.

Desejar amor é desejar tudo o que ele traz consigo – alegrias, desafios, crescimentos e, principalmente, suas infinitas possibilidades. O amor é um presente que se expande com tudo o que ele contém.

O amor é um sentimento vasto e abrangente, que envolve não apenas momentos de felicidade e plenitude, mas também os desafios que o acompanham. Desejar amor a alguém é desejar que essa pessoa experimente todas as facetas do amor – o carinho, a compaixão, o apoio mútuo, mas também a paciência, a compreensão e a resiliência. O amor verdadeiro é pleno e traz consigo tudo o que é necessário para o crescimento pessoal e a construção de relações significativas. Ao desejar amor, estamos desejando que o outro viva uma vida rica em emoções, conexões e experiências transformadoras.

APLICAÇÃO PRÁTICA

Ao desejar amor a alguém, pense em tudo o que o amor realmente significa e envolve. Esteja disposto a aceitar e vivenciar todas as dimensões desse sentimento, tanto as alegrias quanto os desafios que ele traz.

CONSISTÊNCIA:
.... / 365

SENTIMENTO:

ANOTAÇÕES:

A melodia de um sorriso

Quando você sorri, uma espécie de música aquece meu coração.

O sorriso é uma das expressões humanas mais poderosas e universais. Ele pode trazer alegria e conforto, como uma música que toca profundamente a alma e aquece o coração.

O sorriso é uma linguagem universal que transcende palavras e gera uma conexão instantânea entre as pessoas. Quando alguém que amamos sorri, é como se uma melodia suave e reconfortante invadisse nosso coração, criando uma sensação de calor e felicidade. Essa "música" é o reflexo de uma conexão emocional profunda, onde o simples ato de sorrir tem o poder de curar, alegrar e transformar o ambiente ao nosso redor. O sorriso genuíno é contagiante e carrega uma energia positiva que aquece tanto quem o dá quanto quem o recebe. Ele nos lembra do poder simples e ao mesmo tempo profundo das pequenas expressões de afeto.

APLICAÇÃO PRÁTICA

Valorize o poder do sorriso, tanto o seu quanto o dos outros. Reconheça como essa expressão simples pode transformar seu dia e o dia de quem está ao seu redor, criando uma atmosfera de alegria e conexão.

CONSISTÊNCIA:
.... / 365

SENTIMENTO:

ANOTAÇÕES:

18 março

A liberdade de ser

Se você não pode ser você mesmo, existe algo muito errado na sua vida.

A autenticidade é essencial para o bem-estar e a felicidade. Se você se encontra em uma situação onde não pode ser quem realmente é, algo precisa mudar para que você viva em plena harmonia consigo mesmo.

Viver de forma autêntica, sendo fiel a quem realmente somos, é um dos maiores desafios e, ao mesmo tempo, uma das maiores recompensas da vida. Quando somos forçados a reprimir ou esconder nossa verdadeira essência, seja por pressões sociais, relacionamentos ou circunstâncias de vida, sentimos um profundo desconforto e insatisfação. Essa falta de autenticidade nos desconecta de nós mesmos e dos outros, criando uma sensação de alienação e de que vivemos uma vida que não nos pertence. A verdadeira felicidade e a paz interior só podem ser encontradas quando temos a liberdade de ser quem realmente somos, sem máscaras ou disfarces. Se essa liberdade não está presente, é um sinal claro de que algo precisa mudar.

APLICAÇÃO PRÁTICA

Reflita sobre as áreas da sua vida onde você sente que não pode ser você mesmo. Busque formas de trazer mais autenticidade para suas relações e decisões, priorizando sempre sua verdadeira essência.

CONSISTÊNCIA:
.... / 365

SENTIMENTO:

ANOTAÇÕES:

Afeto guardado

*Tantos beijos e abraços guardados
só esperando você chegar.*

O amor e o carinho que temos por alguém muitas vezes são guardados em nossos corações, esperando o momento certo para serem expressos. Esses sentimentos, quando finalmente compartilhados, têm o poder de transformar e fortalecer laços.

Beijos e abraços são símbolos de afeto e conexão. Muitas vezes, guardamos essas demonstrações de amor em nosso interior, esperando o momento certo ou a presença de alguém especial para expressá-las. Esse afeto acumulado é uma manifestação de nossos sentimentos mais profundos, que anseiam por ser compartilhados e vividos. Quando enfim podemos oferecer esses beijos e abraços, oferecemos mais do que gestos físicos – nós ofertamos uma parte de nós mesmos, carregada de emoções e intenções sinceras. Esses momentos de afeto são preciosos e fortalecem os laços que nos unem aos outros, criando memórias que perduram no tempo.

APLICAÇÃO PRÁTICA

Não guarde seus gestos de carinho por muito tempo. Expresse seu afeto sempre que possível, seja através de palavras, beijos ou abraços. Esses pequenos momentos de conexão são o que realmente enriquece a vida.

CONSISTÊNCIA:
.... / 365

SENTIMENTO:

ANOTAÇÕES:

A viagem interior

A maior viagem é aquela que nos conduz ao centro de nós mesmos.

Embora possamos viajar para muitos lugares e viver inúmeras experiências externas, a jornada mais profunda e significativa é a que fazemos em direção a nós mesmos, buscando autoconhecimento e compreensão interior.

A vida nos oferece muitas oportunidades de viagem – de conhecer novos lugares, pessoas e culturas. No entanto, a viagem mais transformadora e reveladora é a que fazemos para dentro de nós mesmos. Esse tipo de jornada não envolve deslocamento físico, mas sim introspecção e reflexão. Ao explorar o centro de quem somos, descobrimos nossos valores, medos, desejos e verdades mais profundas. Essa viagem nos ajuda a nos conectarmos com nossa essência, a entender nossas motivações e a viver de maneira mais autêntica. É uma jornada contínua, que requer coragem e disposição para enfrentar tanto nossas sombras quanto nossas luzes, mas é também a única capaz de nos levar a uma verdadeira realização pessoal.

APLICAÇÃO PRÁTICA

Reserve um tempo para fazer essa viagem interior. Medite, escreva ou reflita sobre quem você realmente é, o que o move e quais são suas verdadeiras paixões e medos. Esse autoconhecimento é fundamental para uma vida mais plena e consciente.

CONSISTÊNCIA:
.... **/ 365**

SENTIMENTO:

ANOTAÇÕES:

O valor de estar perto

Percorri ruas e avenidas só para ver você passar.

Às vezes, fazemos grandes esforços apenas para estar perto de quem amamos, mesmo que por um breve momento. Esses pequenos sacrifícios são demonstrações de afeto e dedicação.

Quando estamos dispostos a percorrer longas distâncias ou a enfrentar desafios apenas para ter um vislumbre de alguém, estamos demonstrando o quanto essa pessoa significa para nós. Esses atos, muitas vezes pequenos e invisíveis aos olhos dos outros, são grandes gestos de amor e carinho. Eles mostram a importância que damos à presença do outro, mesmo que momentânea, e a alegria que sentimos em simplesmente vê-lo, sem necessidade de palavras ou grandes encontros. Esse tipo de devoção e esforço é uma forma pura de amor, onde o simples fato de estar perto, de compartilhar o mesmo espaço, já é suficiente para encher o coração de felicidade.

APLICAÇÃO PRÁTICA

Reconheça os pequenos gestos que você faz ou que outros fazem por você em nome do amor e da conexão. Valorize esses momentos de esforço e dedicação, pois são neles que o verdadeiro afeto se revela.

CONSISTÊNCIA:
.... / 365

SENTIMENTO:

ANOTAÇÕES:

O poder da reciprocidade

Reciprocidade: desejo o dobro de tudo que você desejar para mim.

A reciprocidade é uma das bases mais fortes dos relacionamentos. Quando desejamos o bem ao outro, estamos criando um ciclo positivo que beneficia ambas as partes e fortalece os laços de afeto.

A reciprocidade é uma troca genuína de bons sentimentos, onde o que desejamos para os outros é devolvido de forma multiplicada. Quando alguém nos deseja o bem e retribuímos esse sentimento com ainda mais intensidade, criamos uma energia positiva que permeia o relacionamento. Essa dinâmica fortalece a confiança, a lealdade e o amor entre as pessoas. Reciprocidade não é apenas retribuir o que recebemos, mas desejar o melhor para o outro de coração aberto, sabendo que esse desejo sincero criará uma conexão ainda mais profunda e significativa.

APLICAÇÃO PRÁTICA

Pratique a reciprocidade em seus relacionamentos. Sempre que alguém lhe desejar algo bom, retribua com generosidade e de forma genuína. Ao criar esse ciclo de positividade, você estará fortalecendo suas conexões e promovendo o bem-estar mútuo.

CONSISTÊNCIA:
.... / 365

SENTIMENTO:

ANOTAÇÕES:

O vazio do amor ausente

O amor havia se retirado do recinto e, de repente, a casa ficou enorme.

Quando o amor se retira, tudo ao redor parece expandir-se em vazio. O que antes era preenchido por presença e calor, torna-se um ambiente vasto e solitário.

O amor tem a capacidade de preencher espaços de maneira única. Ele torna os lugares aconchegantes e as relações significativas. Quando o amor se retira, o que fica é uma sensação de vazio, como se a casa ou o espaço emocional em que vivemos se tornasse grande demais para suportar. Esse vazio não é apenas físico, mas também emocional. O que antes era compartilhado, agora parece distante e oco. Essa experiência revela o quanto o amor é essencial para dar sentido e calor à vida. Quando ele parte, percebemos o tamanho do impacto que tinha sobre nosso cotidiano e a casa, antes cheia de vida, se transforma em um local de lembranças e saudade.

APLICAÇÃO PRÁTICA

Se você sentir que o amor se retirou de algum aspecto da sua vida, use esse momento para refletir sobre a importância dele e como pode reconstruir ou reencontrar essa energia em novas formas e relações.

CONSISTÊNCIA:
.... / 365

SENTIMENTO:

ANOTAÇÕES:

Dever e prazer em harmonia
Como combinar o dever com o prazer?

A vida muitas vezes apresenta dilemas entre o que devemos fazer e o que gostaríamos de fazer. Encontrar uma forma de combinar o dever com o prazer é um desafio que pode trazer satisfação e equilíbrio.

Muitas vezes, o que "devemos" fazer parece estar em desacordo com o que nos traz prazer. O dever pode ser visto como uma obrigação, enquanto o prazer é algo que fazemos por escolha, por alegria. No entanto, a verdadeira sabedoria está em encontrar formas de combinar os dois, de modo que o dever não seja um fardo, mas sim uma parte significativa da nossa satisfação. Quando conseguimos trazer paixão e propósito para as nossas responsabilidades, o dever deixa de ser algo pesado e se transforma em uma fonte de realização pessoal. A chave está em encontrar significado no que fazemos e buscar maneiras de inserir prazer nas pequenas coisas, mesmo quando envolvem obrigações.

APLICAÇÃO PRÁTICA

Reflita sobre como você pode transformar suas responsabilidades em algo mais prazeroso. Encontre formas de incluir elementos que te motivem e inspirem, mesmo nas tarefas mais mundanas, para que o dever se torne uma parte harmoniosa da sua vida.

CONSISTÊNCIA:
.... **/ 365**

SENTIMENTO:

ANOTAÇÕES:

25 março

A força avassaladora da paixão

Em frações de segundos, um corpo franzino se transforma em algo grande e ofuscante. A paixão já tomou grande parte da sua mente.

A paixão tem o poder de transformar e amplificar nossas emoções. O que antes parecia pequeno e controlado rapidamente se torna algo intenso e quase ofuscante, ocupando grande parte de nossa mente e energia.

A paixão é uma força poderosa, que pode surgir de maneira repentina e tomar conta de nossos pensamentos e sentimentos em um curto espaço de tempo. Mesmo algo aparentemente frágil ou simples pode se transformar em uma presença grandiosa e irresistível quando a paixão entra em cena. Ela tem a capacidade de ocupar nosso campo mental, desviar nossa atenção e intensificar cada sensação. Esse poder avassalador da paixão, embora muitas vezes emocionante, também pode ser perigoso, pois pode nos fazer perder a perspectiva e o equilíbrio. A paixão, por sua natureza intensa, precisa ser compreendida e, quando possível, equilibrada com a razão, para que possamos aproveitá-la sem perder o controle.

APLICAÇÃO PRÁTICA

Quando sentir a paixão tomando conta de sua mente e corpo, tente observar como ela está afetando suas decisões. Embora seja importante se permitir vivenciar a intensidade, mantenha uma base de razão para que a paixão não se torne uma força descontrolada.

CONSISTÊNCIA:
.... / 365

SENTIMENTO:

ANOTAÇÕES:

O desejo da reciprocidade

*Que o meu benquerer encontre morada
no querer bem de um outro alguém.*

O amor é mais significativo quando encontra reciprocidade. O desejo de que o nosso afeto seja correspondido e acolhido no coração de outra pessoa é a busca natural de quem ama.

Amar alguém implica em desejar o bem dessa pessoa, mas o desejo de reciprocidade é o que traz equilíbrio e completude ao amor. Quando nosso "benquerer" é acolhido e refletido no "querer bem" do outro, encontramos uma conexão que transcende o simples sentimento unilateral. A reciprocidade no amor cria um laço onde o carinho, o cuidado e o afeto fluem de maneira harmoniosa, gerando um ciclo contínuo de amor e apoio mútuos. Esse é o desejo de quem ama verdadeiramente – que seu amor não apenas seja dado, mas também recebido, compartilhado e valorizado. O amor correspondido é o que nos faz sentir inteiros, pois sabemos que nossos sentimentos encontraram uma casa no coração de outra pessoa.

APLICAÇÃO PRÁTICA

Se você está em um relacionamento ou busca um, reflita sobre a importância da reciprocidade. Valorize as relações onde há troca de carinho e atenção, e busque sempre cultivar essa reciprocidade nos seus laços afetivos.

CONSISTÊNCIA:
.... / 365

SENTIMENTO:

ANOTAÇÕES:

O conflito da partida

Partir era necessário, mas a alma insistia em ficar.

Há momentos em que a partida é inevitável, mesmo quando o coração ou a alma desejam ficar. Esse conflito entre o que é necessário e o que sentimos pode ser um dos maiores desafios emocionais que enfrentamos.

Partir, seja de uma relação, de um lugar ou de uma fase da vida, muitas vezes é necessário para o crescimento ou para seguir adiante. No entanto, mesmo quando a mente reconhece essa necessidade, a alma pode resistir. A alma, com seus laços profundos de afeto e apego, tende a querer permanecer no que lhe é familiar, no que lhe trouxe conforto e significado. Esse conflito entre o que é necessário e o que sentimos cria um dilema interno. A partida pode parecer um abandono do que amamos e a resistência da alma é uma expressão de nossa conexão emocional com o que estamos deixando para trás. No entanto, aprender a aceitar essa dualidade – a necessidade de partir e a saudade que fica – é parte do processo de amadurecimento e evolução pessoal.

APLICAÇÃO PRÁTICA

Se você está enfrentando uma partida difícil, reconheça e valide os sentimentos de sua alma. Permita-se sentir a dor de deixar para trás, mas também aceite a necessidade de seguir em frente, sabendo que o crescimento muitas vezes exige essas transições.

CONSISTÊNCIA:
.... **/ 365**

SENTIMENTO:

ANOTAÇÕES:

A dificuldade do esquecimento

*Dizem que amar só se aprende amando.
E o esquecimento? Como se aprende a esquecer?*

Assim como o amor é uma lição que aprendemos através da vivência, o esquecimento é um processo igualmente complexo e desafiador. Esquecer algo ou alguém que marcou profundamente nossas vidas é uma das lições mais difíceis.

Amar é algo que aprendemos com a prática – entregando-nos, nos conectando e experimentando o amor em suas várias formas. No entanto, quando se trata de esquecer, o processo é muito mais complicado. O esquecimento não é algo que se possa aprender diretamente, mas um processo que acontece aos poucos, por conta do tempo, da cura e da aceitação. Esquecer não é apagar memórias, mas sim aprender a viver sem o peso emocional que elas carregam. Assim como amar requer entrega, o esquecimento requer desapego e a aceitação de que o passado não pode ser mudado, apenas integrado. Esquecer não é uma escolha consciente, mas uma jornada de aprendizado, na qual aprendemos a deixar ir o que já não nos serve, sem perder o que aprendemos com essas experiências.

APLICAÇÃO PRÁTICA

Se você está tentando esquecer algo ou alguém, dê tempo ao tempo e aceite que o processo de esquecimento é gradual. Foque em curar suas feridas e seguir em frente com gratidão pelas lições aprendidas, sem tentar forçar o esquecimento.

CONSISTÊNCIA:
.... **/ 365**

SENTIMENTO:

ANOTAÇÕES:
....
....
....
....

A linguagem do sorriso

Um sorriso vale mais do que mil palavras.

O sorriso tem o poder de comunicar emoções e intenções de maneira mais eficaz e sincera do que muitas palavras. É uma expressão universal de alegria, bondade e conexão.

Enquanto as palavras podem ser mal interpretadas ou perder o sentido com o tempo, o sorriso é uma expressão genuína que transcende barreiras linguísticas e culturais. Ele tem a capacidade de transmitir emoções como gratidão, carinho, alívio ou simplesmente felicidade, sem a necessidade de uma explicação verbal. Um sorriso verdadeiro pode mudar o clima de um ambiente, trazer conforto a alguém em sofrimento ou iniciar uma conexão instantânea entre estranhos. Seu poder está na sua simplicidade e autenticidade. Um sorriso não precisa ser explicado; ele fala diretamente ao coração.

APLICAÇÃO PRÁTICA

Pratique o hábito de sorrir mais no seu dia a dia, especialmente em momentos de tensão ou dificuldade. Observe como um sorriso, mesmo em situações difíceis, pode transformar o ambiente e as interações ao seu redor.

CONSISTÊNCIA:
.... / 365

SENTIMENTO:

ANOTAÇÕES:
....
....
....
....

30 março

A responsabilidade compartilhada

Fica combinado: a culpa não é sua nem minha. Ela é nossa.

Em relacionamentos e situações de conflito, é comum buscar culpados. No entanto, muitas vezes a responsabilidade é compartilhada e reconhecer isso é o primeiro passo para a cura e a reconciliação.

Culpar o outro ou a si mesmo por problemas ou conflitos pode parecer uma solução imediata, mas muitas vezes a verdade é que as responsabilidades são divididas. Quando duas pessoas estão envolvidas, raramente a culpa recai inteiramente sobre um lado. Ao assumir a responsabilidade conjunta, estamos reconhecendo que as ações de ambas as partes contribuíram para o resultado. Esse reconhecimento é essencial para evitar ressentimentos e para encontrar soluções construtivas. Quando paramos de buscar culpados e aceitamos a responsabilidade compartilhada, abrimos caminho para o perdão, a cura e o crescimento. A culpa deixa de ser um fardo e se transforma em uma oportunidade de aprendizado mútuo.

APLICAÇÃO PRÁTICA

Nos seus relacionamentos, evite culpar exclusivamente o outro ou a si mesmo por conflitos. Em vez disso, busque entender a responsabilidade compartilhada e trabalhe para encontrar soluções que beneficiem ambos os lados.

CONSISTÊNCIA:
.... **/ 365**

SENTIMENTO:

ANOTAÇÕES:

31 março

A ausência no pensamento

Revirei a casa toda e nem na lixeira dos meus pensamentos você estava.

Quando alguém sai completamente de nossa vida e de nossos pensamentos, até mesmo as lembranças e emoções parecem não ter mais um lugar para existir. É como se essa pessoa tivesse desaparecido sem deixar rastros.

Procurar por alguém em nossos pensamentos em um esforço para reviver memórias ou sentimentos e não encontrar absolutamente nada é um sinal de que essa pessoa foi verdadeiramente deixada para trás. Nem mesmo nas profundezas da mente, onde costumamos guardar resíduos de emoções passadas, essa pessoa permanece. Isso representa o fim completo de uma conexão emocional, um verdadeiro fechamento de um ciclo. É um alívio, mas também pode ser perturbador perceber que alguém que uma vez ocupou tanto espaço na nossa mente e no nosso coração agora não existe nem nas "lixeiras" do pensamento. Esse vazio pode ser tanto libertador quanto uma prova de que estamos prontos para seguir em frente sem qualquer sombra do passado.

APLICAÇÃO PRÁTICA

Caso você perceba que alguém já não ocupa mais espaço em seus pensamentos, aceite isso como um sinal de que realmente superou essa relação. Use esse espaço mental para se concentrar em novas conexões e experiências que trarão crescimento e alegria.

CONSISTÊNCIA:
.... / 365

SENTIMENTO:

ANOTAÇÕES:

Nosso legado

Qualquer existência vale pelo legado que somos capazes de deixar. Isso é eternidade.

O que torna a nossa existência significativa é o legado que deixamos para o mundo e para as pessoas ao nosso redor. Esse legado é o que nos torna eternos, muito além do tempo que passamos na Terra.

A existência humana é limitada pelo tempo, mas o impacto que causamos no mundo pode transcender nossa vida física. O verdadeiro sentido de eternidade está no legado que deixamos – nas marcas que deixamos na vida da pessoa, nas contribuições que damos à sociedade, nas memórias que permanecem. Este legado pode ser algo tangível, como uma obra ou um feito, ou algo intangível, como o amor que espalhamos, os valores que ensinamos ou a inspiração que proporcionamos. Viver com a consciência de que nossas ações têm o poder de perdurar muito além de nós nos incentiva a sermos mais intencionais e generosos. Cada gesto de bondade e cada ato de amor é um tijolo no edifício do legado que deixaremos para o futuro.

APLICAÇÃO PRÁTICA

Pense no legado que você quer deixar. Quais são os impactos e as contribuições que deseja fazer ao mundo? Viva de forma intencional, criando algo que possa inspirar e beneficiar as próximas gerações.

CONSISTÊNCIA:
.... **/ 365**

SENTIMENTO:

ANOTAÇÕES:

2 abril

A sabedoria do tempo

O tempo é sábio: finda os afetos passageiros e eterniza os verdadeiros.

O tempo tem o poder de revelar quais afeições e conexões são verdadeiras e duradouras. Ele desfaz o que é passageiro e fortalece aquilo que é genuíno, mostrando-nos a profundidade das nossas relações.

O tempo é o maior juiz das nossas emoções e relações. Quando estamos imersos em uma nova conexão, pode ser difícil saber se ela é passageira ou se resistirá às provas da vida. À medida que o tempo passa, ele desfaz os laços superficiais, aquelas afeições que não têm bases sólidas. Por outro lado, os verdadeiros afetos – aqueles construídos em confiança, respeito e amor genuíno – se tornam mais fortes e profundos. O que o tempo revela é a essência daquilo que cultivamos. As relações que sobrevivem às tempestades do tempo são aquelas que merecem ser eternizadas. Essa é a sabedoria do tempo: filtrar o que não é autêntico e preservar o que é eterno.

APLICAÇÃO PRÁTICA

Reflita sobre os relacionamentos e afetos em sua vida que resistiram ao tempo. Valorize essas conexões e continue nutrindo-as. Se alguns laços se desfizeram ao longo dos anos, aceite que o que é passageiro deve ser deixado para trás, e o que é verdadeiro permanece.

CONSISTÊNCIA:
.... / 365

SENTIMENTO:

ANOTAÇÕES:

O abraço da despedida

Depois de um abraço imantado, seguiu em frente sem olhar para trás. No fundo, sabia que era a despedida final.

Há momentos em que, mesmo sem palavras, sabemos que estamos nos despedindo para sempre. Um último abraço pode conter todas as emoções não ditas, selando um adeus que não será revertido.

Um abraço pode conter uma infinidade de emoções – carinho, gratidão, saudade e, às vezes, pode significar uma despedida. Quando estamos diante de um adeus definitivo, em geral não precisamos dizer nada; o corpo já sabe que é o fim e isso se reflete na intensidade de um último abraço. Esse "abraço imantado" carrega todo o peso emocional da partida. Mesmo que as palavras não tenham sido ditas, a sensação de que essa é a última vez que essas duas almas se encontram de maneira tão próxima fica evidente. Seguir em frente, sem olhar para trás, é um sinal de aceitação. Sabemos que a despedida é inevitável, e que, por mais difícil que seja, precisamos seguir em frente, levando as memórias, mas deixando o passado para trás.

APLICAÇÃO PRÁTICA

Se você já passou ou está passando por uma despedida definitiva, permita-se sentir o peso desse adeus, mas saiba que seguir em frente é necessário. Leve as lições e os sentimentos com você, mas não se prenda ao que já ficou para trás.

CONSISTÊNCIA:
.... **/ 365**

SENTIMENTO:

ANOTAÇÕES:

O amor contra o tempo

*O tempo morre de inveja do amor.
Afinal, o tempo não volta, mas o amor nunca se desfaz.*

Enquanto o tempo segue em frente sem retorno, o amor verdadeiro persiste, permanecendo vivo nas memórias, nos sentimentos e nas conexões. O amor tem um poder que transcende as limitações temporais.

O tempo é implacável, ele não para e não pode ser revertido. Tudo o que pertence ao tempo – momentos, oportunidades, juventude – eventualmente se esvai. No entanto, o amor é uma força que o tempo não pode tocar. O verdadeiro amor, seja ele romântico, familiar ou espiritual, nunca se desfaz completamente. Ele permanece vivo dentro de nós, mesmo quando as circunstâncias ou o próprio tempo tentam apagá-lo. O tempo pode causar transformações, mas o amor verdadeiro, aquele que realmente importa, sobrevive. Isso dá ao amor um poder único, uma qualidade imortal que o tempo, em sua passagem constante, jamais alcançará. Assim, enquanto o tempo inveja a permanência do amor, o amor floresce eternamente, sem a menor dependência do que quer que o tempo faça.

APLICAÇÃO PRÁTICA

Reflita sobre os amores que permanecem em sua vida, apesar da passagem do tempo. Valorize essas conexões e lembre-se de que o amor, quando verdadeiro, resiste às mudanças e à finitude do tempo.

CONSISTÊNCIA:
.... **/ 365**

SENTIMENTO:

ANOTAÇÕES:

Paz e simplicidade

*Que os bons ventos me levem para onde
o único som seja a brisa do mar.*

O anseio por tranquilidade e uma rotina mais simples é um desejo profundo que todos nós experimentamos em algum momento. Deixar-se levar pelos bons ventos para um lugar de serenidade é um símbolo de busca pela paz interior.

Os "bons ventos" simbolizam a energia positiva, a orientação do destino que nos leva para lugares onde podemos encontrar paz e renovação. O som suave da brisa do mar evoca a simplicidade e a calma que muitos de nós buscamos quando estamos sobrecarregados ou perdidos nas complexidades da vida. Esse desejo de se afastar do caos e do ruído do mundo moderno para um local onde a alma possa descansar em harmonia com a natureza é, na verdade, uma busca por reconexão com nós mesmos. O mar, com seu fluxo contínuo e imutável, oferece um espaço de contemplação e renovação, onde podemos refletir, relaxar e nos reencontrar.

APLICAÇÃO PRÁTICA

Encontre maneiras de se conectar com a natureza e com a simplicidade no seu dia a dia. Seja através de um momento de silêncio ou uma caminhada ao ar livre, permita que esses "bons ventos" o guiem para a paz interior.

CONSISTÊNCIA:
.... **/ 365**

SENTIMENTO:

ANOTAÇÕES:

6 abril

Aprecie o silêncio interior

Aprecie não fazer nada em sua própria companhia.

Em um mundo que valoriza a atividade constante, aprender a apreciar o simples ato de não fazer nada e estar consigo mesmo é uma habilidade rara, mas essencial para o equilíbrio emocional.

A sociedade muitas vezes nos pressiona a sermos produtivos o tempo todo, a estarmos sempre ocupados e em movimento. No entanto, o verdadeiro autoconhecimento e a reconexão com a nossa essência acontecem quando paramos. Não fazer nada em nossa própria companhia é um ato de autocuidado e de fortalecimento interno. Nesse tempo de silêncio, podemos ouvir nossos próprios pensamentos, refletir sobre nossas escolhas e recarregar as energias. Apreciar sua própria companhia, sem distrações ou pressões, é uma maneira de se reconectar com quem você realmente é, sem a necessidade de buscar validação externa.

APLICAÇÃO PRÁTICA

Tire um tempo do seu dia ou da sua semana para não fazer nada. Apenas fique em sua própria companhia, em silêncio, sem a necessidade de ser produtivo. Use esse momento para se reconectar com sua essência e encontrar a paz dentro de si.

CONSISTÊNCIA:
.... / 365

SENTIMENTO:

ANOTAÇÕES:

7 abril

Explorando os mistérios da vida

A vida tem lá os seus mistérios. E dentro deles quero encontrar minhas frações etéreas.

A vida está repleta de mistérios que muitas vezes desafiam nossa compreensão. No entanto, é nesses mistérios que podemos encontrar pedaços da nossa alma, frações etéreas que nos conectam com o que há de mais profundo e espiritual em nós.

Os mistérios da vida não são problemas a serem resolvidos, mas sim experiências a serem vividas e exploradas. Em vez de tentar decifrar cada mistério, podemos nos permitir mergulhar neles, sabendo que dentro dessas incertezas estão as chaves para nosso crescimento e evolução. "Frações etéreas" são esses momentos de entendimento espiritual, pequenos vislumbres da verdade universal que surgem quando estamos abertos aos mistérios da existência. Encontrar essas frações é desvendar pedaços de nós mesmos que ainda não havíamos descoberto. Esse processo de exploração nos conecta com a essência da vida e nos ajuda a transcender as preocupações mundanas, tocando o imaterial e o eterno.

APLICAÇÃO PRÁTICA

Abra-se para os mistérios da vida com uma mente curiosa e um coração receptivo. Permita-se encontrar significado nas experiências inexplicáveis e aproveite esses momentos para explorar sua própria espiritualidade e crescimento interior.

CONSISTÊNCIA:
.... / 365

SENTIMENTO:

ANOTAÇÕES:

8 abril

A trilha sonora das paixões

O melhor legado das paixões findas são as músicas que as embasam. As pessoas podem até "passar", mas as canções vão compor a trilha sonora de nossas vidas.

Mesmo quando as paixões chegam ao fim, as memórias e as emoções que elas deixaram permanecem vivas. Muitas vezes, essas emoções são preservadas nas músicas que marcaram esses momentos, compondo a trilha sonora de nossas vidas.

As paixões são intensas e, embora muitas sejam temporárias, elas deixam marcas profundas em nós. Quando uma paixão chega ao fim, o que resta são as lembranças e as músicas que a acompanharam. Essas canções têm o poder de nos transportar de volta àqueles momentos, revivendo emoções, cenários e sentimentos que já passaram, mas que ainda habitam nosso interior. A música, com sua capacidade de evocar memórias e emoções, se torna a trilha sonora de nossa vida, acompanhando-nos em cada fase, cada paixão, cada fim e novo começo. As pessoas podem partir, mas as canções que embalavam esses momentos continuarão a tocar dentro de nós, relembrando-nos de quem fomos e do que vivemos.

APLICAÇÃO PRÁTICA

Crie uma trilha sonora para sua vida. Deixe que as canções sirvam como uma forma de preservar as memórias das suas paixões e experiências, e use a música como uma forma de reconexão com seu passado e suas emoções.

CONSISTÊNCIA: .... **/ 365**

SENTIMENTO:

ANOTAÇÕES:

9
abril

A riqueza do mundo interior

Se as pessoas pudessem saber o que penso sobre tudo a todo tempo, talvez entenderiam a simultaneidade dos meus encantos e amores, e a felicidade embutida em cada dia do meu viver.

Cada indivíduo carrega dentro de si um universo único de pensamentos, sentimentos e percepções. Se pudéssemos compartilhar plenamente esse mundo interior, talvez os outros compreendessem a profundidade de nossas experiências e a alegria que encontramos na vida.

Nossos pensamentos são uma teia complexa de ideias, sonhos e emoções que se entrelaçam constantemente. Essa simultaneidade de encantos e amores reflete a riqueza da nossa existência e a forma singular como percebemos o mundo ao nosso redor. Muitas vezes, as pessoas veem apenas a superfície de quem somos, sem perceber a felicidade e a intensidade que residem em nosso interior. Compartilhar esse mundo interno pode promover uma compreensão mais profunda entre as pessoas, fortalecendo conexões e valorizando as experiências individuais. Reconhecer e apreciar a complexidade da nossa própria mente também nos permite viver de forma mais plena e consciente.

APLICAÇÃO PRÁTICA

Permita-se expressar seus pensamentos e sentimentos para aqueles em quem confia. Aprofunde as conversas e compartilhe suas experiências internas, promovendo uma maior compreensão mútua e enriquecendo seus relacionamentos.

CONSISTÊNCIA:
.... / 365

SENTIMENTO:

ANOTAÇÕES:

10 abril

A dualidade da paixão

Paixão: uma verdade nascida no coração e finda na razão.

A paixão é uma força intensa que emerge do coração, movida por emoções profundas e muitas vezes inexplicáveis. Contudo, essa chama inicial pode se extinguir quando confrontada com a razão e a lógica.

A paixão surge como uma verdade visceral, uma convicção que nos impulsiona a agir sem hesitação. É uma energia que nos faz sentir vivos, conectados a algo ou alguém de maneira quase irresistível. No entanto, à medida que o tempo passa, a razão pode intervir, questionando a viabilidade ou a sustentabilidade dessa paixão. Esse confronto entre coração e mente é parte natural da experiência humana. Enquanto o coração nos encoraja a seguir nossos desejos mais profundos, a razão nos convida a refletir sobre as consequências e a realidade das situações. Encontrar o equilíbrio entre esses dois aspectos é fundamental para viver de forma autêntica e equilibrada.

APLICAÇÃO PRÁTICA

Ao sentir uma paixão intensa, permita-se vivenciá-la, mas também reserve um momento para refletir racionalmente sobre suas decisões. Equilibrar emoção e razão pode levar a escolhas mais conscientes e satisfatórias.

CONSISTÊNCIA:
.... / 365

SENTIMENTO:

ANOTAÇÕES:

A sabedoria do amor

Porque somente o amor sabe exatamente como tocar o corpo e o coração do outro.

O amor possui uma sensibilidade única, capaz de compreender e respeitar as necessidades do outro. É essa sabedoria inerente que permite que o amor toque profundamente tanto o corpo quanto o coração.

Amar é compreender o outro em sua totalidade, reconhecendo seus desejos, medos e limites. O amor verdadeiro sabe como se aproximar, oferecendo conforto, apoio e afeto na medida certa. Essa dosagem exata é fruto da empatia e da conexão genuína que o amor proporciona. Não se trata apenas de gestos físicos, mas também de entender as emoções e os pensamentos que residem no coração do outro. Essa habilidade de equilibrar proximidade e respeito fortalece os laços afetivos e promove relacionamentos saudáveis e duradouros.

APLICAÇÃO PRÁTICA

Cultive a empatia em suas relações. Busque entender profundamente as pessoas ao seu redor, permitindo que o amor guie suas ações de maneira respeitosa e cuidadosa, fortalecendo assim suas conexões.

CONSISTÊNCIA:
.... / 365

SENTIMENTO:

ANOTAÇÕES:

Respeito acima de tudo

*Fazer brincadeiras com o sofrimento
e o desrespeito alheio não é engraçado, é crime!*

O humor é uma ferramenta poderosa de conexão e alívio, mas tem limites claros quando se trata do respeito ao próximo. Brincadeiras que envolvem o sofrimento ou a dignidade de alguém ultrapassam esses limites e podem ser prejudiciais e ilícitas.

Zombar ou minimizar a dor alheia não apenas demonstra falta de empatia, mas também contribui para a perpetuação de comportamentos prejudiciais na sociedade. Tais atitudes podem causar danos emocionais profundos e fomentar ambientes hostis e inseguros. Além disso, certas condutas que desrespeitam ou humilham outras pessoas são tipificadas como crimes em leis que protegem a honra e a integridade dos indivíduos. É fundamental reconhecer a gravidade de tais ações e promover uma cultura de respeito e consideração, na qual o humor não seja utilizado como ferramenta de opressão ou violência psicológica.

APLICAÇÃO PRÁTICA

Seja consciente do impacto de suas palavras e ações. Antes de fazer uma brincadeira, reflita sobre como ela pode afetar os outros. Escolha sempre promover o respeito e a dignidade em todas as interações.

CONSISTÊNCIA:
.... / 365

SENTIMENTO:

ANOTAÇÕES:

Transformação pelo amor

Por paixão já fiz muita bobagem, mas por amor já fiz e ainda farei coisas incríveis!

A paixão e o amor são emoções intensas que influenciam nossas ações de maneiras distintas. Enquanto a paixão pode nos levar a atitudes impulsivas, o amor nos inspira a realizar feitos grandiosos e significativos.

A paixão é muitas vezes associada à impulsividade e à falta de reflexão. Ela pode nos envolver de tal forma que agimos sem considerar as consequências, levando-nos a cometer "bobagens" que podem causar arrependimento. Por outro lado, o amor é uma força profunda e duradoura que nos motiva a crescer, a nos superar e a fazer coisas extraordinárias tanto por nós mesmos quanto pelos outros. O amor nos dá propósito e direção, canalizando nossa energia para ações positivas e construtivas. Reconhecer essa diferença nos permite aprender com os erros do passado impulsionados pela paixão e focar nas possibilidades incríveis que o amor verdadeiro nos oferece.

APLICAÇÃO PRÁTICA

Use as lições aprendidas com a paixão para fortalecer suas ações futuras. Deixe que o amor guie suas decisões, inspirando-o a realizar coisas incríveis que beneficiem a si mesmo e aos que estão ao seu redor.

CONSISTÊNCIA:
.... / 365

SENTIMENTO:

ANOTAÇÕES:

Responsabilidade na criação de conteúdo

Por influenciadores digitais que promovam conteúdo e não desrespeito.

A influência dos criadores de conteúdo na sociedade é enorme, especialmente no ambiente digital. É fundamental que os influenciadores usem as plataformas disponíveis para promover respeito, reflexão e crescimento, em vez de disseminar desrespeito.

Na era das mídias digitais, os influenciadores e outros criadores de conteúdo desempenham um papel central na formação de opiniões e comportamentos. Muitos jovens, e até pessoas com mais idade, consomem esses conteúdos diariamente, sendo influenciados pelo que veem e ouvem. Por isso, é crucial que os criadores reconheçam sua responsabilidade. O conteúdo tem o poder de educar, entreter e inspirar, mas também pode gerar ódio, intolerância e desrespeito se usado de maneira inadequada. Quando os influenciadores escolhem promover conteúdo de valor, eles ajudam a construir uma sociedade mais consciente e empática, em vez de fomentar o desrespeito ou a desinformação.

APLICAÇÃO PRÁTICA

Escolha apoiar aqueles influenciadores que promovem o respeito e oferecem material de qualidade. Se você é um criador de conteúdo, produza seus vídeos e postagens com a intenção de construir e inspirar, usando sua plataforma para promover um impacto positivo.

CONSISTÊNCIA: .... / 365

SENTIMENTO:

ANOTAÇÕES:

Patrocínio com responsabilidade

*Por empresas que selecionem e fiscalizem
os parceiros a quem se associam.*

Os patrocinadores têm um papel vital na promoção de valores. Eles devem selecionar com cuidado aqueles que apoiam e fiscalizar suas ações para garantir que estejam alinhadas com princípios éticos e responsáveis.

Ao apoiar um criador de conteúdo ou uma causa, o patrocinador está associando sua marca à mensagem e aos valores promovidos por esse patrocinado. Portanto, a seleção e fiscalização cuidadosa dos patrocinados não é apenas uma questão de estratégia de marketing, mas de responsabilidade social. Quando os patrocinadores negligenciam esse dever, acabam apoiando comportamentos que podem ser prejudiciais ou contrários aos princípios que defendem. Por outro lado, quando selecionam com critério e fiscalizam ativamente, eles garantem que seus recursos estão sendo usados para promover conteúdo de qualidade, ética e respeito.

APLICAÇÃO PRÁTICA

Seja criterioso ao escolher produtos e marcas que você apoia. Verifique se os patrocinadores estão alinhados com os valores que você considera importantes e se cobram responsabilidade de quem patrocinam.

CONSISTÊNCIA:
.... / 365

SENTIMENTO:

ANOTAÇÕES:

A conexão entre patrocinador e patrocinado

Quem patrocina é cúmplice de seus patrocinadores.

A responsabilidade de um patrocinador vai além de fornecer recursos financeiros. Ele se torna cúmplice das ações e mensagens do patrocinado, seja de forma positiva ou negativa.

O ato de patrocinar cria uma ligação direta entre a marca e o conteúdo ou ação patrocinada. Se o patrocinado promove desrespeito, discriminação ou comportamentos inadequados, o patrocinador também carrega essa responsabilidade, pois deu suporte a essas ações. Portanto, patrocinar não é apenas uma transação comercial; é um endosso implícito do que está sendo promovido. Isso faz com que o patrocinador tenha um papel ativo na escolha de quem apoia e se torna parte das consequências dessas decisões. Ser cúmplice de algo positivo é um ato de responsabilidade social, mas quando o resultado é prejudicial, passa-se a compactuar com comportamentos inaceitáveis.

APLICAÇÃO PRÁTICA

Seja consciente ao apoiar ou patrocinar qualquer projeto. Certifique-se de que os valores e as práticas de quem você apoia estão alinhados com os seus e de que você está contribuindo para causas positivas.

CONSISTÊNCIA:
.... **/ 365**

SENTIMENTO:

ANOTAÇÕES:
....
....
....
....

O equilíbrio entre eternidade e urgência

Trabalhe para ser eterno e viva como se a vida acabasse amanhã.

A vida nos convida a viver entre dois extremos: construir um legado que perdure pela eternidade e, ao mesmo tempo, viver o presente como se fosse nosso último dia.

A ideia de trabalhar para sermos eternos é cultivar um legado que transcenda nossa existência física. Isso significa dedicar-se a algo que deixe marcas duradouras, seja no coração das pessoas ou no impacto que causamos no mundo. Por outro lado, viver a vida como se ela acabasse amanhã nos lembra da importância de valorizar o presente, aproveitar cada momento e não adiar o que realmente importa. Encontrar o equilíbrio entre essas duas perspectivas nos permite viver de forma plena, criando algo que nos imortalize ao mesmo tempo que desfrutamos do presente com intensidade e gratidão. Quando combinamos essas duas abordagens, construímos uma vida rica em significado e propósito.

APLICAÇÃO PRÁTICA

Reflita sobre como você pode equilibrar a busca por um legado duradouro com a vivência plena do presente. Trabalhe em algo que deixe um impacto positivo, mas sem se esquecer de apreciar os pequenos momentos do dia a dia.

CONSISTÊNCIA:
.... / 365

SENTIMENTO:

ANOTAÇÕES:

18
abril

A cumplicidade pelo silêncio

Sempre fica um vestígio de sangue nas mãos de quem não faz nada para impedir a vitória do mal.

O silêncio diante da injustiça e da maldade é uma forma de cumplicidade. Mesmo que não façamos parte direta do mal, a omissão nos torna corresponsáveis pelos seus efeitos.

Quando presenciamos o mal ou a injustiça e escolhemos não agir, mesmo que não tenhamos contribuído ativamente para essas ações, nos tornamos cúmplices pelo nosso silêncio. Não fazer nada para impedir o mal é permitir que ele vença, e isso deixa uma marca em nossa consciência. O "vestígio de sangue" é uma metáfora para essa responsabilidade indireta que carregamos quando optamos pela omissão. Agir contra a injustiça e o mal exige coragem, mas é através dessas ações que podemos fazer a diferença e impedir que o mal prevaleça. O silêncio, muitas vezes, é tão prejudicial quanto a própria maldade.

APLICAÇÃO PRÁTICA

Sempre que se deparar com uma situação de injustiça, reflita sobre como você pode agir de forma positiva para fazer a diferença. Não permita que o silêncio seja sua única resposta ao mal.

CONSISTÊNCIA:
.... / 365

SENTIMENTO:

ANOTAÇÕES:

19 abril

O desafio de encarar a verdade

*Se você não está preparado para a verdade,
não está preparado para a vida.*

A verdade pode ser dura e muitas vezes desconfortável, mas é fundamental para viver de forma plena. Quem não está preparado para aceitar a verdade, com todas as suas nuances, não está pronto para enfrentar os desafios da vida.

A vida é construída sobre verdades que nem sempre são fáceis de aceitar. A verdade sobre nós mesmos, sobre os outros e sobre o mundo ao nosso redor pode ser, às vezes, dolorosa. No entanto, enfrentar essas realidades é o único caminho para o crescimento, a evolução e a autenticidade. Fugir da verdade ou se recusar a vê-la nos mantém presos em ilusões e nos impede de existir de maneira plena e honesta. Estar preparado para a vida significa aceitar que a verdade, por mais difícil que seja, é sempre melhor do que a mentira ou a negação. Ela nos dá a base para construir relações sólidas, tomar decisões conscientes e viver de forma alinhada com quem realmente somos.

APLICAÇÃO PRÁTICA

Pratique a aceitação da verdade, mesmo quando ela for difícil de encarar. Busque sempre viver de forma autêntica, baseando suas escolhas e ações na realidade, em vez de fugir dela.

CONSISTÊNCIA:
.... / 365

SENTIMENTO:

ANOTAÇÕES:

20 abril

O ciclo do amor

Na ciranda da vida, amor dado será amor recebido, não necessariamente da mesma maneira.

O amor que damos ao mundo retorna para nós, embora nem sempre da forma que esperamos. O ciclo do amor é imprevisível, mas constante em sua reciprocidade.

Dar amor, seja em relações pessoais ou em nossas interações com o mundo, cria um ciclo de retorno. No entanto, o amor que recebemos de volta nem sempre vem da mesma forma ou da mesma pessoa para quem o oferecemos. Às vezes, o amor que damos a alguém não é retribuído diretamente, mas retorna de outras maneiras, através de outras pessoas ou situações. O importante é que o amor dado nunca é em vão; ele sempre encontra uma maneira de voltar para nós, transformado e, muitas vezes, ampliado. Entender que o amor é um fluxo contínuo, que transcende expectativas imediatas, nos permite amar sem esperar retorno, confiando que o universo se encarregará de nos devolver esse amor no momento certo.

APLICAÇÃO PRÁTICA

Ame de maneira generosa e sem a expectativa imediata de retorno. Confie que o amor que você espalha retornará de formas inesperadas, enriquecendo sua vida de maneiras que você talvez não preveja.

CONSISTÊNCIA:
.... / 365

SENTIMENTO:

ANOTAÇÕES:

O poder da frustração

A frustração de hoje é o verdadeiro empoderamento do amanhã.

As frustrações que enfrentamos hoje, embora dolorosas, são as que nos fortalecem e nos preparam para as vitórias e realizações do futuro. A superação dessas dificuldades é o que nos empodera.

Frustrações são parte inevitável da vida, e podem parecer, à primeira vista, como fracassos ou obstáculos. No entanto, são essas experiências que nos forçam a crescer, a aprender e a nos tornar mais resilientes. Cada frustração que enfrentamos traz consigo lições valiosas que nos preparam para os desafios futuros. Ao encarar as frustrações atuais, desenvolvemos as habilidades, a paciência e a determinação que são a base do verdadeiro empoderamento. Assim, o que hoje parece um obstáculo, amanhã será a fonte de nossa força e autoconfiança. O importante é entender que o processo de transformação passa, muitas vezes, por momentos de desconforto e dificuldade.

APLICAÇÃO PRÁTICA

Sempre que enfrentar frustrações, veja-as como oportunidades de crescimento. Pergunte-se o que pode aprender com cada situação, e use essas lições para se empoderar e estar mais preparado para o futuro.

CONSISTÊNCIA:
.... / 365

SENTIMENTO:

ANOTAÇÕES:

O perigo da intromissão

Tenha o pé atrás com pessoas que se ocupam demais com a vida dos outros.

Aqueles que gastam tempo demais se preocupando com a vida alheia geralmente estão evitando lidar com suas próprias questões. Isso gera desconfiança, pois denota uma profunda ausência de introspecção e respeito pelo outro.

Há uma linha tênue entre o interesse genuíno pela vida das pessoas e a intromissão indevida. Quando alguém se concentra excessivamente na vida dos outros, isso pode ser um sinal de que essa pessoa está negligenciando suas próprias questões ou que busca controlar aquilo que está além de seu alcance. Essa atitude geralmente desperta desconfiança, pois quem se ocupa demais com a vida alheia pode estar julgando ou interferindo de maneira inadequada. Uma vida equilibrada é aquela em que cuidamos de nossos próprios caminhos, sem a necessidade de vigiar ou criticar as decisões dos outros. O respeito à individualidade e à privacidade é essencial para manter relações saudáveis.

APLICAÇÃO PRÁTICA

Reflita sobre seu próprio comportamento e, caso perceba que está demasiadamente preocupado com a vida alheia, retome o foco para sua própria jornada. Da mesma forma, evite compartilhar questões pessoais com quem não respeita seus limites.

CONSISTÊNCIA:
.... / 365

SENTIMENTO:

ANOTAÇÕES:

A medida do amor

*A vida é sempre curta demais para quem ama
e longa demais para quem nunca amou.*

O amor é o que dá sentido e intensidade à vida. Para quem ama, a vida sempre parece passar rápido demais. Já para aqueles que não amam, a existência pode parecer interminável e vazia.

O tempo, apesar de ser o mesmo para todos, é experimentado de maneiras diferentes dependendo de como vivemos nossas vidas. Quando amamos, cada momento é precioso, e a vida parece curta demais para todas as experiências e conexões que desejamos viver. O amor nos impulsiona a aproveitar ao máximo cada instante, tornando a vida uma jornada rica e emocionante. Por outro lado, para aqueles que não experimentam o amor – seja o amor romântico, familiar ou fraternal – a vida pode parecer vazia e monótona, fazendo com que o tempo se arraste. Sem amor, os dias parecem intermináveis, e o que falta é a intensidade e o propósito que só o amor pode trazer.

APLICAÇÃO PRÁTICA

Viva o amor em todas as suas formas. Conecte-se com as pessoas ao seu redor e permita que o amor dê sentido à sua vida. Assim, cada momento será vivido com intensidade e a sensação de que a vida é curta, mas plena.

CONSISTÊNCIA:
.... **/ 365**

SENTIMENTO:

ANOTAÇÕES:

24 abril

A importância das pausas para a mente

A mente precisa de pausas para processar as emoções.

Assim como o corpo precisa de descanso, a mente também precisa de pausas para processar as emoções e restaurar o equilíbrio.

Vivemos em um ritmo acelerado, e raramente paramos para refletir e processar nossas emoções. No entanto, a mente, assim como o corpo, precisa de momentos de descanso para funcionar adequadamente. Quando damos tempo para nossa mente descansar e refletir, permitimos que ela organize e compreenda melhor as emoções que experimentamos. Essas pausas são essenciais para manter o equilíbrio emocional e para evitar o acúmulo de estresse e ansiedade.

APLICAÇÃO PRÁTICA

Reserve tempo regularmente para dar pausas à sua mente. Use momentos de silêncio ou meditação para processar as emoções e restaurar o equilíbrio interior.

CONSISTÊNCIA:
.... / 365

SENTIMENTO:

ANOTAÇÕES:

25
abril

O poder do silêncio
É preciso silêncio para a consciência se manifestar.

Em um mundo repleto de ruídos e distrações, o silêncio é essencial para que possamos ouvir nossa própria consciência. É no silêncio que encontramos clareza e sabedoria interior.

O barulho constante da vida moderna muitas vezes sufoca a voz da nossa consciência. Entre tantas opiniões, distrações e estímulos externos, é fácil perder o contato com o que realmente pensamos e sentimos. O silêncio oferece um espaço para introspecção, onde a mente pode descansar das distrações e permitir que nossa verdadeira essência se manifeste. É através do silêncio que a consciência encontra seu caminho para a superfície, trazendo clareza sobre nossos valores, desejos e decisões. Reservar tempo para o silêncio é uma forma de reconectar-se com o próprio eu e de tomar decisões mais conscientes e alinhadas com nossa verdade.

APLICAÇÃO PRÁTICA
Crie momentos de silêncio em sua rotina diária, seja através de meditação, caminhadas tranquilas ou simplesmente desconectando-se por um tempo. Use esse silêncio para ouvir sua consciência e ganhar clareza sobre seus sentimentos e ações.

CONSISTÊNCIA:
.... / 365

SENTIMENTO:

ANOTAÇÕES:
....
....
....
....

26 abril

Amor: o propósito maior

O amor como propósito do viver é a estrada mais segura e rápida para a nossa evolução espiritual.

Fazer do amor o propósito central da vida nos coloca no caminho mais direto para o crescimento espiritual. O amor nos transforma, nos conecta e nos eleva a um nível superior de consciência.

O amor é a força mais poderosa que existe, e quando o adotamos como propósito de vida, ele nos guia por uma estrada de evolução espiritual contínua. O amor nos ensina a ver além de nós mesmos, a cuidar do outro e a buscar sempre o bem maior. Ele nos desafia a crescer, a perdoar e a compreender, despertando em nós a capacidade de transcender o ego e viver em harmonia com o universo. Ao fazer do amor a nossa missão, tornamo-nos seres mais completos, capazes de criar paz interior e espalhar luz ao nosso redor. Essa jornada de amor nos conduz rapidamente ao nosso propósito espiritual mais elevado, transformando tanto a nós mesmos quanto o mundo ao nosso redor.

APLICAÇÃO PRÁTICA

Viva o amor em todas as suas formas, fazendo dele o guia de suas ações e escolhas. Use o amor para crescer espiritualmente, buscando sempre o melhor para si e para os outros com empatia e compaixão.

CONSISTÊNCIA: .... **/ 365**

SENTIMENTO:

ANOTAÇÕES:

27 abril

A trilha das emoções

A música é o calendário dos nossos sentimentos.

A música tem o poder de marcar momentos da nossa vida, funcionando como um calendário emocional que nos transporta para diferentes épocas e sentimentos.

Cada canção pode despertar uma memória, uma emoção ou um momento especial. Assim como um calendário organiza o tempo, a música organiza nossos sentimentos e nos permite revisitar memórias associadas a momentos importantes. A música não apenas acompanha nossas vidas, mas também molda e define nossas experiências emocionais, desde a alegria do amor até a tristeza da perda. Ao ouvir uma determinada canção, somos transportados de volta ao passado, como se revivêssemos aqueles sentimentos. É uma linguagem universal que expressa o que muitas vezes não conseguimos verbalizar, e, assim, nos ajuda a entender e a processar nossas próprias emoções.

APLICAÇÃO PRÁTICA

Use a música como uma ferramenta de conexão emocional. Permita-se revisitar canções que marcaram momentos importantes da sua vida e deixe que a música o ajude a processar suas emoções e a celebrar suas memórias.

CONSISTÊNCIA:
.... / 365

SENTIMENTO:

ANOTAÇÕES:

28
abril

A humanidade no sofrimento
O sofrimento nos ensina a sermos mais humanos.

O sofrimento, embora doloroso, nos aproxima de nossa humanidade, nos ensinando empatia, compaixão e compreensão das dores dos outros.

Todos nós enfrentamos o sofrimento em algum momento da vida, e esses períodos difíceis nos ensinam lições profundas sobre quem somos e o que realmente importa. O sofrimento nos lembra de nossa fragilidade e nos ajuda a desenvolver empatia e compaixão pelos outros. Ao experimentarmos a dor, nos tornamos mais capazes de compreender e apoiar aqueles que estão passando por suas próprias lutas. O sofrimento nos conecta à nossa humanidade compartilhada e nos faz valorizar ainda mais os momentos de alegria e paz.

APLICAÇÃO PRÁTICA

Quando enfrentar o sofrimento, permita-se aprender com ele. Use a dor como uma oportunidade para se tornar mais empático e compassivo, tanto consigo quanto com os outros.

CONSISTÊNCIA:
.... **/ 365**

SENTIMENTO:

ANOTAÇÕES:
....
....
....
....

127

A rotina de autocuidado
O autocuidado é um compromisso diário consigo mesmo.

O autocuidado não é uma prática ocasional, mas um compromisso diário que temos com nosso bem-estar físico, mental e emocional.

Cuidar de si mesmo deve ser uma prioridade diária, não algo que fazemos apenas quando estamos exaustos ou sobrecarregados. O autocuidado envolve reservar tempo para nossas necessidades físicas, emocionais e mentais, garantindo que estamos equilibrados e saudáveis. Quando fazemos do autocuidado um hábito, mantemos nossa energia e bem-estar ao longo do tempo, em vez de esperar até que estejamos esgotados. Esse compromisso diário nos fortalece e nos prepara para enfrentar os desafios da vida com mais resiliência e clareza.

APLICAÇÃO PRÁTICA

Crie uma rotina de autocuidado que funcione para você, e siga-a diariamente. Lembre-se de que cuidar de si mesmo é essencial para viver de forma equilibrada e saudável.

CONSISTÊNCIA:
.... / 365

SENTIMENTO:

ANOTAÇÕES:

A ansiedade e o alarme falso

*A ansiedade pode ser um alarme falso.
Nem sempre há um perigo real.*

A ansiedade muitas vezes nos alerta para perigos que não existem. Ela é um alarme falso que nos mantém em estado de alerta sem um motivo real.

A ansiedade pode ser útil em situações de perigo verdadeiro, mas muitas vezes ela nos faz reagir a ameaças que não existem. Quando nos sentimos ansiosos, nosso corpo e nossa mente entram em estado de alerta, como se estivéssemos diante de um perigo iminente. No entanto, a maioria dessas situações não exige esse nível de reação. Ao reconhecer quando a ansiedade é de fato um alarme falso, podemos aprender a desacelerar e a avaliar nossa mente de forma mais racional, evitando um desgaste emocional desnecessário.

APLICAÇÃO PRÁTICA

Quando sentir ansiedade, pare e reflita sobre a situação. Pergunte-se se há realmente um perigo iminente ou se é apenas um alarme falso. Isso o ajudará a reagir com mais calma e clareza.

CONSISTÊNCIA: .... **/ 365**

SENTIMENTO:

ANOTAÇÕES:

Florescer nas adversidades

A resiliência é a capacidade de florescer mesmo em solo árido.

A resiliência é a habilidade de encontrar força e crescer, mesmo em condições adversas. Assim como uma planta germina em solo árido, podemos superar desafios com determinação.

Ser resiliente não significa nunca enfrentar dificuldades, mas sim ser capaz de se adaptar e crescer, apesar das circunstâncias. Quando a vida se torna difícil, a resiliência nos dá a força para persistir e florescer, mesmo em meio a desafios. Assim como uma planta busca água e nutrientes em um ambiente hostil, nós encontramos maneiras de nos fortalecer e prosperar em meio às dificuldades. A resiliência nos permite transformar momentos áridos em oportunidades de aprendizado e crescimento.

APLICAÇÃO PRÁTICA

Ao enfrentar desafios, lembre-se de sua capacidade de florescer, independentemente das condições. Cultive a resiliência dentro de si e veja cada dificuldade como uma oportunidade de crescimento.

CONSISTÊNCIA:
.... / 365

SENTIMENTO:

ANOTAÇÕES:

2 maio

A revelação do amor verdadeiro

O melhor instante da vida é quando você descobre o que é o amor de verdade.

A descoberta do amor verdadeiro é um dos momentos mais transformadores da vida. Esse instante traz uma nova compreensão do que significa estar plenamente conectado a alguém ou algo.

O amor verdadeiro é mais profundo e abrangente do que a paixão ou o afeto superficial. Ele é baseado em uma conexão genuína, em aceitação, respeito e cuidado mútuos. Quando finalmente descobrimos o que é o amor de verdade, nossa percepção de nós mesmos e do mundo ao nosso redor muda. Esse momento nos traz uma sensação de plenitude, propósito e paz. O amor verdadeiro não exige perfeição, mas sim uma entrega sincera e autêntica, na qual as imperfeições são aceitas e o crescimento é compartilhado. Esse é o tipo de amor que transforma a vida, dando-lhe um novo significado e enriquecendo todas as nossas experiências.

APLICAÇÃO PRÁTICA

Busque cultivar e reconhecer o amor verdadeiro em suas relações. Permita-se vivenciar o amor em sua forma mais pura e profunda, aceitando o outro e a si mesmo com todas as nuances que esse sentimento traz.

CONSISTÊNCIA:
.... / 365

SENTIMENTO:

ANOTAÇÕES:

O refúgio no abraço

O melhor lugar do mundo é dentro do abraço de quem amamos.

Nada se compara à segurança e ao conforto que encontramos no abraço de quem amamos. Esse é o lugar onde nos sentimos protegidos, compreendidos e verdadeiramente conectados.

O abraço é uma das expressões mais profundas de carinho e afeto. Ele não apenas nos aproxima fisicamente, mas também emocionalmente, criando um espaço onde nos sentimos acolhidos e em paz. Quando estamos nos braços de alguém que amamos, o mundo exterior parece desaparecer, e encontramos um refúgio seguro em meio às incertezas da vida. Esse "melhor lugar" não é um espaço físico, mas um estado emocional, no qual o amor e a conexão nos envolvem completamente. Um abraço pode ser a cura para a tristeza, a reafirmação da amizade ou simplesmente um gesto de conforto nos momentos difíceis.

APLICAÇÃO PRÁTICA

Valorize e busque esses momentos de conexão através de abraços sinceros. Ofereça e receba esse gesto com presença e atenção, sabendo que o poder de um abraço é imensurável na construção de laços afetivos.

CONSISTÊNCIA: .... / 365

SENTIMENTO:

ANOTAÇÕES:

A onipresença do amor

O amor habita todos os lugares onde você pode senti-lo.

O amor está presente em todos os lugares onde somos capazes de percebê-lo e vivê-lo. Ele se manifesta de diferentes formas, mas sempre está à nossa disposição, basta estarmos abertos para senti-lo.

O amor é uma energia universal que não se limita a um único lugar ou a uma única forma de expressão. Ele pode ser encontrado nas interações mais simples, nas relações com pessoas, animais, na natureza e até nas coisas mais sutis do cotidiano. Muitas vezes, o que nos impede de sentir o amor é nossa própria resistência ou distração. Ao abrirmos o coração e a mente, percebemos que o amor sempre esteve presente, esperando para ser reconhecido e vivido. O amor não precisa de condições especiais para existir; ele habita todos os lugares onde há espaço para a conexão e o cuidado. Sentir o amor é estar presente, é ser grato e consciente da sua existência em todas as suas manifestações.

APLICAÇÃO PRÁTICA

Cultive a sensibilidade para perceber as diversas formas do amor ao seu redor. Esteja atento às pequenas demonstrações de afeto e gratidão na sua vida cotidiana e permita que o amor floresça em cada espaço onde ele é necessário.

CONSISTÊNCIA:
.... **/ 365**

SENTIMENTO:

ANOTAÇÕES:
....
....
....
....

5
maio

A força da resiliência

Resiliência: quando a gente pensa que o elástico vai arrebentar é justamente quando ele tem mais força acumulada.

A resiliência é a capacidade de resistir e se recuperar diante de situações difíceis. Quando acreditamos que estamos no limite, é justamente quando descobrimos a força acumulada dentro de nós.

A resiliência é como um elástico: ela se estica à medida que enfrentamos desafios, e mesmo quando parece que estamos prestes a "arrebentar", é nesse ponto que encontramos uma força inesperada. As adversidades nos testam, mas também nos fortalecem, revelando nossa capacidade de adaptação e superação. Muitas vezes, subestimamos nossa própria resistência até sermos colocados em situações extremas. A resiliência não significa apenas resistir ao impacto, mas também aprender com ele e emergir ainda mais forte. Quanto mais somos desafiados, mais força acumulamos para enfrentar o próximo obstáculo, e é essa capacidade que nos permite crescer e prosperar, independentemente das circunstâncias.

APLICAÇÃO PRÁTICA

Nos momentos em que sentir que está no seu limite, lembre-se de que é nesse ponto que sua resiliência pode se manifestar com mais intensidade. Encare os desafios como oportunidades para acumular força e crescer, sabendo que você pode se adaptar e superar as dificuldades.

CONSISTÊNCIA:
.... **/ 365**

SENTIMENTO:

ANOTAÇÕES:

6
maio

A gratidão como caminho para a felicidade

A gratidão abre portas para a felicidade.

Praticar a gratidão transforma a maneira como vemos o mundo. Ao valorizar o que já temos, criamos mais espaço para a felicidade em nossas vidas.

A gratidão é uma prática poderosa que muda nossa percepção da vida. Em vez de focarmos no que falta, ela nos convida a reconhecer as bênçãos e oportunidades que já temos. Essa mudança de perspectiva nos ajuda a ver a beleza nas pequenas coisas, a valorizar os momentos cotidianos e a nos sentir mais conectados com o presente. Quanto mais praticamos a gratidão, mais encontramos motivos para sermos felizes, porque estamos constantemente atentos ao que é positivo e abundante em nossas vidas.

APLICAÇÃO PRÁTICA

Cultive o hábito de praticar a gratidão diariamente. Reflita sobre as coisas boas que já possui e veja como essa prática simples pode abrir portas para uma vida mais feliz e plena.

CONSISTÊNCIA:
.... / 365

SENTIMENTO:

ANOTAÇÕES:
....
....
....
....

A jornada de aprendizagem

Que Deus me dê capacidade para enxergar minhas imperfeições e coragem para mudá-las um pouco a cada dia.

A vida nos ensina o tempo todo, oferecendo lições por meio das experiências que vivemos. Ser um aprendiz significa estar sempre aberto a essas lições, reconhecendo que o processo de crescimento pessoal é contínuo.

Reconhecer nossas imperfeições é um ato de humildade e autoconhecimento. À medida que avançamos na vida, percebemos que a perfeição é inalcançável, mas a busca pela melhoria é essencial. A coragem para mudar, mesmo que aos poucos, é o que nos impulsiona a evoluir. Cada pequeno passo em direção à mudança é significativo. A verdadeira transformação não ocorre de um dia para o outro, mas sim através de pequenas ações repetidas ao longo do tempo. Como um escultor que, golpe a golpe, molda uma pedra bruta em uma obra de arte, também nos esculpimos a cada decisão de mudar algo em nós mesmos.

APLICAÇÃO PRÁTICA

Reserve um momento para refletir sobre uma área da sua vida em que você reconhece a necessidade de mudança. Faça um plano para dar pequenos passos diários ou semanais que possam levar à transformação que deseja.

CONSISTÊNCIA:
.... / 365

SENTIMENTO:

ANOTAÇÕES:

8 maio

A ilusão da felicidade nas redes

As fotos de felicidade explícita que muitas pessoas exibem nas redes sociais são fake news.

Muitas das imagens de felicidade exibidas nas redes sociais não refletem a realidade. Elas criam uma ilusão de perfeição que pode ser enganosa, levando as pessoas a compararem suas vidas reais com uma versão idealizada.

As redes sociais nos permitem compartilhar momentos de nossas vidas, mas, muitas vezes, esses momentos são cuidadosamente selecionados para criar uma imagem de felicidade contínua e perfeição. Isso pode gerar a falsa impressão de que a vida dos outros é mais feliz e com menos problemas que a nossa. No entanto, essas imagens frequentemente não mostram a realidade completa – os desafios, as tristezas e as imperfeições que fazem parte da vida de todos. Assim como as *fake news* distorcem a verdade, as "fotos de felicidade" nas redes sociais podem criar expectativas irreais e aumentar sentimentos de inadequação ou insatisfação. É importante lembrar que o que vemos nas redes sociais não é a vida real, mas uma versão editada dela.

APLICAÇÃO PRÁTICA

Reflita sobre o impacto das redes sociais na sua percepção de felicidade e sucesso. Seja crítico ao consumir esse tipo de conteúdo e lembre-se de que a vida real é feita de altos e baixos, e não de momentos perfeitos.

CONSISTÊNCIA:
.... / 365

SENTIMENTO:

ANOTAÇÕES:

9
maio

Oportunidades diárias de reconquista

A cada dia uma nova chance de achar o que se perdeu e reconquistar o que foi subtraído.

Cada novo dia traz a oportunidade de recuperar o que foi perdido ou de reconquistar o que nos foi tirado. A vida está cheia de segundas chances para quem está disposto a buscá-las.

A vida é um ciclo contínuo de perdas e reconquistas. Nem sempre conseguimos manter tudo o que valorizamos, mas a beleza do amanhã é que ele nos oferece a chance de recomeçar. Seja uma oportunidade que deixamos passar, uma relação que foi prejudicada ou um sentimento que parecia perdido, cada novo dia é uma chance de tentar novamente, de corrigir erros, de restaurar o que foi subtraído de nós. Essa perspectiva nos dá esperança e motivação para seguir em frente, mesmo diante das adversidades. A vida não é linear; ela nos oferece, constantemente, caminhos para retomar o que julgávamos perdido se tivermos a disposição de buscar por eles.

APLICAÇÃO PRÁTICA

Aproveite cada dia como uma nova oportunidade para reconquistar o que é importante para você. Não se deixe abater pelas perdas do passado, e use o presente para reconstruir e recuperar o que foi subtraído, com esperança e determinação.

CONSISTÊNCIA:
.... / 365

SENTIMENTO:

ANOTAÇÕES:

10
maio

Sabedoria interna e caminhos únicos

Cada alma tem seus saberes e, com eles, seus caminhos.

Cada alma carrega dentro de si conhecimentos únicos que a guiam em sua jornada de vida. Esses saberes são o reflexo das experiências e lições que moldam nosso caminho pessoal.

Ninguém percorre o mesmo caminho na vida, pois cada pessoa tem uma história única, influenciada por suas próprias experiências, aprendizados e sabedoria interior. Esses saberes são adquiridos ao longo do tempo e refletem a essência de cada um de nós. Ao reconhecermos que cada alma possui seus próprios conhecimentos, respeitamos o processo individual de evolução e aceitamos que o que é certo para um pode não ser para outro. Os caminhos de vida são moldados por esses saberes, e é essa diversidade de trajetórias que enriquece a experiência humana. O respeito pelas jornadas alheias é fundamental para a compreensão e aceitação mútua.

APLICAÇÃO PRÁTICA

Respeite os caminhos e experiências dos outros. Entenda que cada pessoa possui saberes únicos que guiam sua trajetória, e use essa compreensão para cultivar empatia e respeito pelas diferentes jornadas.

CONSISTÊNCIA:
.... / 365

SENTIMENTO:

ANOTAÇÕES:

11
maio

O encanto das paixões platônicas

As paixões platônicas sempre guardarão os melhores beijos e os abraços mais reconfortantes, pois elas habitam o universo lúdico de cada um de nós.

As paixões platônicas habitam o campo da imaginação, onde os sentimentos são intensificados e idealizados. Esse universo lúdico mantém tais momentos como os mais doces e reconfortantes em nossas memórias.

As paixões platônicas são aquelas que permanecem no reino das ideias, sem a necessidade de se materializarem. Elas são alimentadas pela fantasia e pelo desejo de perfeição, onde os beijos e abraços nunca acontecem fisicamente, mas são vividos intensamente na imaginação. Por nunca se realizarem, essas paixões guardam um lugar especial na mente e no coração, onde podem ser sempre perfeitas, livres de imperfeições e desilusões. Esse universo lúdico de sonhos e desejos não realizados oferece um refúgio seguro, onde podemos revisitar nossas emoções mais puras e idealizadas sempre que quisermos.

APLICAÇÃO PRÁTICA

Aprecie a beleza das paixões platônicas, entendendo que, embora elas nunca se concretizem, têm o poder de inspirar e confortar através da imaginação. Use essas experiências para nutrir sua alma de maneira lúdica e leve.

CONSISTÊNCIA:
.... / 365

SENTIMENTO:

ANOTAÇÕES:

12 maio

O fruto da humildade e da generosidade

Uma mente frutífera é aquela capaz de receber conhecimento de todos com humildade e reparti-lo com gentileza e generosidade. É assim que a vida se estende muito além de nós.

A verdadeira sabedoria vem de uma mente aberta para aprender com todos e de um coração disposto a compartilhar esse conhecimento com generosidade. Esse ciclo de aprendizado e doação é o que torna a vida significativa.

Uma mente frutífera é aquela que se mantém sempre disposta a aprender, independentemente da fonte. A humildade nos permite absorver lições de qualquer lugar ou pessoa, sabendo que cada indivíduo tem algo a nos ensinar. No entanto, a frutificação desse conhecimento só ocorre quando o compartilhamos com gentileza e generosidade. Ao dividir o que aprendemos, permitimos que outros se beneficiem do nosso saber, e assim a vida se estende muito além de nós mesmos, impactando gerações e comunidades. A generosidade no compartilhamento do conhecimento cria um ciclo contínuo de crescimento e evolução coletiva.

APLICAÇÃO PRÁTICA

Cultive a humildade ao buscar o aprendizado em todas as interações. Ao adquirir conhecimento, compartilhe-o com generosidade, permitindo que outros cresçam com você.

CONSISTÊNCIA:
.... / 365

SENTIMENTO:

ANOTAÇÕES:

Evolução acima da felicidade

O grande objetivo da vida não é a felicidade e sim a nossa inexorável caminhada evolutiva.

Embora muitos busquem a felicidade como o objetivo final da vida, o verdadeiro propósito está na nossa constante evolução. É através do crescimento pessoal e espiritual que encontramos significado.

A felicidade é frequentemente vista como o destino final, mas a vida é mais sobre o processo de evolução do que sobre momentos fugazes de alegria. Cada experiência – boa ou ruim – contribui para nossa jornada evolutiva, moldando quem somos e nos preparando para o próximo passo. O crescimento que vem da superação de desafios e do aprendizado contínuo é o verdadeiro objetivo da vida. Essa caminhada evolutiva é constante e nos oferece a oportunidade de nos tornarmos versões melhores de nós mesmos. A felicidade, quando alcançada, é apenas um subproduto dessa jornada, não seu propósito final.

APLICAÇÃO PRÁTICA

Encare a vida como uma jornada de evolução. Valorize os momentos de aprendizado e crescimento, sabendo que cada um de seus passos, mesmo os desafiadores, fazem parte do seu desenvolvimento pessoal.

CONSISTÊNCIA:
.... / 365

SENTIMENTO:

ANOTAÇÕES:

A força da paciência

A paciência é a chave para superar qualquer desafio.

A paciência é uma virtude muitas vezes subestimada na agitação do cotidiano moderno. Em um mundo que valoriza a rapidez e a eficiência, a paciência se destaca como um alicerce essencial para enfrentar e superar os desafios que surgem em nosso caminho.

Enfrentar desafios é inevitável, mas a maneira como reagimos a eles faz toda a diferença. A paciência nos proporciona a capacidade de esperar o tempo necessário para que as soluções se desenvolvam, sem nos desesperarmos ou agirmos precipitadamente. Ela nos ensina a tolerar a frustração e a manter a calma em situações de estresse, o que é fundamental para tomar decisões sábias e eficazes.

Além disso, a paciência nos permite observar e aprender com as experiências, promovendo o crescimento pessoal e a sabedoria. Em vez de ver os obstáculos como barreiras intransponíveis, a paciência nos ajuda a encará-los como oportunidades de aprendizado e desenvolvimento.

APLICAÇÃO PRÁTICA

Quando enfrentar um desafio, pratique a paciência ao invés de reagir impulsivamente. Reflita sobre a melhor abordagem e permita que as soluções surjam de forma natural. Observe como essa atitude positiva afeta sua capacidade de lidar com as dificuldades e promove um ambiente de calma.

CONSISTÊNCIA:
.... **/ 365**

SENTIMENTO:

ANOTAÇÕES:

15
maio

A riqueza da simplicidade
A verdadeira riqueza está nas pequenas coisas da vida.

Vivemos em uma sociedade que frequentemente associa prosperidade a bens materiais e conquistas grandiosas. No entanto, a verdadeira fortuna reside nas pequenas coisas que enriquecem nosso dia a dia e dão sentido à nossa existência.

As pequenas coisas da vida, como um sorriso sincero, um momento de paz ao amanhecer ou uma conversa significativa com um amigo, têm um valor imensurável. Essas experiências simples trazem uma felicidade genuína e duradoura que os bens materiais muitas vezes não conseguem proporcionar. Valorizar essas pequenas riquezas nos ajuda a cultivar uma vida mais plena e satisfatória.

Além disso, ao focar nas simplicidades, aprendemos a apreciar o presente e a encontrar contentamento nas circunstâncias atuais, em vez de constantemente buscar algo maior ou mais. Isso promove uma mentalidade de gratidão e satisfação, reduzindo o estresse e aumentando o bem-estar geral.

APLICAÇÃO PRÁTICA
Faça uma lista das pequenas coisas que trazem alegria ao seu dia a dia. Dedique tempo para apreciar e valorizar cada uma delas, reconhecendo que são essas simplicidades que realmente enriquecem sua vida.

CONSISTÊNCIA:
.... **/ 365**

SENTIMENTO:

ANOTAÇÕES:
....
....
....
....

16
maio

Agir para transformar

A mudança começa quando decidimos agir, não quando esperamos acontecer.

Muitas vezes, desejamos que mudanças significativas aconteçam em nossas vidas, mas esperamos que elas se concretizem como em um passe de mágica. No entanto, a verdadeira transformação só ocorre quando tomamos a iniciativa e agimos de acordo com nossos objetivos e sonhos.

Esperar passivamente por mudanças pode levar à frustração e à estagnação. A procrastinação e a hesitação impedem que aproveitemos oportunidades e que façamos os ajustes necessários para alcançar nossos objetivos. Por outro lado, agir de forma proativa nos coloca no controle de nossas vidas, permitindo que moldemos nosso destino de acordo com nossas próprias vontades e aspirações.

Tomar a decisão de agir é um ato de coragem e determinação. Mesmo diante de incertezas e desafios, a ação nos impulsiona para frente, criando oportunidades e abrindo portas para novos horizontes. Cada pequeno passo dado em direção à mudança contribui para um progresso contínuo, transformando sonhos em realidade.

APLICAÇÃO PRÁTICA

Identifique uma área da sua vida na qual deseja promover uma mudança. Defina uma ação concreta que possa realizar imediatamente para dar início a essa transformação e comprometa-se a seguir em frente, mesmo diante de obstáculos.

CONSISTÊNCIA:
.... / 365

SENTIMENTO:

ANOTAÇÕES:

A liberdade de se conhecer

O autoconhecimento é o primeiro passo para a verdadeira liberdade.

A busca pela liberdade é um dos objetivos mais profundos da existência humana. No entanto, essa liberdade verdadeira só pode ser alcançada através do autoconhecimento.

O autoconhecimento nos permite compreender nossas motivações internas e os padrões de comportamento que influenciam nossas decisões e relacionamentos. Ao nos conhecermos melhor, somos capazes de identificar e superar crenças limitantes, medos e inseguranças que nos impedem de viver plenamente.

Além disso, o autoconhecimento promove a autenticidade, permitindo que vivamos de acordo com nossa verdadeira essência, em vez de tentar nos encaixar nas expectativas externas. Essa autenticidade nos liberta das máscaras que muitas vezes usamos para agradar aos outros, trazendo uma sensação de paz e integridade interior.

A liberdade alcançada através do autoconhecimento não é apenas a ausência de restrições externas, mas a capacidade de viver de forma consciente e intencional.

APLICAÇÃO PRÁTICA

Dedique um tempo para refletir sobre suas paixões, valores e objetivos de vida. Considere praticar meditação ou manter um diário para explorar suas emoções e pensamentos mais profundos. Esse investimento em si mesmo é o alicerce para uma vida mais livre e autêntica.

CONSISTÊNCIA:
.... **/ 365**

SENTIMENTO:

ANOTAÇÕES:

18 maio

Saber calar

Quem cala nem sempre consente. Às vezes, é só preguiça de discutir com gente chata.

O silêncio pode ser uma escolha estratégica. Nem sempre significa concordância; às vezes, é apenas uma forma de evitar desgastes desnecessários com discussões infrutíferas.

Silenciar diante de uma conversa não significa necessariamente concordar com o que está sendo dito. Muitas vezes, o silêncio é uma escolha de paz, uma forma de evitar confrontos que não levarão a lugar algum. Discutir com pessoas que não estão abertas ao diálogo ou que simplesmente querem impor suas opiniões pode ser desgastante e improdutivo. Nesses casos, o silêncio é um sinal de sabedoria, uma maneira de preservar energia e evitar conflitos desnecessários. Saber quando falar e quando calar é uma habilidade valiosa que nos permite escolher nossas batalhas com mais discernimento.

APLICAÇÃO PRÁTICA

Em situações de confronto, avalie se vale a pena discutir ou se o silêncio é a melhor resposta. Preserve sua energia para diálogos construtivos e evite se envolver em discussões com quem não está disposto a ouvir.

CONSISTÊNCIA: .... / 365

SENTIMENTO:

ANOTAÇÕES:

19 maio

A oração em ação

Sagradas são as orações que se transformam em ações amorosas.

As orações mais poderosas são aquelas que se materializam em gestos concretos de amor. Quando transformamos nossas preces em ações, estamos realmente vivendo o que oramos.

Orar é um ato de fé e devoção, mas a verdadeira espiritualidade se revela quando essas orações se transformam em ações. As palavras ditas em prece são importantes, mas é através das ações amorosas que mostramos nossa fé no dia a dia. Quando ajudamos os outros, praticamos a bondade e estendemos a mão com empatia e generosidade, estamos transformando nossas orações em realidade. Essas ações são, em si mesmas, uma forma de oração viva, que manifesta o amor que desejamos para o mundo e para nós mesmos. As orações que permanecem apenas nas palavras são incompletas; é na prática do amor que elas ganham sua maior força.

APLICAÇÃO PRÁTICA

Converta suas orações em ações. Sempre que orar por algo, pense em como pode agir para fazer essa prece se manifestar no mundo através do amor e da generosidade.

CONSISTÊNCIA: .... / 365

SENTIMENTO:

ANOTAÇÕES:

20 maio

A verdadeira riqueza do lar

Não é o tamanho da casa que você mora, mas o tamanho da felicidade dos que moram nela que importa.

O que faz uma casa ser um lar não é seu tamanho ou luxo, mas a felicidade e o amor compartilhados por aqueles que vivem nela. A verdadeira riqueza está nos laços de afeto e harmonia.

A sociedade muitas vezes valoriza o material, como o tamanho da nossa casa ou os bens que possuímos. No entanto, a verdadeira medida de um lar está na felicidade e no amor entre seus moradores. Uma casa grande, sem calor humano, pode ser fria e vazia, enquanto uma casa simples, cheia de afeto, é um refúgio de alegria e paz. O que realmente importa são os laços que construímos, as memórias que criamos e o ambiente de respeito e carinho que cultivamos no dia a dia. É o amor que faz de qualquer espaço físico um lar acolhedor.

APLICAÇÃO PRÁTICA

Concentre-se em construir um lar cheio de amor e felicidade, independentemente do tamanho ou da aparência material da casa. Valorize a qualidade das relações dentro de seu espaço, tornando-o um lugar de alegria e acolhimento.

CONSISTÊNCIA:
.... / 365

SENTIMENTO:

ANOTAÇÕES:

A plenitude da consciência

Viver todos vivem, mas viver com consciência é privilégio de poucos.

Viver conscientemente é mais do que apenas passar pelos dias; é estar presente em cada momento, tomando decisões intencionais e refletindo sobre o propósito de nossas ações.

Todos estão vivendo no sentido biológico, mas poucos têm a consciência plena de suas escolhas, emoções e o impacto que causam no mundo. Viver com consciência significa estar atento ao presente, compreender suas motivações e agir com intenção; é questionar-se sobre o significado de suas ações e o propósito de sua existência. A consciência traz profundidade e qualidade à vida, enquanto viver de forma automática apenas nos faz passar pelo tempo sem realmente aproveitá-lo. Ser consciente é um privilégio que traz clareza, propósito e uma sensação de realização.

APLICAÇÃO PRÁTICA

Busque viver com mais consciência, questionando suas ações e refletindo sobre seu propósito. Esteja presente em cada momento e tome decisões com intenção, alinhando sua vida com seus valores mais profundos.

CONSISTÊNCIA:
.... / 365

SENTIMENTO:

ANOTAÇÕES:

A superação dos vencedores

Vencedores são pessoas comuns que aprenderam a sobrepujar suas dores sem desistir.

Os verdadeiros vencedores não são aqueles que nunca enfrentaram desafios, mas quem, apesar das dificuldades, soube continuar e crescer. A vitória é uma questão de persistência e superação.

Ser um vencedor não significa nunca falhar ou sofrer, mas sim aprender a lidar com as dores e seguir em frente. Todos nós enfrentamos dificuldades ao longo da vida, mas os vencedores são aqueles que, apesar das adversidades, não desistem. Eles transformam seus sofrimentos em aprendizado e suas falhas em degraus para o sucesso. O segredo da vitória está em persistir, em acreditar que a superação das dores é possível e que o crescimento vem dos momentos difíceis. Qualquer pessoa, por mais comum que seja, tem o potencial de se tornar um vencedor se tiver a determinação de continuar mesmo quando tudo parecer perdido.

APLICAÇÃO PRÁTICA

Encare seus desafios como oportunidades de crescimento. Ao invés de desistir diante das dificuldades, persista, sabendo que é através da superação das dores que você se tornará um vencedor.

CONSISTÊNCIA:
.... **/ 365**

SENTIMENTO:

ANOTAÇÕES:

23
maio

A dor da inveja

O cérebro do invejoso literalmente sente dor ao ver a pessoa que ele inveja feliz! É triste, mas real.

A inveja não apenas afeta emocionalmente, mas também pode causar sofrimento físico. Ver a felicidade dos outros pode despertar desconforto no invejoso, criando um ciclo destrutivo.

A inveja é uma emoção poderosa e corrosiva que pode prejudicar não apenas os relacionamentos, mas também a própria saúde mental e física de quem a sente. Pesquisas mostram que o cérebro do invejoso pode realmente sentir dor ao ver a felicidade de alguém que ele inveja, o que torna essa emoção ainda mais destrutiva. Em vez de apreciar as conquistas dos outros, o invejoso vive em um estado constante de comparação e amargura. Esse sentimento, além de prejudicial, impede o crescimento pessoal e a felicidade própria, já que o foco está no que o outro tem e não no que se pode conquistar.

APLICAÇÃO PRÁTICA

Cultive a gratidão e aprenda a se alegrar com as conquistas dos outros. Ao abandonar a inveja e focar em seu próprio caminho, você estará criando um ambiente mais saudável para sua mente e corpo, abrindo espaço para seu próprio crescimento e felicidade.

CONSISTÊNCIA:
.... / 365

SENTIMENTO:

ANOTAÇÕES:

24
maio

O aprendizado contínuo
Sou aprendiz da vida.

A vida é uma jornada de aprendizado constante. Ser um aprendiz significa estar sempre aberto a novas lições, experiências e conhecimentos.

Reconhecer-se como um aprendiz da vida é aceitar que, independentemente da nossa idade ou experiência, sempre há algo novo a aprender. A sabedoria vem dessa humildade em entender que o conhecimento é infinito e que cada dia oferece oportunidades para crescer. Como aprendizes, somos moldados por nossas vivências, tanto pelos momentos difíceis quanto pelos felizes. A verdadeira evolução acontece quando nos permitimos aprender com tudo e todos.

APLICAÇÃO PRÁTICA

Adote uma postura de humildade e curiosidade em todas as situações. Saiba que, em cada experiência, existe uma lição a ser absorvida, mesmo nas adversidades.

CONSISTÊNCIA:
.... / 365

SENTIMENTO:

ANOTAÇÕES:

25
maio

Coragem para mudar

Que Deus me dê capacidade para enxergar minhas imperfeições e coragem para mudá-las um pouco a cada dia.

O primeiro passo para o crescimento é reconhecer nossas imperfeições. O segundo é ter a coragem de transformá-las, com paciência e determinação, a cada dia.

Enxergar as próprias imperfeições não é fácil, mas é essencial para o desenvolvimento pessoal. A coragem de mudar vem da fé e da convicção de que podemos nos tornar melhores. Essa mudança não ocorre de uma vez; é um processo gradual, uma jornada de evolução constante. Ao pedir a capacidade de reconhecer nossos defeitos e a coragem de mudá-los, estamos praticando a autocompaixão e o compromisso com a melhoria contínua.

APLICAÇÃO PRÁTICA

Todos os dias, dedique-se a refletir sobre um aspecto que deseja melhorar. Enfrente suas imperfeições com coragem e paciência, sabendo que a transformação é um processo diário.

CONSISTÊNCIA:
.... / 365

SENTIMENTO:

ANOTAÇÕES:

Fé e gratidão

Agradecer depois de o milagre acontecer é gratidão, mas agradecer bem antes de ele ocorrer é fé.

A gratidão é uma prática essencial, mas a fé é o que nos impulsiona a agradecer antecipadamente, confiando no que ainda está por vir.

A gratidão é o reconhecimento pelo que recebemos, mas a fé vai além – ela nos permite agradecer antes mesmo de ver o milagre acontecer. Essa confiança no futuro, naquilo que ainda está por vir, é a expressão mais pura da fé. Quando somos capazes de agradecer antecipadamente, estamos demonstrando confiança plena no fluxo da vida, no universo ou em uma força superior. A fé é uma força que nos mantém firmes, mesmo quando o que desejamos ainda não se manifestou.

APLICAÇÃO PRÁTICA

Pratique a gratidão diariamente, mas também exercite sua fé, agradecendo o que você espera que aconteça, sabendo que sua confiança é uma poderosa força transformadora.

CONSISTÊNCIA:
.... / 365

SENTIMENTO:

ANOTAÇÕES:

27
maio

Arrependimento em ação

Arrependimento não tem nada a ver com choro e sim com atitudes transformadoras.

O verdadeiro arrependimento não está nas lágrimas, mas na capacidade de mudar comportamentos e corrigir erros com atitudes concretas.

Chorar por um erro cometido pode ser uma expressão de dor ou remorso, mas o arrependimento verdadeiro se manifesta através de ações que buscam transformar a situação. O arrependimento que realmente importa é aquele que leva à mudança. Isso significa tomar responsabilidade pelos nossos atos, corrigir o que foi feito de errado e adotar novos comportamentos para não repetir o erro. O choro pode ser um alívio temporário, mas são as atitudes transformadoras que mostram a sinceridade do nosso arrependimento.

APLICAÇÃO PRÁTICA

Sempre que se arrepender de algo, foque nas ações que pode tomar para corrigir o erro e evitar repeti-lo. A transformação real está na mudança de atitude.

CONSISTÊNCIA:
.... / 365

SENTIMENTO:

ANOTAÇÕES:

28
maio

A influência real

Ser influenciador não tem nada a ver com curtidas e sim com a capacidade de inspirar positivamente as pessoas.

A verdadeira influência vai além dos números nas redes sociais. Ela está na capacidade de inspirar os outros a melhorar, a crescer e a refletir.

Ser um influenciador no sentido mais profundo do termo não está relacionado à quantidade de curtidas ou seguidores, mas ao impacto positivo que se pode gerar na vida das pessoas. Influenciar de verdade significa inspirar mudanças, motivar ações positivas e provocar reflexões que ajudem as pessoas a evoluírem. É através do exemplo, da autenticidade e da generosidade que um verdadeiro *influencer* se destaca. A busca por popularidade pode ser vazia, mas a busca por inspirar de maneira positiva é o que deixa um legado duradouro.

APLICAÇÃO PRÁTICA

Concentre-se em como você pode inspirar positivamente as pessoas ao seu redor, seja nas redes sociais ou na vida real. O verdadeiro impacto vem da autenticidade e do desejo de ajudar os outros a crescerem.

CONSISTÊNCIA:
.... / 365

SENTIMENTO:

ANOTAÇÕES:

29 maio

O valor do silêncio

Felizes aqueles que sabem entender as respostas dadas em silêncio.

O silêncio muitas vezes comunica mais do que palavras. Compreender as respostas que vêm do silêncio é um sinal de sabedoria e sensibilidade.

Nem todas as respostas precisam ser ditas em voz alta. O silêncio pode carregar respostas profundas e sutis, que exigem sensibilidade para serem compreendidas. Muitas vezes, o que não é dito tem mais significado do que qualquer explicação verbal. Aqueles que são capazes de ouvir e entender o silêncio possuem uma sabedoria especial, pois sabem que o silêncio pode ser uma forma de comunicação, de reflexão ou de respeito. O silêncio também é um espaço para a introspecção, onde as respostas se revelam a quem tem paciência e atenção para percebê-las.

APLICAÇÃO PRÁTICA

Aprenda a valorizar os momentos de silêncio e a entender o que eles podem estar comunicando. Desenvolva a sensibilidade para perceber as respostas que vêm sem palavras.

CONSISTÊNCIA:
.... / 365

SENTIMENTO:

ANOTAÇÕES:

O lar da felicidade
Que a felicidade faça morada no seu coração.

A verdadeira felicidade não é passageira, mas um estado de espírito que pode encontrar morada permanente em nossos corações, se assim o permitirmos.

A felicidade não precisa ser algo que vem e vai de acordo com as circunstâncias externas. Quando ela encontra morada no coração, torna-se uma companheira constante, independentemente das adversidades. Isso não significa que nunca enfrentaremos desafios, mas que, mesmo nas dificuldades, podemos manter uma sensação de paz e gratidão. A felicidade que reside no coração é aquela construída sobre valores, amor, compaixão e aceitação. Ela é uma escolha diária, uma decisão de viver de forma plena e consciente, buscando o que realmente importa.

APLICAÇÃO PRÁTICA

Cultive um estado de felicidade permanente em seu coração, independentemente das circunstâncias externas. Pratique a gratidão e o contentamento, e permita que a felicidade seja uma companheira constante em sua jornada.

CONSISTÊNCIA:
.... / 365

SENTIMENTO:

ANOTAÇÕES:

31 maio

A exaltação sem mérito

Exaltar os tolos e os desprovidos de valores reais é uma espécie de delírio da ignorância.

A sociedade muitas vezes valoriza quem não possui verdadeiros méritos. Exaltar pessoas sem valores é um sinal de ignorância e uma distorção das prioridades.

Vivemos em uma época em que a fama e o sucesso são muitas vezes confundidos com mérito e valor real. Exaltar aqueles que não possuem valores sólidos ou que promovem comportamentos fúteis é um reflexo de uma sociedade que perdeu o foco no que realmente importa. A verdadeira grandeza está em caráter, ética e contribuição positiva para o mundo. Quando a ignorância prevalece, valores superficiais tomam o lugar do que realmente importa, e isso pode ser prejudicial tanto para o indivíduo quanto para a sociedade como um todo.

APLICAÇÃO PRÁTICA

Valorize e exalte pessoas que possuam valores sólidos e que contribuem positivamente para o bem comum. Questione as prioridades da sociedade e promova aquilo que é verdadeiramente significativo.

CONSISTÊNCIA:
.... / 365

SENTIMENTO:

ANOTAÇÕES:

Degraus da evolução

Cada boa ação que fazemos constrói um novo degrau na ascensão evolutiva.

A cada boa ação que realizamos, estamos contribuindo não apenas para o bem dos outros, mas também para nossa própria evolução moral e espiritual.

As boas ações que praticamos não são apenas gestos isolados de bondade, mas contribuições que acumulam valor em nossa jornada evolutiva. Cada ato de generosidade, compaixão e empatia é como um degrau que nos eleva a um nível mais alto de consciência e espiritualidade. Essas ações não apenas beneficiam os outros, mas também nos transformam, moldando nosso caráter e fortalecendo nosso espírito. A evolução moral e espiritual é feita de pequenos passos, e cada boa ação é uma oportunidade para avançarmos em direção a uma existência mais iluminada e significativa.

APLICAÇÃO PRÁTICA

Pratique boas ações diariamente, sabendo que cada gesto de bondade não só beneficia os outros, mas também contribui para sua própria evolução espiritual e moral.

CONSISTÊNCIA: .... / 365

SENTIMENTO:

ANOTAÇÕES:

Transbordar de si mesmo

Só transbordamos aquilo que temos dentro de nós.

O que oferecemos ao mundo é um reflexo do que carregamos internamente. Só podemos transbordar amor, bondade e generosidade se essas qualidades estiverem presentes dentro de nós.

Somos como recipientes, e o que transborda de nós para o mundo é aquilo que cultivamos internamente. Se estamos cheios de amor, paciência e compreensão, é isso que transbordaremos em nossas ações e palavras. Por outro lado, se estivermos repletos de rancor, raiva ou insegurança, serão esses sentimentos que iremos projetar. Por isso, é essencial cuidar de nosso interior, cultivando as qualidades que queremos ver refletidas no mundo. O que transbordamos é um espelho da nossa essência e é através desse transbordamento que influenciamos os outros.

APLICAÇÃO PRÁTICA

Cuide do seu interior, alimentando-se de pensamentos e emoções positivas. Ao fazer isso, você transbordará essas qualidades nas suas interações com o mundo, criando um impacto positivo ao seu redor.

CONSISTÊNCIA:
.... / 365

SENTIMENTO:

ANOTAÇÕES:

A ética como salvação

Somente o eticamente correto pode salvar o mundo.

A transformação verdadeira e duradoura só pode acontecer quando agimos de maneira ética e responsável. Somente o comportamento eticamente correto tem o poder de salvar o mundo.

Os problemas que o mundo enfrenta, desde as questões ambientais até as sociais, muitas vezes têm suas raízes na falta de ética. O comportamento ético implica agir com integridade, responsabilidade e respeito pelos outros e pelo meio ambiente. Quando nos comprometemos com a ética, contribuímos para um mundo mais justo, sustentável e harmonioso. O que pode salvar o mundo não são atos grandiosos isolados, mas uma mudança coletiva em direção ao comportamento correto em todas as nossas ações diárias.

APLICAÇÃO PRÁTICA

Adote a ética como um princípio orientador em todas as áreas da sua vida. Desde pequenas decisões até grandes escolhas, pergunte-se sempre se está agindo de maneira ética e responsável.

CONSISTÊNCIA:
.... / 365

SENTIMENTO:

ANOTAÇÕES:

A revolução da autenticidade

Ser de verdade é revolucionário.

Em um mundo tomado pelas aparências e superficialidades, ser autêntico e verdadeiro é um ato de coragem e uma forma de revolução pessoal e social.

A autenticidade é uma qualidade rara, especialmente em uma sociedade que muitas vezes valoriza a conformidade e as máscaras sociais. Ser de verdade significa estar em contato com quem você realmente é, sem medo de expressar suas opiniões, sentimentos e crenças. Isso exige coragem, pois a autenticidade nem sempre é bem recebida em um mundo que prefere aquilo que é superficial. No entanto, ao viver de forma autêntica, estamos não apenas sendo fiéis a nós mesmos, mas também inspirando os outros a fazerem o mesmo. A revolução da autenticidade começa com cada indivíduo que decide ser verdadeiro criando um impacto profundo nas relações e na sociedade.

APLICAÇÃO PRÁTICA

Seja autêntico em todas as áreas da sua vida. Não tenha medo de mostrar quem você realmente é e de expressar sua verdade, mesmo que isso vá contra as expectativas dos outros.

CONSISTÊNCIA:
.... / 365

SENTIMENTO:

ANOTAÇÕES:

A verdade revelada

Quando as máscaras caem, as índoles ficam expostas e as verdades se manifestam.

As máscaras que usamos para esconder nossas verdadeiras intenções e índoles eventualmente caem, revelando quem realmente somos. Nesses momentos, a verdade finalmente vem à tona.

Muitas pessoas usam máscaras para se proteger, esconder inseguranças ou manipular as percepções dos outros. Essas máscaras podem funcionar por um tempo, mas, inevitavelmente, a verdade sempre encontra um caminho para se revelar. Quando as máscaras caem, as verdadeiras índoles – boas ou ruins – se tornam visíveis, e as pessoas mostram quem realmente são. Esse processo pode ser doloroso para quem acreditou na aparência, mas é também libertador, pois a verdade sempre traz clareza e justiça. A autenticidade é sempre preferível, pois evita as desilusões que surgem quando a verdade é por fim revelada.

APLICAÇÃO PRÁTICA

Evite usar máscaras para agradar os outros ou esconder quem você é. A verdade é sempre mais poderosa do que qualquer disfarce, e viver de forma autêntica traz mais paz e harmonia à sua vida.

CONSISTÊNCIA:
.... / 365

SENTIMENTO:

ANOTAÇÕES:

6 junho

O silêncio da sabedoria

A sabedoria me ensinou a me calar frente à imbecilidade alheia.

Nem toda batalha vale a pena ser travada. A sabedoria está em reconhecer quando o silêncio é a resposta mais poderosa frente à ignorância e à imbecilidade.

Discutir com pessoas que não estão abertas ao diálogo ou que agem de forma tola é muitas vezes uma perda de tempo e energia. A sabedoria nos ensina a escolher nossas batalhas com cuidado, sabendo que nem sempre vale a pena tentar convencer quem está fechado à razão. O silêncio, nesses casos, é uma forma de preservar nossa paz e evitar o desgaste desnecessário. Ao calar frente à imbecilidade, não estamos nos rendendo, mas sim nos protegendo de situações inúteis e desgastantes.

APLICAÇÃO PRÁTICA

Pratique o silêncio estratégico em situações em que a discussão não trará benefícios. Preserve sua energia para diálogos construtivos e evite se envolver em confrontos com pessoas que não estão dispostas a ouvi-lo.

CONSISTÊNCIA:
.... / 365

SENTIMENTO:

ANOTAÇÕES:

A epidemia do narcisismo

Vivemos uma pandemia de egos inflados e de narcisistas desesperados por aplausos.

A busca incessante por validação externa e aplausos está cada vez mais presente em nossa sociedade, na qual egos inflados buscam atenção a qualquer custo.

A era das redes sociais e da cultura do "eu" trouxe consigo uma explosão de egos inflados, e muitas pessoas se preocupam mais em como são vistas do que em quem realmente são. Essa pandemia de narcisismo faz com que muitos busquem aplausos e validação constante, muitas vezes à custa de autenticidade e de relações verdadeiras. O problema do narcisismo é que ele nunca está satisfeito; sempre busca mais atenção, mais elogios, mais reconhecimento. Isso cria uma sociedade superficial, em que o valor pessoal é medido pelo número de curtidas, em vez da profundidade do caráter.

APLICAÇÃO PRÁTICA

Resista à tentação de buscar validação externa constantemente. Concentre-se em construir um valor interno, baseado em autenticidade e em ações que realmente importam, sem a necessidade de aplausos.

CONSISTÊNCIA: .... / 365

SENTIMENTO:

ANOTAÇÕES:

A voz da empatia

Quem tem empatia e respeito ao próximo pode ter lugar de fala em qualquer situação.

A verdadeira autoridade para falar em qualquer situação vem da empatia e do respeito pelos outros. Essas qualidades nos dão legitimidade para nos expressar com sabedoria e compaixão.

Ter empatia significa ser capaz de se colocar no lugar do outro, compreendendo suas dores, desafios e perspectivas. O respeito é a base de qualquer comunicação eficaz. Quando agimos com empatia e respeito, conquistamos o direito de nos expressar em qualquer situação, pois nossa voz será guiada pela compreensão e pelo desejo de criar pontes, em vez de muros. O "lugar de fala" não é apenas um espaço que conquistamos por direito, mas algo que ganhamos pela forma como tratamos e ouvimos os outros. A empatia nos permite falar de maneira que os outros possam realmente ouvir e se conectar.

APLICAÇÃO PRÁTICA

Em todas as suas interações, cultive a empatia e o respeito. Isso não só lhe dará legitimidade para se expressar, mas também criará um espaço de diálogo e compreensão com os outros.

CONSISTÊNCIA:
.... / 365

SENTIMENTO:

ANOTAÇÕES:

9 junho

A liberdade interna

Podem me calar, me trancar, mas meu canto mental é e sempre será livre.

Podem tentar controlar nosso corpo e nossas palavras, mas a mente e o espírito são territórios que sempre permanecerão livres. Ninguém pode silenciar nossa essência.

Embora existam forças externas que podem tentar nos calar ou nos limitar fisicamente, a verdadeira liberdade é algo que reside dentro de nós. Nosso "canto mental" – nossos pensamentos, nossa imaginação, nossa essência – é algo que ninguém pode aprisionar. A liberdade interna é a capacidade de manter nossa identidade, nossas crenças e nossos sonhos, independentemente das circunstâncias externas. Mesmo quando nos sentimos oprimidos ou silenciados, essa liberdade interior nos dá força para resistir e continuar sendo quem realmente somos.

APLICAÇÃO PRÁTICA

Cultive sua liberdade interna. Lembre-se de que, por mais que as situações externas tentem limitá-lo, sua mente e seu espírito são seus e ninguém pode lhe tirar a capacidade de pensar e sonhar livremente.

CONSISTÊNCIA: .... / 365

SENTIMENTO:

ANOTAÇÕES:

10
junho

A ausência de luz

O mal sempre será a ausência da luminosidade contida nos atos de bondade.

O mal não é uma força em si mesma, mas sim a ausência da bondade e da luz. Onde a bondade não se manifesta, o mal encontra espaço para crescer.

O mal pode ser visto como a sombra criada pela falta de luz. Onde não há atos de bondade, a escuridão encontra espaço para prosperar. A bondade, ao contrário, ilumina o mundo, dissipando o mal com sua luminosidade. Cada ato de bondade, por menor que seja, ajuda a preencher o mundo com luz e a afastar a escuridão. O mal prospera na omissão da bondade e na ausência de compaixão. Por isso, é essencial que, em nossas ações diárias, escolhamos a bondade, trazendo mais luz para nossas vidas e para o mundo.

APLICAÇÃO PRÁTICA

Pratique a bondade sempre que puder. Lembre-se de que cada gesto positivo é uma forma de iluminar o mundo ao seu redor e de impedir que o mal encontre espaço para crescer.

CONSISTÊNCIA:
.... / 365

SENTIMENTO:

ANOTAÇÕES:

11 junho

O segredo do autoconhecimento

Conhece-te a ti mesmo e conhecerás os deuses e o universo.

O autoconhecimento é o caminho para entender o mundo e as forças maiores que nos governam. Quando conhecemos a nós mesmos, começamos a compreender o universo.

O conselho antigo de "conhece-te a ti mesmo" sugere que a chave para entender o mundo ao nosso redor está em primeiro lugar dentro de nós. Quando nos aprofundamos no autoconhecimento, descobrimos nossos valores, nossos medos e nossas aspirações. Essa jornada interna nos abre para uma compreensão mais profunda do universo e das leis que o regem. Ao nos conhecer, podemos nos alinhar com as forças maiores que moldam a existência, entendendo melhor nosso lugar no cosmos e como podemos contribuir para o bem maior.

APLICAÇÃO PRÁTICA

Dedique tempo ao autoconhecimento, seja através de meditação, reflexão ou outras práticas que o ajudem a se entender melhor. A partir dessa base, você começará a compreender o mundo de maneira mais profunda.

CONSISTÊNCIA:
.... **/ 365**

SENTIMENTO:

ANOTAÇÕES:

12 junho

A prática dos saberes

Sabedoria é o conhecimento bem utilizado para a nossa ascensão moral.

A verdadeira sabedoria vai além do simples acúmulo de conhecimento. Ela se manifesta na maneira como utilizamos o que aprendemos para crescer moralmente e espiritualmente.

Muitas pessoas confundem conhecimento com sabedoria, mas a diferença está no uso prático desse conhecimento. A sabedoria é a habilidade de aplicar o que aprendemos de forma que eleve nossa moralidade e nos ajude a crescer espiritualmente. É a capacidade de agir com discernimento, compaixão e integridade, usando nosso conhecimento para fazer o bem e evoluir como indivíduos. A ascensão moral, que nos aproxima de nossa melhor versão, só é possível quando o conhecimento é utilizado de maneira sábia.

APLICAÇÃO PRÁTICA

Busque aplicar o conhecimento que adquiriu de maneira ética e sábia. Utilize suas habilidades e experiências para promover o bem, tanto para si quanto para os outros, e para contribuir para a evolução moral.

CONSISTÊNCIA: .... / 365

SENTIMENTO:

ANOTAÇÕES:

O reflexo das ações

Pelas tuas atitudes, poderei dizer quem és.

As ações falam mais alto do que palavras. Quem realmente somos se revela através do que fazemos e não do que dizemos.

Nossas atitudes e comportamentos são os verdadeiros indicadores de nosso caráter. As palavras podem ser manipuladas ou usadas para esconder a verdade, mas as ações refletem com clareza quem somos em essência. A forma como tratamos os outros, como reagimos a desafios e como escolhemos viver a vida revela nossa índole e nossos valores. Ao observar as ações de uma pessoa, podemos entender muito mais sobre ela do que pelas palavras que profere.

APLICAÇÃO PRÁTICA

Preste atenção às suas atitudes e ações diárias, pois são elas que revelam quem você realmente é. Lembre-se de que os outros também o julgam pelo que você faz, e não apenas pelo que você diz.

CONSISTÊNCIA:
.... / 365

SENTIMENTO:

ANOTAÇÕES:

A lucidez do amadurecimento

*O amadurecimento é, antes de tudo,
uma questão de lucidez da consciência.*

O amadurecimento não é apenas uma questão de idade, mas de consciência. Ele se manifesta na clareza com que enxergamos a vida, as relações e a nós mesmos.

Amadurecer significa desenvolver uma lucidez sobre a vida e sobre nós mesmos. É ter consciência de nossas responsabilidades, entender as consequências de nossas ações e ser capaz de ver o mundo com um olhar realista, sem ilusões. O amadurecimento nos traz a capacidade de tomar decisões mais equilibradas e conscientes, de agir com paciência e sabedoria. Essa lucidez também nos permite enxergar a complexidade das relações humanas e da vida, aceitando que o crescimento vem com desafios e aprendizado constante.

APLICAÇÃO PRÁTICA

Busque amadurecer cultivando uma consciência lúcida sobre suas escolhas e comportamentos. Reflita sobre as lições da vida e use-as para tomar decisões mais sábias e ponderadas.

CONSISTÊNCIA:
.... / 365

SENTIMENTO:

ANOTAÇÕES:

15
junho

O valor da individualidade

Nos dias atuais, a individualidade é quase um pecado passível de criminalização.

A sociedade moderna muitas vezes tenta suprimir a individualidade, incentivando a conformidade. No entanto, a verdadeira evolução vem quando preservamos nossa identidade e autenticidade.

Em um mundo que muitas vezes valoriza o coletivo e o conformismo, ser verdadeiramente individual pode ser visto como um ato de rebeldia. No entanto, a individualidade é essencial para a diversidade de pensamentos, ideias e soluções. Cada pessoa tem uma contribuição única a fazer para o mundo, e perder essa singularidade em nome da conformidade é desperdiçar o potencial humano. A individualidade, quando bem cultivada, traz inovação, autenticidade e novas perspectivas. Ser quem você realmente é em um mundo que tenta moldar todos de maneira uniforme mostra-se como um ato de coragem e, ao mesmo tempo, uma forma de enriquecer a sociedade.

APLICAÇÃO PRÁTICA

Valorize e preserve sua individualidade, mesmo quando sentir pressão para se conformar. A autenticidade é o que traz inovação e contribuição real para o mundo.

CONSISTÊNCIA:
.... / 365

SENTIMENTO:

ANOTAÇÕES:

A pureza das intenções

O tempo não perdoa as coisas impuras de boa intenção.

Mesmo as boas intenções, quando manchadas por motivações impuras ou ações erradas, não resistem ao teste do tempo. O tempo expõe o que não é genuíno.

Boas intenções são importantes, mas, sozinhas, não são suficientes. As ações que se originam de intenções impuras, mesmo que bem-intencionadas, acabam sendo reveladas com o passar do tempo, que tem a capacidade de expor as verdadeiras motivações por trás de nossas escolhas e ações. A intenção precisa ser acompanhada de honestidade, pureza e integridade. Quando algo é feito com segundas intenções ou com um objetivo egoísta, mesmo que disfarçado de boa intenção, o tempo não perdoa – a verdade virá à tona.

APLICAÇÃO PRÁTICA

Sempre que agir com boas intenções, certifique-se de que elas sejam acompanhadas de pureza e integridade. A honestidade nas motivações é o que garante que o tempo não trará arrependimentos.

CONSISTÊNCIA:
.... / 365

SENTIMENTO:

ANOTAÇÕES:

17
junho

O narcisismo na intolerância

Em todo ato de intolerância e radicalismo há um tanto de narcisismo, pois Narciso acha feio o que não o reflete.

A intolerância e o radicalismo muitas vezes têm suas raízes no narcisismo, e nele tudo o que não se alinha com à própria visão da pessoa é rejeitado ou atacado.

A intolerância nasce da incapacidade de aceitar a diversidade de pensamentos, culturas ou estilos de vida. Essa rejeição ao que é diferente muitas vezes está relacionada ao narcisismo, e nele o indivíduo só consegue valorizar o que se assemelha a si próprio. Esse comportamento impede o crescimento pessoal e a compreensão mútua. Quando alguém se recusa a aceitar o que não reflete suas próprias crenças, está colocando sua visão de mundo como superior e fechando as portas para o diálogo e a empatia. O verdadeiro crescimento acontece quando abraçamos as diferenças, em vez de temê-las ou rejeitá-las.

APLICAÇÃO PRÁTICA

Desenvolva a capacidade de aceitar e respeitar as diferenças. Combata o narcisismo dentro de si, lembrando-se de que a diversidade é o que enriquece a humanidade e promove o crescimento coletivo.

CONSISTÊNCIA:
.... / 365

SENTIMENTO:

ANOTAÇÕES:

18
junho

O propósito da iluminação

Iluminar a ignorância e ascender espiritualmente é a finalidade de cada existência.

Nossa missão nesta vida é trazer luz à ignorância e crescer espiritualmente. Ao fazer isso, contribuímos para um mundo mais consciente e iluminado.

Cada existência carrega o potencial de iluminar a escuridão da ignorância e de buscar o crescimento espiritual. Isso significa estar sempre em busca de conhecimento, sabedoria e compreensão, não apenas para si, mas também para aqueles ao nosso redor. A iluminação pessoal é o primeiro passo para a iluminação coletiva, e o crescimento espiritual vem da busca contínua por respostas, entendimento e conexão com algo maior do que nós. Ao iluminar a ignorância, promovemos a evolução da humanidade como um todo.

APLICAÇÃO PRÁTICA

Dedique-se a expandir seu conhecimento e sabedoria, buscando sempre iluminar a ignorância, tanto em si quanto nos outros. Cresça espiritualmente e ajude os outros a fazer o mesmo, contribuindo para um mundo mais iluminado e consciente.

CONSISTÊNCIA:
.... / 365

SENTIMENTO:

ANOTAÇÕES:

19 junho

A ação como prova

Escute menos o que as pessoas dizem e observe mais o que elas fazem. Depois, avalie o que acontece.

As palavras podem enganar, mas as ações revelam a verdade. Observar o comportamento das pessoas é a melhor maneira de entender suas reais intenções e caráter.

Muitas vezes, nos deixamos levar por palavras bonitas ou promessas que as pessoas fazem. No entanto, as palavras, por si só, podem ser vazias ou manipuladoras. O verdadeiro caráter de uma pessoa se revela em suas ações. As atitudes diárias, os gestos e os comportamentos falam muito mais do que qualquer discurso. Por isso, é importante dar mais atenção ao que as pessoas fazem, em vez de se concentrar apenas no que dizem. O comportamento é uma janela para a alma e para as intenções reais, e é a partir dele que podemos avaliar com mais precisão quem realmente são as pessoas ao nosso redor.

APLICAÇÃO PRÁTICA

Sempre que estiver avaliando o caráter ou as intenções de alguém, observe as ações mais do que as palavras. As atitudes diárias são o reflexo verdadeiro de quem uma pessoa é.

CONSISTÊNCIA:
.... / 365

SENTIMENTO:

ANOTAÇÕES:

O preço da vaidade

*A vaidade excessiva afasta as pessoas,
pois é insuportável ter um tolo arrogante por perto.*

A vaidade em excesso pode destruir relacionamentos e isolar pessoas, pois o comportamento arrogante afasta aqueles que buscam autenticidade e humildade.

Quando a vaidade domina, a pessoa se torna obcecada por si mesma, esquecendo-se de considerar as necessidades e sentimentos dos outros. Esse comportamento arrogante pode ser insuportável para aqueles ao redor, pois cria um ambiente de superficialidade e falta de empatia. A vaidade excessiva impede a construção de relações genuínas, pois tudo gira em torno do ego da pessoa vaidosa. Ninguém gosta de estar perto de alguém que constantemente se coloca acima dos outros e que está mais preocupado com a própria imagem do que com a substância de suas interações. A verdadeira conexão com as pessoas só é possível quando existe humildade e autenticidade.

APLICAÇÃO PRÁTICA

Seja humilde em suas interações. Evite cair na armadilha da vaidade, lembrando-se de que as relações genuínas são construídas com base na empatia, respeito e autenticidade.

CONSISTÊNCIA:
.... / 365

SENTIMENTO:

ANOTAÇÕES:

21
junho

O valor dos pequenos passos
Aprecie os pequenos passos que você executa na direção certa.

O progresso verdadeiro raramente ocorre de uma vez só. Ele é construído através de pequenos passos e cada um deles contribui para o sucesso final.

Muitas vezes, queremos alcançar grandes conquistas rapidamente, esquecendo-nos de que é através dos pequenos passos consistentes que o verdadeiro progresso é feito. Cada passo na direção certa, por menor que seja, deve ser valorizado e apreciado. Eles são a base do sucesso duradouro. Esses pequenos movimentos nos mantêm focados, motivados e conscientes de que estamos progredindo, mesmo que o ritmo pareça lento. O importante é continuar avançando, reconhecendo e celebrando cada conquista ao longo do caminho.

APLICAÇÃO PRÁTICA
Valorize os pequenos progressos que você faz diariamente. Lembre-se de que cada passo conta e que o sucesso é uma soma de várias pequenas vitórias.

CONSISTÊNCIA: .... / 365

SENTIMENTO:

ANOTAÇÕES:

22
junho

O valor da solitude
Aprecie não fazer nada em sua própria companhia.

Saber apreciar a própria companhia sem a necessidade constante de estímulos externos é um sinal de maturidade emocional e uma prática importante para o bem-estar mental.

Vivemos em uma sociedade que valoriza a produtividade e o constante fazer, mas a capacidade de ficar sozinho e simplesmente "não fazer nada" é essencial para o equilíbrio emocional. Apreciar a própria companhia sem distrações nos permite entrar em contato com nossa essência, refletir sobre a vida e recarregar nossas energias. A solitude não é solidão, mas sim um momento de conexão consigo mesmo, em que podemos nos escutar e nos entender melhor. Estar confortável em nossa própria presença é um sinal de autossuficiência emocional e um caminho para o autoconhecimento.

APLICAÇÃO PRÁTICA
Reserve momentos em sua rotina para desfrutar da sua própria companhia, sem a pressão de ser produtivo. Use esse tempo para refletir e se reconectar consigo mesmo.

CONSISTÊNCIA:
.... / 365

SENTIMENTO:

ANOTAÇÕES:

23
junho

O impacto da presença

Quando sua ausência é percebida de forma carinhosa, você está no caminho certo.

A maneira como somos lembrados na ausência reflete o impacto que tivemos na vida dos outros. Quando nossa ausência é sentida com carinho, é sinal de que estamos construindo laços profundos e significativos.

A presença de uma pessoa é sentida muito além do momento em que ela está fisicamente presente. Quando alguém é lembrado com carinho e saudade, mesmo na ausência, isso é um indicativo de que essa pessoa fez uma diferença positiva na vida daqueles ao seu redor. Isso significa que você impactou as pessoas de forma verdadeira, cultivando relações baseadas em respeito, afeto e compreensão. Estar no "caminho certo" não é apenas sobre alcançar objetivos pessoais, mas também sobre criar um legado emocional e espiritual na vida dos outros.

APLICAÇÃO PRÁTICA

Cultive relações genuínas, que deixem marcas positivas na vida das pessoas. Ao fazer isso, sua presença será sempre lembrada com carinho, mesmo quando você não estiver por perto.

CONSISTÊNCIA:
.... / 365

SENTIMENTO:

ANOTAÇÕES:

24
junho

A dificuldade das decisões

Partir pode ser doloroso, mas ficar pode ser dilacerante.

Tomar a decisão de partir costuma ser difícil, mas, às vezes, permanecer em uma situação pode ser ainda mais destrutivo. Saber quando partir é um ato de coragem.

Partir, seja de um relacionamento, de um emprego ou de uma fase da vida, pode ser extremamente doloroso. No entanto, ficar em uma situação que nos causa sofrimento pode ser ainda mais prejudicial. Às vezes, o medo da mudança ou da dor da separação nos impede de tomar a decisão de partir, mas permanecer em um ambiente tóxico ou insatisfatório pode corroer nossa alma e nossa saúde mental. A coragem de partir é muitas vezes o primeiro passo para a cura e o início de uma nova fase, mais saudável e satisfatória. Reconhecer quando é hora de ir embora é um sinal de força e autocompaixão.

APLICAÇÃO PRÁTICA

Avalie se ficar em uma situação está causando mais dano do que trazendo bons frutos. Se esse for o caso, tenha coragem de partir sabendo que essa decisão, por mais difícil que seja, pode ser necessária para seu bem-estar.

CONSISTÊNCIA:
.... / 365

SENTIMENTO:

ANOTAÇÕES:

Saúde mental: um direito universal

*A saúde mental é um direito de todos
e não um privilégio de poucos.*

A saúde mental não é um luxo ou um privilégio reservado a alguns, mas um direito fundamental de todos os seres humanos, essencial para uma vida plena e equilibrada.

A saúde mental deve ser tratada com a mesma importância que a saúde física, pois, sem ela, o bem-estar e a qualidade de vida ficam comprometidos. Infelizmente, em muitas sociedades, o acesso aos cuidados de saúde mental é limitado, o que cria uma desigualdade inaceitável. Todos têm o direito de receber apoio psicológico, tratamento adequado e viver em um ambiente que promova o equilíbrio emocional. A saúde mental não deve ser vista como algo para poucos, mas como um direito humano básico, essencial para que todos possam viver com dignidade, felicidade e realização.

APLICAÇÃO PRÁTICA

Valorize a saúde mental como um direito e, sempre que puder, apoie a conscientização e a democratização do acesso a esse tipo de serviço. Caso você ou alguém próximo precisar, busque ou ofereça ajuda, sabendo que todos têm direito a esse cuidado.

CONSISTÊNCIA:
.... / 365

SENTIMENTO:

ANOTAÇÕES:

A dádiva da humildade

Sem humildade, nosso melhor se perde na arrogância.

A humildade é o que dá valor ao nosso talento e às nossas conquistas. Sem ela, até o nosso melhor trabalho pode ser eclipsado pela arrogância.

A humildade é uma qualidade essencial para o verdadeiro sucesso. Mesmo as maiores conquistas ou habilidades perdem seu brilho quando acompanhadas de arrogância. A humildade permite que reconheçamos nossos talentos e vitórias sem desmerecer ou menosprezar os outros. Ela também nos mantém abertos ao aprendizado e à melhoria contínua. Quando deixamos que a arrogância tome conta de nossas ações, afastamos as pessoas e diminuímos o valor do que temos a oferecer. A humildade, por outro lado, nos aproxima dos outros e torna nossas realizações ainda mais valiosas.

APLICAÇÃO PRÁTICA

Cultive a humildade em suas conquistas. Lembre-se de que, por mais que você tenha realizado, sempre há espaço para aprender e crescer, e a humildade é o que mantém seus sucessos genuínos e admirados.

CONSISTÊNCIA:
.... / 365

SENTIMENTO:

ANOTAÇÕES:

Compreender os sinais que nos protegem

Portas fechadas nos protegem de lugares aonde não devemos ir.

Nem sempre uma porta fechada é um obstáculo; às vezes, é uma proteção. O que não conseguimos alcançar pode estar nos protegendo de algo que não seria bom para nós.

Muitas vezes, quando uma porta se fecha em nossa vida, sentimos frustração ou decepção. No entanto, essa porta fechada pode estar nos protegendo de um caminho que não seria o melhor para nós. As oportunidades perdidas ou os caminhos não trilhados podem, na verdade, ser uma bênção disfarçada. Nem tudo o que desejamos é benéfico, e o universo pode estar nos guiando para longe de situações que nos trariam dor ou fracasso. A chave é confiar que as portas que se fecham estão abrindo espaço para novas direções mais alinhadas com nosso bem-estar.

APLICAÇÃO PRÁTICA

Quando encontrar uma porta fechada em sua vida, aceite-a com serenidade e confiança. Lembre-se de que o que não aconteceu pode estar o protegendo de algo que não seria positivo e que novas portas se abrirão no momento certo.

CONSISTÊNCIA:
.... / 365

SENTIMENTO:

ANOTAÇÕES:

A verdade nas adversidades

Situações difíceis mostram quem o apoia e quem apenas se apoia em você.

Os momentos de dificuldade revelam quem realmente está ao nosso lado e quem só está presente por interesse próprio. As adversidades expõem a verdade das relações.

É nas situações difíceis que as verdadeiras intenções e lealdades são reveladas. Quando tudo vai bem, muitas pessoas podem estar ao nosso redor, mas é nos momentos de crise que descobrimos quem realmente está disposto a nos apoiar e quem está apenas nos utilizando. Essas experiências, embora dolorosas, são essenciais para purificar nossos relacionamentos, eliminando aqueles que não têm uma base sólida de lealdade e não aprenderam a importância de ser genuíno. Quem apenas se apoia em você, sem oferecer apoio em troca, está interessado apenas no que pode ganhar com a relação e não na conexão mútua e verdadeira.

APLICAÇÃO PRÁTICA

Aproveite as situações difíceis para reavaliar suas relações. Valorize aqueles que permanecem ao seu lado nos momentos de adversidade e liberte-se de quem está apenas se aproveitando de você.

CONSISTÊNCIA: .... / 365

SENTIMENTO:

ANOTAÇÕES:

29
junho

A bênção da vontade de evoluir

Bendita seja a nossa vontade de ser melhor a cada dia.

A busca constante por melhorar é uma das maiores bênçãos que podemos cultivar. A vontade de evoluir nos impulsiona a sermos versões melhores de nós mesmos a cada novo dia.

A vontade de ser melhor a cada dia é o que nos mantém em movimento, nos faz superar desafios e nos leva a alcançar nosso potencial mais elevado. Essa busca pela melhoria contínua é uma forma de honrar a vida e o presente que é a nossa existência. Cada dia oferece uma nova oportunidade de corrigir erros, aprender algo novo e nos aproximar mais do que desejamos ser. Essa vontade, quando cultivada, é a chave para uma vida plena e significativa. A verdadeira felicidade está no progresso, não na perfeição.

APLICAÇÃO PRÁTICA

Mantenha viva a chama do desejo de ser melhor a cada dia. Use cada momento como uma oportunidade para aprender, crescer e evoluir em direção à sua melhor versão.

CONSISTÊNCIA:
.... / 365

SENTIMENTO:

ANOTAÇÕES:
....
....
....
....

O amor que transborda

O amor é o encontro de dois inteiros e não duas metades.

O verdadeiro amor acontece quando duas pessoas completas se encontram e compartilham suas vidas. Não estamos em busca de alguém para nos completar, mas de alguém com quem possamos crescer e construir algo ainda maior.

O conceito de que precisamos de alguém para nos "completar" é uma ideia equivocada que muitas vezes nos leva a relacionamentos desequilibrados. O amor mais saudável e duradouro surge quando duas pessoas que já se sentem inteiras por si mesmas se encontram. Elas não dependem uma da outra para se sentir completas, mas, juntas, compartilham suas vidas, seus sonhos e seus desafios. Quando duas pessoas inteiras se amam, o relacionamento é um espaço de crescimento mútuo, de apoio e liberdade. O amor se torna algo que transborda e não uma tentativa de preencher vazios internos.

APLICAÇÃO PRÁTICA

Reflita sobre o que você pode fazer para se sentir mais completo em sua própria vida. Quando nos tornamos inteiros, nos preparamos para vivenciar relacionamentos mais equilibrados e saudáveis, baseados no amor verdadeiro e na parceria.

CONSISTÊNCIA:
.... / 365

SENTIMENTO:

ANOTAÇÕES:

1
julho

A presença divina no vazio

*Deus está em tudo,
especialmente nos vazios impreenchíveis.*

Geralmente, é nos momentos de vazio que encontramos a maior oportunidade para nos conectar com o divino. Esses espaços silenciosos, que muitas vezes nos assustam, podem ser preenchidos pela presença de algo maior.

Nos momentos em que sentimos um vazio profundo, tendemos a querer preenchê-lo rapidamente com distrações ou respostas imediatas. No entanto, é justamente nesses espaços de silêncio e solidão que podemos perceber a presença de Deus, do universo ou da espiritualidade que nos guia. Esses vazios, embora desconfortáveis, abrem um caminho para a introspecção e para o reencontro com o nosso propósito. É nesses momentos que nos damos conta de que não estamos sozinhos; algo maior está presente, mesmo quando não conseguimos ver. O vazio, muitas vezes, é um terreno fértil para o florescimento de uma fé renovada.

APLICAÇÃO PRÁTICA

Quando sentir um vazio, em vez de buscar preenchê-lo de imediato, permita-se sentir e explorar o que ele está te mostrando. Abra-se para a presença divina nesses momentos e use-os como uma oportunidade para uma conexão espiritual mais profunda.

CONSISTÊNCIA:
.... **/ 365**

SENTIMENTO:

ANOTAÇÕES:

....
....
....
....

193

2
julho

A potência silenciosa da gentileza

A gentileza é uma qualidade linda que os idiotas desconhecem.

Ser gentil é um dos maiores sinais de maturidade emocional. Enquanto muitos confundem gentileza com fraqueza, ela é, na verdade, uma expressão de sabedoria e força interior.

A gentileza é vista por alguns como ingenuidade ou falta de firmeza. Porém, na verdade, ser gentil exige autocontrole, empatia e um profundo respeito pelo outro. Pessoas que não compreendem o valor da gentileza estão presas em suas próprias limitações e são incapazes de perceber a verdadeira força que existe em agir com compaixão. A gentileza não tem a ver com ser passivo ou submisso; é escolher agir com humanidade, mesmo diante de situações difíceis. Quem tem a sabedoria de ser gentil, especialmente quando poderia escolher o caminho oposto, demonstra uma força interior que poucos conseguem alcançar.

APLICAÇÃO PRÁTICA

Sempre que se deparar com situações em que a gentileza parece desvalorizada, lembre-se: você não age com bondade pelo reconhecimento dos outros, mas porque isso reflete sua verdadeira força. Pratique a gentileza mesmo em cenários adversos.

CONSISTÊNCIA:
.... / 365

SENTIMENTO:

ANOTAÇÕES:

3
julho

A paz na solidão

Aprecie sua própria companhia, mesmo quando você não tem nada para fazer.

A habilidade de desfrutar da própria companhia é um sinal de autossuficiência emocional. Encontrar a paz e o prazer no silêncio e na simplicidade é uma das maiores formas de autocuidado.

Muitas pessoas evitam ficar sozinhas por medo de se confrontar com seus próprios pensamentos ou por sentir que precisam estar sempre acompanhadas. No entanto, aprender a apreciar esses momentos de solidão é essencial para o bem-estar mental e emocional. A quietude da mente, sem tarefas ou distrações, nos permite recarregar as energias, refletir sobre a vida e entrar em contato com nossa verdadeira essência. Ser capaz de desfrutar de si mesmo, mesmo quando "não há nada para fazer", é uma habilidade valiosa que nos prepara para enfrentar os desafios da vida com mais equilíbrio e tranquilidade.

APLICAÇÃO PRÁTICA

Encontre momentos para estar só consigo mesmo, sem distrações. Use esses momentos para se reconectar com sua essência e encontrar paz na simplicidade do ser.

CONSISTÊNCIA:
.... / 365

SENTIMENTO:

ANOTAÇÕES:

A sabedoria de não esperar por nada

Nem tudo na vida é esperado, mas tudo tem sua função.

A vida é cheia de surpresas e acontecimentos imprevistos. O segredo está em compreender que mesmo os momentos inesperados têm um propósito em nossa jornada.

Muitas vezes, nos deparamos com situações que não planejamos ou não desejávamos, e essas circunstâncias podem nos desestabilizar. No entanto, com o tempo, percebemos que até os eventos mais difíceis têm uma função em nossa vida. Eles nos ensinam lições valiosas, nos forçam a crescer e, muitas vezes, nos levam por caminhos que jamais teríamos explorado por conta própria. A aceitação de que nem tudo é esperado, mas que tudo tem um sentido, nos permite viver de forma mais fluida, com menos resistência e mais abertura para as oportunidades de aprendizado que surgem.

APLICAÇÃO PRÁTICA

Quando algo inesperado acontecer, em vez de resistir, tente aceitar e entender o que essa situação pode estar lhe ensinando. Encontre o propósito em cada experiência.

CONSISTÊNCIA:
.... / 365

SENTIMENTO:

ANOTAÇÕES:

5 julho

A escolha por si mesmo

*Em certos momentos da vida,
ou você escolhe a si mesmo ou fracassa.*

Há momentos em que somos confrontados com a necessidade de escolher entre agradar aos outros ou honrar nossa própria verdade. Aqueles que não escolhem a si mesmos, com frequência se veem perdidos.

Chega um ponto na vida em que precisamos tomar decisões que priorizam nosso bem-estar e autenticidade. Se passarmos a vida tentando satisfazer as expectativas de terceiros ou negando quem realmente somos, inevitavelmente fracassaremos – não perante os outros, mas perante nós mesmos. Escolher a si mesmo não é egoísmo, mas um ato de autocompaixão e respeito pela própria jornada. Quando tomamos essa decisão, criamos a possibilidade de viver uma vida alinhada com nossos valores, desejos e verdade pessoal.

APLICAÇÃO PRÁTICA

Reflita sobre as áreas da sua vida em que você pode estar se negligenciando para agradar aos outros. Tome decisões que coloquem sua felicidade e bem-estar em primeiro lugar.

CONSISTÊNCIA:
.... / 365

SENTIMENTO:

ANOTAÇÕES:

6 julho

A importância do autoconhecimento

Conhecer a si mesmo é muito mais valioso do que qualquer bem material.

Enquanto bens materiais podem ser perdidos ou substituídos, o autoconhecimento é um tesouro que nos acompanha por toda a vida, enriquecendo cada aspecto da nossa existência.

Na sociedade moderna, somos muitas vezes condicionados a buscar sucesso material como medida de valor e realização. No entanto, a verdadeira riqueza vem do conhecimento profundo de quem somos. Quando nos conhecemos bem, entendemos nossos limites, desejos, medos e paixões. Essa compreensão nos permite tomar decisões mais acertadas, criar relações mais significativas e viver com mais autenticidade. Nenhum bem material pode oferecer a paz e a sabedoria que o autoconhecimento traz.

APLICAÇÃO PRÁTICA

Dedique tempo à introspecção e ao autoconhecimento. Em vez de buscar apenas aquisições materiais, invista em sua jornada interior para descobrir quem você realmente é.

CONSISTÊNCIA:
.... / 365

SENTIMENTO:

ANOTAÇÕES:

7
julho

A imensidão interior

A imensidão nunca foi um lugar, mas sim um estado de espírito.

A vastidão que buscamos muitas vezes fora de nós está, na verdade, dentro de nós. A imensidão é um estado de espírito que transcende o espaço físico.

Com frequência, associamos a ideia de imensidão a lugares amplos – o céu, o mar, as montanhas – mas a verdadeira imensidão reside no espírito humano. Quando estamos em paz com nós mesmos, quando temos sonhos e aspirações, e quando nos conectamos com algo maior do que nós, experimentamos essa sensação de vastidão. Esse estado de espírito nos permite sentir que, mesmo nas limitações da vida cotidiana, somos parte de algo muito maior. A imensidão é expansiva e existe dentro de nós, moldando a forma como enxergamos o mundo.

APLICAÇÃO PRÁTICA

Cultive a imensidão em sua vida interna. Aprofunde suas reflexões, meditações e aspirações, e permita-se sentir a vastidão da sua própria existência, não importando onde você esteja fisicamente.

CONSISTÊNCIA:
.... / 365

SENTIMENTO:

ANOTAÇÕES:

8 julho

A expansão do amor

O amor é um movimento de expansão em todas as direções.

O amor, por sua natureza, é expansivo. Ele cresce e se espalha, tocando todos ao seu redor de formas inesperadas e profundas.

O amor verdadeiro não se limita a uma única pessoa ou a um único ato. Ele se expande em todas as direções, afetando todas as áreas da vida e todas as pessoas com quem entramos em contato. Quando amamos genuinamente, nos tornamos mais abertos, mais compassivos e mais dispostos a ajudar os outros. O amor é uma força que transcende fronteiras e limitações, unindo pessoas, curando feridas e criando conexões profundas e duradouras. Ele é um movimento contínuo de expansão que, quanto mais oferecemos, mais recebemos.

APLICAÇÃO PRÁTICA

Permita que o amor que você sente se expanda para além de seus relacionamentos mais próximos. Ame generosamente, permitindo que esse sentimento toque todos os aspectos da sua vida e as pessoas ao seu redor.

CONSISTÊNCIA:
.... / 365

SENTIMENTO:

ANOTAÇÕES:

A alegria na felicidade dos outros

*Quem celebra a felicidade alheia
entendeu o verdadeiro sentido da vida.*

Quando somos capazes de celebrar a felicidade dos outros, sem inveja ou ressentimento, demonstramos maturidade emocional e uma compreensão profunda do verdadeiro propósito da vida.

A vida não é uma competição, e o verdadeiro sentido dela está em construir conexões significativas e apoiar uns aos outros. Quando conseguimos celebrar sinceramente a felicidade de outra pessoa, mostramos que entendemos o valor da empatia e da alegria compartilhada. Isso não só fortalece nossos relacionamentos, mas também traz mais felicidade para nossas próprias vidas. A capacidade de se alegrar pelo sucesso e bem-estar dos outros reflete um coração generoso e uma alma em paz consigo mesma.

APLICAÇÃO PRÁTICA

Pratique a celebração da felicidade dos outros. Ao ver alguém alcançando algo bom, sinta-se feliz por essa pessoa e saiba que, ao espalhar alegria, você também a receberá.

CONSISTÊNCIA:
.... / 365

SENTIMENTO:

ANOTAÇÕES:

A necessidade de coerência entre mente e coração

Mudar a mente sem mudar o coração é congelar o amor.

A verdadeira mudança envolve tanto a mente quanto o coração. Quando apenas mudamos nossa forma de pensar, mas não transformamos nossas emoções, o amor fica estagnado.

 A mudança mental é importante, pois amplia nossa perspectiva e nos permite evoluir intelectualmente. No entanto, se essa mudança não for acompanhada por uma transformação emocional, ela se torna incompleta. O coração é o centro das emoções, e o amor reside nele. Quando mantemos o coração fechado ou inalterado, mesmo que nossa mente esteja aberta, o amor não consegue fluir. Para viver de forma plena, é necessário alinhar o que pensamos com o que sentimos. Quando mente e coração estão em sintonia, o amor se expande e nos torna mais completos.

APLICAÇÃO PRÁTICA

Busque a transformação tanto da mente quanto do coração. Ao adotar novas ideias ou perspectivas, certifique-se de que seu coração também está aberto para mudanças, permitindo que o amor flua livremente.

CONSISTÊNCIA:
.... / 365

SENTIMENTO:

ANOTAÇÕES:

11 julho

Coragem com responsabilidade

A diferença entre coragem e imprudência está no resultado.

A coragem é louvável, mas, sem discernimento, pode se transformar em imprudência. O que distingue as duas é o impacto de nossas ações.

A coragem nos impulsiona a agir, a enfrentar nossos medos e a tomar decisões ousadas. No entanto, a imprudência acontece quando agimos sem pensar nas consequências, movidos pelo impulso e pela falta de reflexão. O resultado é o que separa a coragem da imprudência. Quando o resultado é positivo, benéfico ou construtivo, podemos chamar isso de coragem. Mas quando a ação resulta em dano, seja para nós mesmos ou para os outros, é sinal de imprudência. A verdadeira coragem requer sabedoria, equilíbrio e consideração pelo que pode acontecer.

APLICAÇÃO PRÁTICA

Antes de agir com coragem, reflita sobre as possíveis consequências. Equilibre o impulso de agir com a sabedoria de entender os impactos de suas decisões.

CONSISTÊNCIA: .... / 365

SENTIMENTO:

ANOTAÇÕES:

Os dias de desencaixe

Há dias em que não me encaixo em lugar algum, nem em mim mesmo.

Há momentos em que nos sentimos desconectados de tudo, até de nós mesmos. Esses dias fazem parte da jornada humana e, muitas vezes, são oportunidades para reflexão e realinhamento.

Todos nós passamos por dias em que nos sentimos deslocados, como se não houvesse lugar para nós no mundo, nem mesmo em nossa própria pele. Esses momentos de desencaixe são desconfortáveis, mas também naturais. Eles nos forçam a questionar, a refletir e a procurar novas formas de nos conectarmos com o que é importante para nós. Embora sejam momentos desafiadores, também são oportunidades de autodescoberta. Ao aceitar esses dias como parte da vida, podemos aprender a navegar por eles com mais leveza e compreensão.

APLICAÇÃO PRÁTICA

Quando se sentir desencaixado, permita-se sentir o que precisa ser sentido. Use esses momentos para refletir sobre o que está causando o desajuste e busque formas de se reconectar consigo mesmo e com o mundo ao seu redor.

CONSISTÊNCIA:
.... / 365

SENTIMENTO:

ANOTAÇÕES:

13
julho

Resiliência frente aos golpes da vida

*Às vezes, a vida vai te golpear com força.
Dificulte as coisas para ela.*

A vida não é fácil e, em certos momentos, vai nos golpear de forma dura. No entanto, podemos diminuir o impacto desses golpes fortalecendo nossa resiliência e nossa capacidade de reagir.

Todos enfrentamos desafios e momentos difíceis. A diferença está na forma como reagimos a esses golpes. Quando nos fortalecemos emocionalmente, mentalmente e espiritualmente, tornamos mais difícil para a vida nos derrubar. Resiliência não significa evitar os golpes, mas sim aprender a lidar com eles, adaptando-se e crescendo com cada experiência. Quanto mais forte você se torna internamente, mais preparado estará para enfrentar as adversidades que a vida inevitavelmente traz.

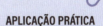

APLICAÇÃO PRÁTICA

Fortaleça sua resiliência através da autocompaixão e do aprendizado com os desafios. Dificulte para a vida, desenvolvendo sua capacidade de se levantar após cada queda.

CONSISTÊNCIA:
.... / 365

SENTIMENTO:

ANOTAÇÕES:

Profundidade nas relações

Há pessoas que são como rios, outras são como oceanos. Mergulhe nas últimas.

Algumas pessoas são como rios, com caminhos previsíveis e superfícies tranquilas, enquanto outras são como oceanos: vastas, profundas e complexas. São essas últimas que oferecem as conexões mais enriquecedoras.

As pessoas, assim como os corpos d'água, possuem diferentes níveis de profundidade. Algumas são superficiais e previsíveis, enquanto outras possuem uma vastidão de experiências, emoções e sabedoria a serem exploradas. Ao escolher com quem se conectar profundamente, busque aqueles que possuem a complexidade e a profundidade de um oceano. Essas pessoas oferecem mais do que encontros passageiros; elas proporcionam oportunidades de crescimento, aprendizado e troca emocional rica. Mergulhar em pessoas oceânicas é desafiador, mas também traz inúmeras recompensas.

APLICAÇÃO PRÁTICA

Cultive relações profundas com pessoas que oferecem mais do que superficialidade. Valorize aqueles que trazem elementos complexos e profundos à sua vida, enriquecendo suas experiências.

CONSISTÊNCIA: .... / 365

SENTIMENTO:

ANOTAÇÕES:

15
julho

A sabedoria de evitar conflitos inúteis

Nunca discuta com radicais; eles só querem ter razão.

Discutir com radicais raramente leva a um resultado positivo, pois, na maioria das vezes, eles estão mais preocupados em provar que estão certos do que em buscar a verdade ou o entendimento.

Radicais, por definição, têm visões fixas e intransigentes. Quando tentamos debater com eles, entramos em uma batalha onde o objetivo não é a troca de ideias, mas sim a afirmação de quem tem razão. Esses tipos de discussões são desgastantes e improdutivas, pois não levam ao crescimento ou à mudança de perspectiva. A sabedoria está em saber quando evitar o confronto, especialmente quando ele não trará nenhum benefício real. Preservar sua energia para diálogos construtivos é uma escolha inteligente e saudável.

APLICAÇÃO PRÁTICA

Evite discutir com pessoas que não estão abertas a ouvir ou a mudar de opinião. Concentre-se em conversas produtivas, onde haja espaço para crescimento e aprendizado mútuo.

CONSISTÊNCIA:
.... / 365

SENTIMENTO:

ANOTAÇÕES:

16 julho

A necessidade de ser consciente

Ter medo é normal, o problema é ter medo de ser consciente.

Sentir medo é natural e faz parte da experiência humana. No entanto, o verdadeiro perigo está em ter medo de enfrentar a verdade e a consciência de quem somos e do mundo ao nosso redor.

O medo é uma emoção essencial que nos protege de perigos reais, mas o medo de ser consciente pode nos paralisar de maneira profunda. Esse medo nos impede de enxergar a realidade, de nos autoconhecer e de enfrentar os desafios necessários para o crescimento. A consciência nos força a confrontar verdades que podem ser desconfortáveis, mas também nos dá o poder de mudar, evoluir e viver de forma plena. Fugir da consciência é existir de forma superficial, sem a profundidade e a clareza que ela traz.

APLICAÇÃO PRÁTICA

Enfrente o medo de ser consciente. Abra-se para o autoconhecimento e para a verdade, mesmo que isso traga desconforto inicial. A consciência é a chave para a verdadeira liberdade e para a evolução.

CONSISTÊNCIA:
.... / 365

SENTIMENTO:

ANOTAÇÕES:

A liberdade do perdão

Perdoar é libertar-se do que o feriu.

Perdoar não significa esquecer ou minimizar o que nos machucou, mas sim libertar-se do peso emocional que o passado pode carregar, permitindo-se viver plenamente no presente.

Guardar rancor e ressentimento é carregar uma carga emocional pesada, que muitas vezes nos impede de seguir em frente. O perdão é um ato de libertação pessoal, uma escolha consciente de deixar para trás o que nos feriu, para que possamos nos curar e viver com mais leveza. Perdoar não é para o benefício do outro, mas para nosso próprio bem-estar. Quando perdoamos, retiramos o poder que a dor e o passado têm sobre nós, permitindo-nos avançar em direção à paz e à reconciliação com nós mesmos.

APLICAÇÃO PRÁTICA

Pratique o perdão como um ato de autocura. Liberte-se do que lhe feriu, deixando o passado para trás e abrindo espaço para novas experiências e sentimentos positivos.

CONSISTÊNCIA:
.... / 365

SENTIMENTO:

ANOTAÇÕES:

A profundidade dos sentimentos

O sentimento é a essência da emoção.

Emoções são reações imediatas, mas os sentimentos são o que permanece, refletindo a verdadeira profundidade de nossas experiências emocionais.

As emoções podem ser rápidas e fugazes – um reflexo de um estímulo momentâneo. No entanto, os sentimentos são mais duradouros, eles moldam nossa percepção do mundo e de nós mesmos. Enquanto as emoções podem vir e ir, os sentimentos são construídos e sustentados por nossas experiências mais profundas e significativas. Eles são a essência do que nos move, guiam nossas decisões e nos conectam de forma verdadeira com os outros e com nós mesmos. Entender essa distinção nos ajuda a viver de forma mais consciente, reconhecendo e valorizando o que realmente importa em nossas emoções.

APLICAÇÃO PRÁTICA

Reflita sobre suas emoções e observe como elas se transformam em sentimentos duradouros. Valorize esses sentimentos, pois eles são a verdadeira essência de sua experiência emocional.

CONSISTÊNCIA: .... / 365

SENTIMENTO:

ANOTAÇÕES:

19
julho

A imortalidade através do legado

Construir um legado é a única forma de vencer a morte.

Embora a morte seja inevitável, podemos vencer sua intransigência ao construir um legado: algo que sobreviva a nós e continue a impactar as gerações futuras.

A vida física é finita, mas as ações, ideias e valores que cultivamos podem durar para sempre. Um legado não é apenas o que deixamos materialmente, mas o impacto que causamos nas pessoas ao nosso redor, nas nossas comunidades e no mundo. Vencer a morte significa deixar algo significativo para trás, algo que continue a influenciar e inspirar mesmo depois de nossa partida. Esse legado pode ser de amor, sabedoria, inovação ou mudança. É a soma das nossas escolhas, nossas ações e a maneira como tocamos a vida dos outros.

APLICAÇÃO PRÁTICA

Construa um legado que você se orgulharia de deixar para trás. Pense nas ações e decisões que têm impacto duradouro e trabalhe para cultivar algo que sobreviva a você.

CONSISTÊNCIA:
.... / 365

SENTIMENTO:

ANOTAÇÕES:
....
....
....
....

20
julho

O fluxo do tempo

*Você pode visitar um lugar várias vezes,
mas nunca o mesmo tempo.*

Mesmo que voltemos aos mesmos lugares, o tempo transforma tudo. Cada visita é uma nova experiência, pois nem o lugar, nem nós, somos os mesmos de antes.

O tempo é uma força poderosa que muda tudo ao seu redor. Mesmo que você retorne ao mesmo lugar inúmeras vezes, a experiência será sempre diferente, pois o tempo modifica tanto o ambiente quanto quem você é. Cada visita é moldada pelo momento, pelas circunstâncias e pela sua própria evolução pessoal. O que você viu e sentiu uma vez pode nunca mais ser replicado da mesma forma. O tempo nos ensina que tudo está em constante mudança, e essa mudança é o que faz cada experiência ser única e valiosa.

APLICAÇÃO PRÁTICA

Aproveite cada momento e cada lugar como uma experiência única, sabendo que, mesmo que você retorne, nunca será exatamente o mesmo. Aceite a impermanência e valorize o que cada instante oferece.

CONSISTÊNCIA:
.... / 365

SENTIMENTO:

ANOTAÇÕES:

21
julho

A presença dos que partiram

Meus mortos estão cada vez mais vivos em mim.

As pessoas que amamos nunca desaparecem completamente. Elas permanecem vivas em nossas memórias, em nossos corações e nas lições que nos deixaram.

A morte física não significa o fim da presença de alguém em nossas vidas. Aqueles que amamos continuam vivos dentro de nós, em nossas lembranças, em nossas atitudes e nas lições que nos ensinaram. À medida que o tempo passa, podemos até sentir que essas pessoas se tornam ainda mais presentes, influenciando nossas escolhas e guiando nossos passos. Honrar a memória dos que partiram é manter viva a sua essência dentro de nós, deixando que suas vidas continuem a ter significado e impacto.

APLICAÇÃO PRÁTICA

Celebre e mantenha vivos os que já se foram, conservando suas memórias, ensinamentos e amor em seu cotidiano. Permita que a influência deles continue a guiá-lo.

CONSISTÊNCIA:
.... / 365

SENTIMENTO:

ANOTAÇÕES:

22
julho

A compreensão no tempo

Um belo dia, o inaceitável faz sentido e você entende tudo.

Há momentos em que aquilo que parecia inaceitável ou incompreensível de repente faz sentido. Isso é um sinal de crescimento e da capacidade de entender as coisas com mais clareza com o passar do tempo.

A vida nem sempre faz sentido no momento em que os acontecimentos ocorrem. Muitas vezes, nos deparamos com situações que parecem injustas, inexplicáveis ou inaceitáveis. No entanto, com o tempo, à medida que amadurecemos e adquirimos novas perspectivas, somos capazes de ver o que antes era oculto. O inaceitável, o incompreensível, pode de repente revelar-se como uma peça essencial do quebra-cabeça da vida, mostrando-nos que tudo tem uma razão, mesmo que demore para ser compreendido. Essa nova visão não tem a ver com justificar o sofrimento, mas com encontrar significado em meio a ele.

APLICAÇÃO PRÁTICA

Se algo não faz sentido agora, confie que o tempo pode trazer novas perspectivas. A paciência e a reflexão contínua frequentemente revelam o significado escondido nas situações mais difíceis.

CONSISTÊNCIA:
.... / 365

SENTIMENTO:

ANOTAÇÕES:

23
julho

Escolhas

Você pode permitir-se retrair ou expandir.

A vida constantemente nos oferece a escolha entre expandir nossa mente e nosso coração ou nos retrair diante dos desafios. Essa decisão define o nosso crescimento pessoal.

Diante das adversidades e mudanças, somos confrontados com a opção de nos fechar ou nos abrir. Quando nos retraímos, evitamos o desconforto, mas também impedimos o crescimento. Expandir-se, por outro lado, significa aceitar os desafios, aprender com eles e crescer emocional e espiritualmente. A expansão permite que novas experiências e conhecimentos entrem em nossa vida, enquanto a retração nos mantém estagnados. Ao optar pela expansão, nos permitimos evoluir, mesmo que o processo seja incerto ou doloroso.

APLICAÇÃO PRÁTICA

Diante dos desafios, escolha expandir-se em vez de se retrair. Enfrente as situações com coragem e abertura, permitindo-se crescer com cada experiência.

CONSISTÊNCIA:
.... / 365

SENTIMENTO:

ANOTAÇÕES:

A inveja como reflexo do ódio interno

Todo invejoso destila o ódio que habita em seu coração.

A inveja não é apenas sobre desejar o que o outro tem, mas sim uma expressão do ódio e da insatisfação que a pessoa carrega dentro de si.

A inveja é uma emoção corrosiva que, mais do que revelar o desejo por algo que o outro possui, expõe a amargura e o ódio internos do invejoso. Quem sente inveja está projetando sua própria insatisfação e falta de realização nas conquistas dos outros. Em vez de admirar ou aprender com o sucesso alheio, o invejoso reage com ressentimento, muitas vezes espalhando negatividade. Esse ódio envenena não apenas suas relações, mas também sua própria paz de espírito. O primeiro passo para curar a inveja é olhar para dentro e lidar com as próprias frustrações e sentimentos de inadequação.

APLICAÇÃO PRÁTICA

Em vez de nutrir sentimentos de inveja, trabalhe seu autoconhecimento e aquilo que o conduzirá ao crescimento pessoal. Use as realizações dos outros como inspiração, não como motivo de ressentimento.

CONSISTÊNCIA:
.... / 365

SENTIMENTO:

ANOTAÇÕES:

25
julho

Deus e o poder do silêncio

Deus está no silêncio que quebramos.

O silêncio é um espaço sagrado onde podemos encontrar a presença divina. Ao cultivar o silêncio interior, permitimos que Deus se manifeste em nossa vida.

Em um mundo cheio de barulho e distrações, é fácil perder a conexão com o divino. No entanto, é no silêncio que podemos ouvir a voz de Deus, sentir Sua presença e encontrar clareza espiritual. Quando deixamos de fazer silêncio, seja interna ou externamente, dificultamos essa conexão e permitimos que o caos e a confusão tomem conta. O silêncio não é apenas a ausência de som, mas a quietude da mente e do espírito, que nos abre para insights profundos e para uma comunhão mais íntima com o divino.

APLICAÇÃO PRÁTICA

Reserve momentos diários de silêncio para se conectar com Deus e com sua essência espiritual. Use esses momentos para refletir, meditar e ouvir a voz interior que surge na quietude.

CONSISTÊNCIA:
.... / 365

SENTIMENTO:

ANOTAÇÕES:

26
julho

A relação pessoal com o divino

Tudo sempre foi e sempre será entre você e Deus.

No final das contas, nossa jornada é pessoal e única, e nossa relação com Deus é algo que transcende qualquer julgamento ou intervenção externa.

Nossa vida é, em última instância, uma jornada espiritual que acontece entre nós e Deus. Independentemente do que as outras pessoas pensem ou digam, é essa conexão íntima que realmente importa. Todas as nossas ações, escolhas e desafios são avaliados em um nível espiritual pessoal, e é em Deus que encontramos orientação, compreensão e amor incondicional. Essa relação é única e individual para cada pessoa, e deve ser cultivada com sinceridade e autenticidade, sem a necessidade de validação externa.

APLICAÇÃO PRÁTICA

Fortaleça sua relação com Deus de forma íntima e pessoal. Lembre-se de que, independentemente das opiniões alheias, é essa conexão que guiará sua jornada espiritual e pessoal.

CONSISTÊNCIA:
.... / 365

SENTIMENTO:

ANOTAÇÕES:

27
julho

O poder da coragem e da fé

*Onde existe coragem e fé,
coisas incríveis podem acontecer.*

A combinação de coragem e fé é uma força poderosa que nos permite realizar feitos extraordinários, mesmo em meio a desafios e incertezas.

Coragem é o que nos impulsiona a agir, a enfrentar nossos medos e a superar obstáculos. Fé é a confiança no que não podemos ver, mas que acreditamos ser possível. Juntas, essas duas qualidades criam uma energia capaz de transformar vidas e realizar o que antes parecia impossível. Quando agimos com coragem e mantemos a fé, abrimos espaço para que milagres e acontecimentos extraordinários floresçam em nossa vida. A coragem nos dá a força para seguir em frente, enquanto a fé nos sustenta, mesmo quando o caminho parece incerto.

APLICAÇÃO PRÁTICA

Cultive a coragem para agir e a fé para acreditar no que está além de seu controle. Confie que, com essas duas forças, coisas incríveis podem acontecer em sua vida.

CONSISTÊNCIA:
.... / 365

SENTIMENTO:

ANOTAÇÕES:

A construção de boas memórias

Viva para criar boas memórias; elas lhe farão companhia.

As experiências que vivemos e as memórias que construímos são o verdadeiro tesouro da vida. Elas permanecem conosco, confortando-nos e nos inspirando ao longo de nossa jornada.

A vida é feita de momentos, e cada um deles contribui para o mosaico de memórias que carregamos. Boas memórias são como companheiros fiéis que nos trazem conforto, alegria e um senso de propósito, mesmo em momentos difíceis. Ao viver intencionalmente, buscando criar momentos significativos com as pessoas que amamos, estamos construindo um tesouro de lembranças que nos acompanhará ao longo da vida. Essas memórias não só nos trazem alegria no presente, mas também moldam quem somos e como enxergamos o mundo.

APLICAÇÃO PRÁTICA

Dedique-se a criar boas memórias. Esteja presente nos momentos importantes, aprecie as pequenas alegrias da vida e invista em experiências que lhe trarão lembranças positivas.

CONSISTÊNCIA:
.... / 365

SENTIMENTO:

ANOTAÇÕES:

29
julho

As surpresas da vida

A vida adora reviravoltas e episódios inéditos.

A vida é cheia de reviravoltas inesperadas e momentos surpreendentes. É essa imprevisibilidade que a torna fascinante e, ao mesmo tempo, desafiadora.

A vida raramente segue o caminho que planejamos. Ela está repleta de surpresas, mudanças repentinas e momentos inéditos que nos desafiam a nos adaptar e crescer. Essas reviravoltas, embora muitas vezes inesperadas, são o que dá sabor à nossa jornada, impedindo que a vida seja monótona ou previsível. Encarar essas mudanças com abertura e flexibilidade nos permite navegar pelos altos e baixos com mais leveza e resiliência. São esses episódios inéditos que, muitas vezes, trazem as maiores oportunidades de aprendizado e transformação.

APLICAÇÃO PRÁTICA

Aceite as reviravoltas da vida como parte da sua jornada. Em vez de resistir, abrace as mudanças e aproveite as oportunidades que surgem dos momentos inesperados.

CONSISTÊNCIA: .... / 365

SENTIMENTO:

ANOTAÇÕES:

A felicidade nas relações

A felicidade é o caminho que percorremos juntos.

A verdadeira felicidade é encontrada nas conexões que formamos ao longo da vida, e não apenas nos destinos que alcançamos. Ela é um caminho que percorremos ao lado daqueles que amamos.

A felicidade não é um objetivo final a ser alcançado, mas sim o caminho que trilhamos ao lado das pessoas que tornam a vida mais significativa. São as relações, os momentos compartilhados e as experiências vividas juntos que trazem verdadeira alegria. Quando entendemos que a felicidade está nos laços que formamos e nas jornadas que percorremos com os outros, passamos a valorizar mais as conexões e a maneira como construímos nossa vida em comunidade. A caminhada ao lado de quem amamos é o que realmente enriquece a nossa experiência de vida.

APLICAÇÃO PRÁTICA

Valorize as pessoas que caminham ao seu lado. A felicidade está nas experiências compartilhadas e nas conexões profundas que criamos ao longo da nossa jornada.

CONSISTÊNCIA:
.... / 365

SENTIMENTO:

ANOTAÇÕES:

A completude interior
Ser inteiro em si mesmo é a chave da felicidade.

A felicidade verdadeira só pode ser alcançada quando estamos inteiros e em paz conosco, sem depender de fatores externos para nos completar.

A busca pela felicidade muitas vezes nos leva a procurar algo ou alguém que nos faça sentir completos. No entanto, a verdadeira felicidade vem de dentro, de estar em paz e em harmonia consigo. Ser inteiro significa se conhecer profundamente, aceitar suas falhas e qualidades, e não depender dos outros ou das circunstâncias externas para se sentir feliz. Quando somos inteiros, conseguimos viver com mais autenticidade e plenitude, e qualquer felicidade externa que recebemos é um bônus, não uma necessidade.

APLICAÇÃO PRÁTICA

Trabalhe para ser inteiro em si mesmo. Pratique o autoconhecimento e a autoaceitação, e descubra que a felicidade verdadeira reside em quem você é, e não no que você tem.

CONSISTÊNCIA:
.... / 365

SENTIMENTO:

ANOTAÇÕES:

A ressurgência do fundo do poço

Um belo dia, descobrimos que no fundo do poço há uma mola.

Quando pensamos ter atingido o fundo do poço, muitas vezes descobrimos que há uma força escondida que nos impulsiona de volta à superfície – essa força é a mola da resiliência.

A vida pode nos levar a momentos de extrema dificuldade, onde sentimos que atingimos o fundo do poço. No entanto, é nesses momentos que descobrimos nossa verdadeira força e capacidade de recuperação. No fundo do poço, encontramos a "mola" que nos impulsiona para cima, nos ajudando a superar os desafios e a voltar mais fortes do que antes. A mola simboliza a resiliência que existe dentro de cada um de nós, uma força latente que muitas vezes só descobrimos quando estamos nos nossos momentos mais baixos. Essa experiência nos ensina que, por pior que as coisas possam parecer, há sempre a possibilidade de um novo começo.

APLICAÇÃO PRÁTICA

Quando se encontrar em um momento difícil, lembre-se de que, no fundo do poço, há uma mola. Use sua resiliência para se reerguer e superar os desafios com força e esperança renovadas.

CONSISTÊNCIA:
.... / 365

SENTIMENTO:

ANOTAÇÕES:

O fardo do conhecimento não compartilhado

O conhecimento não compartilhado adoece quem o possui.

O conhecimento, quando guardado apenas para si, perde seu valor e pode se tornar um peso. Compartilhá-lo é a chave para o crescimento pessoal e coletivo.

O conhecimento foi feito para ser distribuído, não acumulado egoisticamente. Quando uma pessoa guarda para si aquilo que aprendeu, acaba carregando um fardo desnecessário. A partilha do saber beneficia a todos, promovendo a evolução tanto de quem ensina quanto de quem aprende. Além disso, o conhecimento, quando mantido em segredo, tende a se estagnar e perder sua vitalidade, além de adoecer o coração e a mente de quem o carrega, pois o crescimento verdadeiro só acontece quando estamos dispostos a dividir o que aprendemos com os outros.

APLICAÇÃO PRÁTICA

Sempre que adquirir conhecimento, busque oportunidades de compartilhá-lo. Ensinar e dividir suas experiências fortalece sua própria compreensão e contribui para o crescimento de quem está ao seu redor.

CONSISTÊNCIA:
.... / 365

SENTIMENTO:

ANOTAÇÕES:
....
....
....
....

3
agosto

Cerque-se de pessoas de luz

Os melhores presentes de Deus são pessoas de luz em nossa vida.

Algumas pessoas entram em nossas vidas como verdadeiros presentes de Deus, trazendo luz, amor e sabedoria. Elas são fontes de inspiração e consolo.

Deus nos presenteia de diversas maneiras e uma das formas mais especiais é através das pessoas de luz que cruzam nosso caminho. Elas irradiam bondade, compaixão e entendimento, iluminando nossos momentos de escuridão. Esses seres nos ajudam a ver o melhor em nós mesmos e a trilhar caminhos de paz e sabedoria. Tais pessoas são bênçãos que nos fortalecem espiritual e emocionalmente, e sua presença em nossa vida é uma prova de que Deus cuida de nós por meio das relações que estabelecemos.

APLICAÇÃO PRÁTICA

Valorize as pessoas de luz em sua vida. Seja grato por sua presença e permita que sua influência positiva continue iluminando seu caminho.

CONSISTÊNCIA:
.... / 365

SENTIMENTO:

ANOTAÇÕES:

Os desafios como provas de fé

Tudo que nos desafia testa a nossa fé.

Cada desafio que enfrentamos na vida é uma oportunidade para fortalecer nossa fé. É nos momentos difíceis que descobrimos a profundidade de nossa crença.

Os desafios, embora desconfortáveis, são os maiores testes para a nossa fé. Quando tudo está bem, é fácil manter a confiança e a esperança. Entretanto, é nas tempestades da vida que a fé é verdadeiramente colocada à prova. Esses momentos difíceis nos forçam a confiar em algo maior do que nós mesmos, a acreditar que, apesar das circunstâncias adversas, há um propósito maior. A fé nos dá força para continuar, mesmo quando o caminho é incerto. Cada desafio que enfrentamos nos aproxima de nossa essência espiritual e reforça nossa crença no poder da superação.

APLICAÇÃO PRÁTICA

Encare os desafios da vida como testes para sua fé. Use esses momentos para aprofundar sua conexão espiritual e fortalecer sua confiança no futuro.

CONSISTÊNCIA: .... / 365

SENTIMENTO:

ANOTAÇÕES:

5
agosto

A marca do amor na saudade

A saudade é uma tatuagem que o amor faz na alma.

A saudade é uma marca indelével que o amor deixa em nossa alma. Ela nos lembra de pessoas e momentos que foram importantes e que continuam vivos em nossas lembranças.

A saudade é o reflexo da profundidade do amor que sentimos. Quando alguém parte ou quando um momento especial passa, o que resta é essa tatuagem invisível, mas profundamente sentida, que o amor deixa em nossa alma. A saudade nos lembra de que aquilo que foi amado nunca desaparece completamente. Ela é uma forma de manter vivo o que já passou, um laço entre o presente e o passado. Embora dolorosa, a saudade também é um tributo ao amor, uma prova de que o que sentimos foi real e importante.

APLICAÇÃO PRÁTICA

Quando sentir saudade, acolha esse sentimento como uma forma de honrar o amor que você viveu. Permita que ele mantenha viva a conexão com as pessoas e os momentos que marcaram sua vida.

CONSISTÊNCIA:
.... / 365

SENTIMENTO:

ANOTAÇÕES:

6
agosto

O legado do adeus

Cuide para que cada adeus possa eternizá-lo em alguém.

Cada despedida que fazemos é uma oportunidade de deixar uma marca positiva e duradoura na vida de quem fica. Um adeus pode ser a lembrança de uma conexão eterna.

As despedidas são inevitáveis, mas o impacto que deixamos nas pessoas pode durar para sempre. Um adeus dito com amor, gratidão e respeito tem o poder de nos eternizar na memória e no coração de quem fica. As palavras e os gestos que escolhemos ao nos despedir são importantes, pois podem se tornar a última lembrança que alguém guarda de nós. Ao cuidar para que cada adeus seja significativo, construímos legados emocionais que transcendem o tempo, perpetuando nossa presença de forma amorosa e positiva.

APLICAÇÃO PRÁTICA

Sempre que se despedir de alguém, faça-o com amor e respeito. Deixe uma impressão duradoura que transmita aquilo que você realmente deseja que seja lembrado.

CONSISTÊNCIA:
.... / 365

SENTIMENTO:

ANOTAÇÕES:

A coragem diante do medo

*A coragem não é a ausência de medo,
mas sim avançar apesar dele.*

A verdadeira coragem não reside em não sentir medo, mas sim em avançar, mesmo quando estamos amedrontados. O medo é parte da jornada, mas não precisa nos paralisar.

Todos nós sentimos medo em algum momento. Ele é uma emoção natural e, muitas vezes, protetora. No entanto, o que distingue a coragem é a capacidade de seguir em frente apesar dos temores. Coragem é o ato de confiar em si mesmo, em suas habilidades e no processo da vida, mesmo quando as circunstâncias são assustadoras ou incertas. Avançar com medo é um sinal de força interior, pois mostra que estamos dispostos a enfrentar o desconhecido e crescer com ele. O medo pode ser um companheiro, mas a coragem é o guia que nos leva adiante.

APLICAÇÃO PRÁTICA

Quando sentir medo, reconheça-o, mas não permita que ele o impeça de avançar. Use sua coragem para enfrentar os desafios, sabendo que o crescimento vem da superação do medo.

CONSISTÊNCIA:
.... / 365

SENTIMENTO:

ANOTAÇÕES:

8
agosto

O alicerce de boas memórias

*Viva para construir boas memórias.
Elas serão sua base sempre.*

As memórias que criamos ao longo da vida são a fundação de quem somos. Elas nos sustentam em momentos de dificuldade e trazem alegria nos tempos de calmaria.

A vida é uma coleção de momentos, e são as boas memórias que nos fortalecem e nos dão um sentido de continuidade. Essas lembranças servem como um alicerce emocional, nos dando suporte quando enfrentamos desafios e nos lembrando de que a vida tem muito a oferecer, mesmo em meio às dificuldades. Construir boas memórias é garantir que, no futuro, teremos algo positivo para nos apoiar, algo que nos reconecte com as pessoas que amamos e com os momentos de felicidade que vivemos.

APLICAÇÃO PRÁTICA

Dedique-se a criar boas memórias com as pessoas que você ama. Valorize os momentos simples e especiais, pois são eles que se tornarão sua base emocional no futuro.

CONSISTÊNCIA:
.... / 365

SENTIMENTO:

ANOTAÇÕES:

9
agosto

A morada nos afetos

Minha morada é — e sempre será — dentro dos meus maiores afetos.

Nossa verdadeira casa é construída com os afetos que cultivamos. É nas relações mais significativas que encontramos o abrigo emocional de que tanto precisamos.

A morada que buscamos ao longo da vida não é um lugar físico, mas sim os laços de afeto que construímos com as pessoas que amamos. Esses laços formam um espaço seguro, onde podemos ser nós mesmos, sentir amor e acolhimento. Quando temos afetos profundos e verdadeiros, sentimos que estamos em casa, independentemente de onde estivermos fisicamente. A segurança emocional que esses relacionamentos nos proporcionam é o que realmente importa, pois é dentro desses laços que encontramos conforto e paz.

APLICAÇÃO PRÁTICA

Cultive os afetos que trazem segurança e amor à sua vida. Lembre-se de que sua verdadeira morada está nas relações que nutrem sua alma.

CONSISTÊNCIA:
.... / 365

SENTIMENTO:

ANOTAÇÕES:

10
agosto

A cura através do autoconhecimento

*Sem autoconhecimento
é impossível se curar de si mesmo.*

A verdadeira cura só é possível quando nos conhecemos profundamente. O autoconhecimento é o caminho para entender nossas dores e encontrar um remédio para elas.

Todos nós carregamos feridas emocionais, inseguranças e padrões de comportamento que podem nos prejudicar. O autoconhecimento é a chave para identificar essas questões e iniciar o processo de cura. Quando nos conhecemos verdadeiramente, entendemos nossas motivações, medos e limitações, e somos capazes de trabalhar neles de forma consciente. Sem essa compreensão, continuamos presos aos mesmos ciclos de dor e frustração, sem saber como avançar. A cura começa com a disposição de olhar para dentro e confrontar o que precisa ser transformado.

APLICAÇÃO PRÁTICA

Invista tempo em conhecer a si mesmo. Reflita sobre seus padrões de comportamento, medos e feridas emocionais, e use esse conhecimento para iniciar seu processo de cura e crescimento.

CONSISTÊNCIA:
.... / 365

SENTIMENTO:

ANOTAÇÕES:

11
agosto

A reciprocidade da gentileza

Aprenda a ser gentil e a servir àqueles que lhe servem.

A gentileza é um gesto poderoso que fortalece os laços entre as pessoas. Aprender a ser gentil e a servir àqueles que estão ao nosso lado é uma forma de criar uma rede de apoio mútua e saudável.

A gentileza tem o poder de transformar relações e criar ambientes de respeito e cooperação. Quando reconhecemos o valor daqueles que nos servem, seja em casa, no trabalho ou na vida cotidiana, e retribuímos com gestos de gratidão e apoio, estamos fortalecendo esses laços de forma significativa. Servir a quem nos serve não é apenas uma questão de cortesia, mas de justiça e reciprocidade. Quando agimos com gentileza e respeito, criamos uma rede de apoio que nos sustenta em tempos difíceis e promove o bem-estar coletivo.

APLICAÇÃO PRÁTICA

Pratique a gentileza e a reciprocidade diariamente. Agradeça e sirva àqueles que estão ao seu redor, reconhecendo o valor das relações que contribuem para o seu bem-estar.

CONSISTÊNCIA: .... / 365

SENTIMENTO:

ANOTAÇÕES:

12
agosto

Conexões profundas

Há pessoas com quem nos encaixamos tão bem que parecem viver dentro de nós.

Algumas pessoas entram em nossas vidas de forma tão harmoniosa que parecem que já fazem parte de nossa alma, vivendo dentro de nós e ressoando em nossos pensamentos e naquilo que sentimos.

Certas conexões humanas são tão profundas que vão além de uma simples amizade ou relacionamento. Elas parecem transcender o tempo e o espaço, como se essas pessoas sempre tivessem feito parte de quem somos. Esse tipo de conexão nos preenche de maneira única, trazendo uma sensação de completude e entendimento mútuo. Essas pessoas não apenas compartilham momentos conosco, mas também se tornam parte de nossa essência, influenciando nossa forma de pensar, sentir e agir. Quando encontramos essas almas, sentimos que algo em nós foi finalmente compreendido e acolhido.

APLICAÇÃO PRÁTICA

Valorize as pessoas que se conectam com você dessa maneira profunda. Mantenha esses laços próximos e permita que essas conexões enriqueçam sua vida emocional e espiritual.

CONSISTÊNCIA:
.... / 365

SENTIMENTO:

ANOTAÇÕES:

O equilíbrio entre ganhar e perder
Sucesso e fracasso são dois lados da mesma moeda.

Sucesso e fracasso são elementos inseparáveis na jornada da vida. Um não existe sem o outro e ambos são necessários para o crescimento pessoal.

O fracasso é muitas vezes visto como o oposto do sucesso, mas, na realidade, eles são complementares. Cada fracasso carrega lições valiosas que nos preparam para o sucesso e cada sucesso é uma celebração dos erros superados. A vida é feita de altos e baixos, e ambos são partes essenciais do nosso aprendizado. Quando abraçamos o fracasso como parte do processo, ele se torna uma ferramenta para o crescimento, em vez de algo a ser temido. O sucesso, por sua vez, deve ser apreciado, mas com a consciência de que novos desafios e possíveis fracassos também farão parte do caminho.

APLICAÇÃO PRÁTICA
Encare tanto o sucesso quanto o fracasso como oportunidades de aprendizado. Saiba que ambos são necessários para o seu desenvolvimento e que um não existe sem o outro.

CONSISTÊNCIA: .... / 365

SENTIMENTO:

ANOTAÇÕES:

14 agosto

A vitória no desprendimento

Quem desiste de uma briga é o verdadeiro vencedor.

Às vezes, a maior vitória vem não de vencer uma briga, mas de desistir dela. O verdadeiro vencedor é aquele que sabe quando parar e preservar sua paz.

Muitas vezes, somos ensinados a acreditar que vencer uma briga é uma prova de força e determinação. No entanto, saber desistir de um conflito, especialmente quando ele é improdutivo ou prejudicial, requer muito mais sabedoria e autocontrole. A verdadeira vitória não está em provar que estamos certos, mas em preservar nossa serenidade e evitar desgastes desnecessários. Desistir de uma briga não é fraqueza; é um ato de inteligência emocional, uma escolha consciente de não gastar energia em situações que não trazem nenhum benefício real.

APLICAÇÃO PRÁTICA

Quando se encontrar em uma discussão ou conflito, pergunte a si mesmo se vale a pena continuar. Se não, tenha a coragem de desistir e preservar sua paz.

CONSISTÊNCIA:
.... / 365

SENTIMENTO:

ANOTAÇÕES:

15
agosto

O poder do não

Aprender a dizer "não" é garantir que irão respeitá-lo.

Dizer "não" é uma habilidade essencial para estabelecer limites e garantir o respeito dos outros. Aprender a negar de forma assertiva é um ato de autocuidado.

Muitas vezes, temos dificuldade em dizer "não" por medo de desapontar os outros ou sermos vistos de forma negativa. No entanto, aprender a estabelecer limites claros é fundamental para que as pessoas respeitem nosso tempo, energia e bem-estar. Quando somos firmes e sabemos recusar aquilo que não nos serve ou nos sobrecarrega, colocamos em prática o autocuidado. O respeito surge quando mostramos aos outros que temos consciência de nossas necessidades e que não estamos dispostos a nos sacrificar em detrimento do nosso equilíbrio emocional e físico.

APLICAÇÃO PRÁTICA

Pratique dizer "não" com confiança e respeito. Ao fazer isso, você estabelece limites saudáveis e garante que os outros respeitem suas necessidades e prioridades.

CONSISTÊNCIA:
.... / 365

SENTIMENTO:

ANOTAÇÕES:
....
....
....
....

O perigo de agradar a todos

Agradar a todos é apostar no fracasso do amor-próprio.

Tentar agradar a todos é uma missão impossível que nos leva ao desgaste emocional e à perda do amor-próprio. A chave para uma vida plena é agradar a si mesmo, sem negligenciar suas próprias necessidades.

Quando nos esforçamos para agradar a todos, sacrificamos partes essenciais de quem somos. A constante necessidade de aprovação externa nos desconecta de nossa verdadeira essência e nos afasta do que realmente importa: o amor e o respeito por nós mesmos. A busca por agradar a todos é uma receita certa para o fracasso, pois é impossível satisfazer as expectativas de todos ao nosso redor. O amor-próprio, por outro lado, é construído quando honramos nossas próprias necessidades, desejos e limites, sem a pressão de sermos perfeitos ou agradáveis para todos.

APLICAÇÃO PRÁTICA

Pare de tentar agradar a todo mundo e comece a focar no que é importante para você. Honre suas próprias necessidades e desejos, e cultive o amor-próprio acima da necessidade de validação externa.

CONSISTÊNCIA:
.... / 365

SENTIMENTO:

ANOTAÇÕES:

A coragem e o conhecimento moldam a vida

A vida será do tamanho da sua coragem e do seu conhecimento.

A vida que construímos é diretamente proporcional à coragem que temos de enfrentar desafios e ao conhecimento que adquirimos ao longo do caminho.

O conhecimento nos dá as ferramentas para tomar decisões sábias e explorar novas possibilidades. A coragem, por sua vez, nos impulsiona a ir além do medo e das limitações, permitindo-nos viver de forma plena e autêntica. Quando combinamos o aprendizado contínuo com a ousadia de enfrentar o desconhecido, nossa vida se torna mais rica, diversificada e repleta de oportunidades. A vida progride na medida em que nos permitimos aprender e ousar.

APLICAÇÃO PRÁTICA

Cultive tanto a coragem quanto o conhecimento. Esteja sempre disposto a aprender algo novo e a enfrentar os desafios da vida com confiança e determinação.

CONSISTÊNCIA: .... / 365

SENTIMENTO:

ANOTAÇÕES:

18
agosto

A diferença entre ambição e ganância

A ambição tem a ver com esforço; a ganância, com inveja.

Ambição é o desejo saudável de crescer e alcançar novos patamares através do esforço. A ganância, por sua vez, é um impulso destrutivo, alimentado pela inveja e pela insatisfação.

Ambição e ganância são frequentemente confundidas, mas suas motivações são muito diferentes. A ambição é um desejo legítimo de alcançar objetivos e melhorar a vida por meio de trabalho árduo e dedicação. Ela é movida pelo propósito de crescimento pessoal e realização. A ganância, por outro lado, é impulsionada pela inveja e pelo desejo de ter mais do que os outros, sem considerar o esforço ou as consequências. Enquanto a ambição constrói, a ganância destrói, levando à insatisfação e ao conflito. O segredo está em equilibrar o desejo de sucesso com a integridade e a gratidão pelo que já foi conquistado.

APLICAÇÃO PRÁTICA

Foque em sua ambição saudável, trabalhando com dedicação e propósito para alcançar suas metas. Evite a ganância, lembrando-se de que a verdadeira realização vem do esforço, não da comparação com os outros.

CONSISTÊNCIA:
.... / 365

SENTIMENTO:

ANOTAÇÕES:

19
agosto

A necessidade de companheirismo no amor

Case-se com alguém com quem você possa brincar e conversar por toda a vida.

Mais do que qualquer outra qualidade, a base de um relacionamento duradouro é o companheirismo. Brincar e conversar com seu parceiro são atividades essenciais para uma vida compartilhada com leveza e profundidade.

Um casamento ou relacionamento duradouro não se sustenta apenas com paixão ou atração física. O verdadeiro alicerce de uma união está na amizade, no bom humor e na comunicação constante. Poder brincar, rir e ter conversas significativas com seu parceiro são sinais de que existe uma conexão profunda e saudável. A vida é feita de desafios e momentos difíceis, e ter alguém ao lado com quem você pode compartilhar tanto a seriedade quanto a leveza do dia a dia torna essa jornada muito mais rica e satisfatória.

APLICAÇÃO PRÁTICA

Valorize o companheirismo em seu relacionamento. Cultive o hábito de brincar, rir e conversar com seu parceiro, pois são esses momentos que fortalecerão o laço entre vocês ao longo da vida.

CONSISTÊNCIA:
.... / 365

SENTIMENTO:

ANOTAÇÕES:

20 agosto

A vulnerabilidade da traição

*Só seremos traídos pelos "amigos",
pois são neles em que confiamos.*

A traição só pode ocorrer onde existe confiança. São aqueles que consideramos amigos e em quem acreditamos que têm a capacidade de nos ferir mais profundamente.

A confiança é o alicerce de qualquer relacionamento, e é exatamente por isso que a traição dói tanto. Só podemos ser traídos por aqueles a quem oferecemos nossa confiança e amizade. Quando essa confiança é quebrada, sentimos a dor da decepção e a vulnerabilidade de perceber que aqueles que mais estimamos também têm o poder de nos ferir. No entanto, essas experiências também nos ensinam a ser mais seletivos com quem confiamos e a valorizar ainda mais as amizades verdadeiras que se mantêm firmes, mesmo diante das dificuldades.

APLICAÇÃO PRÁTICA

Seja cuidadoso com as amizades em que deposita sua confiança. Valorize os amigos que são leais e verdadeiros, e use as experiências de traição para aprender e crescer, sem perder a capacidade de confiar.

CONSISTÊNCIA:
.... **/ 365**

SENTIMENTO:

ANOTAÇÕES:

21
agosto

O amor como essência da felicidade

O amor é a felicidade da alma.

O amor é a fonte mais pura de felicidade. Ele nutre a alma, traz paz e enriquece nossa vida de uma forma que nada mais pode proporcionar.

O amor é a energia que alimenta nossa alma e nos conecta com o que há de mais elevado em nós e nos outros. Ele é a essência da felicidade porque nos tira de nós mesmos e nos une a algo maior – seja uma pessoa, uma causa ou o próprio sentido da vida. Quando amamos e somos amados, sentimos uma plenitude que preenche todas as lacunas da existência. O amor, em suas várias formas, traz alegria, conforto e propósito, transformando até os momentos mais simples em experiências ricas e significativas.

APLICAÇÃO PRÁTICA

Cultive o amor em todas as suas formas: pelo próximo, por si mesmo e pela vida. O amor é o que trará felicidade duradoura à sua alma.

CONSISTÊNCIA: .... / 365

SENTIMENTO:

ANOTAÇÕES:

Sabedoria para a alma

Sabedoria é o conhecimento a favor da evolução espiritual.

A sabedoria vai além do simples acúmulo de conhecimento. Ela é o uso consciente dessa erudição para promover nossa evolução espiritual e moral.

Saber muito não é o mesmo que ser sábio. A sabedoria é a capacidade de aplicar o conhecimento de forma a enriquecer nossa vida espiritual e contribuir para o crescimento pessoal e coletivo. A verdadeira sabedoria implica compreender a natureza das coisas, a interconexão entre as pessoas e a importância de agir com empatia, compaixão e respeito. Quando o conhecimento é utilizado para nosso desenvolvimento espiritual, ele se torna uma ferramenta para nos aproximar do que realmente importa: a evolução da alma e a harmonia com o universo.

APLICAÇÃO PRÁTICA

Use o conhecimento que adquire para sua evolução espiritual. Busque sabedoria em suas ações e nas escolhas que promovam seu crescimento interior.

CONSISTÊNCIA:
.... / 365

SENTIMENTO:

ANOTAÇÕES:

23
agosto

A cura no reconhecimento de nossos vazios

Quando você se cansar de preencher seus vazios, a cura chegará.

A verdadeira cura emocional e espiritual só acontece quando paramos de tentar preencher nossos vazios com distrações externas e começamos a enfrentá-los de forma sincera.

Na busca por preencher nossos vazios, muitas vezes recorremos a coisas superficiais: compras, relacionamentos passageiros, distrações temporárias. No entanto, esses preenchimentos são apenas paliativos e o vazio continua existindo. A cura real só acontece quando paramos de fugir do que nos falta e encaramos nossos sentimentos com coragem. Reconhecer e aceitar nossos vazios é o primeiro passo para transformá-los em plenitude. É nesse momento que encontramos a paz e o crescimento pessoal, pois a cura vem da introspecção e do autoconhecimento.

APLICAÇÃO PRÁTICA

Ao se sentir vazio, resista à tentação de buscar soluções externas e momentâneas. Em vez disso, olhe para dentro e enfrente seus sentimentos. Só assim a verdadeira cura acontecerá.

CONSISTÊNCIA:
.... / 365

SENTIMENTO:

ANOTAÇÕES:

24 agosto

O fluxo da reciprocidade

Hoje e sempre, deseje a todos reciprocidade da — e com a —vida.

A reciprocidade é uma das leis fundamentais da vida. O que oferecemos ao mundo – em atitudes, sentimentos e ações – retorna para nós de alguma forma.

Viver em equilíbrio com o princípio da reciprocidade é essencial para o bem-estar. Quando damos amor, compaixão e respeito, recebemos o mesmo em troca. Isso não significa que as pessoas com quem interagimos sempre retribuirão diretamente, mas que o universo responde à energia que emitimos. Essa troca constante entre o que oferecemos e o que recebemos é o que mantém a harmonia em nossas relações e na nossa jornada. A reciprocidade com a vida é um ciclo contínuo de dar e receber, que nos permite crescer e florescer.

APLICAÇÃO PRÁTICA

Pratique a reciprocidade em suas ações diárias. Seja generoso com o que tem a oferecer e confie que a vida lhe retornará na mesma medida, muitas vezes de maneiras inesperadas.

CONSISTÊNCIA: .... / 365

SENTIMENTO:

ANOTAÇÕES:

A sabedoria da criança interior

Quando eu crescer, quero ser criança de novo.

Embora a maturidade traga responsabilidades e complexidades, existe uma sabedoria profunda na simplicidade e na alegria que as crianças experimentam. Retornar à essência da infância é reconectar-se com a pureza e o prazer da vida.

Crescer é inevitável, mas perder a capacidade de ver o mundo com os olhos de uma criança pode ser um erro. As crianças têm uma visão de mundo cheia de curiosidade, alegria e despreocupação, qualidades que muitas vezes são perdidas na vida adulta. Ao resgatar essa parte de nós – a criança interior – podemos recuperar a leveza e a simplicidade que tornam a vida mais divertida e significativa. Ser criança de novo é, em muitos sentidos, um retorno à autenticidade, à capacidade de viver no presente e de encontrar alegria nas coisas mais simples.

APLICAÇÃO PRÁTICA
Permita-se conectar com sua criança interior. Busque a simplicidade, a alegria e a leveza em sua vida, lembrando-se de que a verdadeira felicidade muitas vezes está nas coisas mais simples.

CONSISTÊNCIA:
.... / 365

SENTIMENTO:

ANOTAÇÕES:

26
agosto

Livrar-se do que dói

*Abandone o que o machuca.
Isso vale para pessoas e sapatos.*

Assim como um sapato apertado causa dor e desconforto, certas pessoas e situações podem fazer o mesmo em nossa vida. O segredo para o bem-estar está em abandonar o que nos fere.

A vida é muito curta para tolerarmos dores desnecessárias, sejam elas causadas por relacionamentos tóxicos, situações opressoras ou até objetos físicos que nos incomodam. Assim como nos livramos de um sapato que machuca, devemos aprender a deixar para trás pessoas ou circunstâncias que não acrescentam valor ou que nos causam sofrimento. Persistir em algo que nos machuca só nos impede de encontrar o conforto e a felicidade que merecemos. Abandonar o que causa dor é um ato de autocuidado e respeito próprio.

APLICAÇÃO PRÁTICA

Faça uma avaliação honesta das coisas e pessoas que trazem dor à sua vida. Não tenha medo de abandonar aquilo que não lhe serve mais, pois o verdadeiro alívio vem quando deixamos ir o que nos machuca.

CONSISTÊNCIA:
.... / 365

SENTIMENTO:

ANOTAÇÕES:

A profundidade de uma relação verdadeira

Você quer uma relação ou só quer que alguém o queira?

Antes de entrar em um relacionamento, é importante refletir se estamos buscando uma conexão autêntica e profunda, ou se simplesmente ansiamos pela sensação de sermos desejados.

Há uma diferença significativa entre querer uma relação verdadeira, baseada em conexão mútua, e simplesmente buscar a validação que vem de ser desejado por alguém. Relacionamentos autênticos exigem comprometimento, comunicação e respeito. Já o desejo de ser apenas querido é mais superficial e muitas vezes nasce de inseguranças ou da necessidade de aprovação. Entrar em uma relação por essa razão pode levar à frustração, pois a base não será sólida. A verdadeira felicidade em um relacionamento vem quando ambos os parceiros buscam uma conexão genuína e significativa.

APLICAÇÃO PRÁTICA

Antes de entrar em uma relação, pergunte-se se está buscando uma conexão real ou apenas a sensação de ser desejado. Escolha construir relações que sejam baseadas em valores profundos e reciprocidade.

CONSISTÊNCIA:
.... / 365

SENTIMENTO:

ANOTAÇÕES:

28 agosto

A força no caminho

*A vida nunca fica mais fácil;
nós é que ficamos mais fortes.*

Os desafios da vida são inevitáveis e nunca desaparecem completamente. O que muda é a nossa capacidade de enfrentá-los à medida que nos tornamos mais fortes.

Muitas vezes, desejamos que a vida se torne mais fácil, mas a verdade é que os desafios nunca param de surgir. No entanto, à medida que vencemos cada obstáculo, desenvolvemos resiliência, sabedoria e força interior. A vida não fica mais fácil, mas nós mudamos. Nós nos tornamos mais capacitados para lidar com as adversidades, com uma compreensão mais profunda de nossas capacidades e limites. A cada dificuldade superada, acumulamos força emocional e mental, o que nos permite enfrentar os novos desafios com mais confiança e serenidade.

APLICAÇÃO PRÁTICA

Em vez de esperar que a vida se torne mais fácil, concentre-se em fortalecer sua mente e espírito. Cada desafio que você supera é uma oportunidade de se tornar mais forte e mais preparado para o que está por vir.

CONSISTÊNCIA:
.... / 365

SENTIMENTO:

ANOTAÇÕES:

A liberdade de ser autêntico

Nunca tente se encaixar nas expectativas dos outros.

Viver de acordo com as expectativas alheias é uma forma de aprisionamento. A verdadeira liberdade está em ser quem se é, independentemente do que os outros esperam de você.

Muitas pessoas passam a vida tentando se encaixar nas expectativas de familiares, amigos, sociedade ou colegas de trabalho. No entanto, essa tentativa constante de agradar aos outros pode nos afastar de nossa verdadeira essência. Viver uma vida autêntica significa reconhecer e honrar suas próprias necessidades, desejos e valores, sem se deixar moldar pelo que os outros esperam. A tentativa de corresponder às expectativas externas pode levar a uma vida de frustração e desconexão. O caminho para a verdadeira felicidade e realização é ser fiel a si mesmo.

APLICAÇÃO PRÁTICA

Reflita sobre as áreas de sua vida em que está tentando se encaixar nas expectativas dos outros. Liberte-se dessas pressões e viva de acordo com sua verdade, sem medo de ser autêntico.

CONSISTÊNCIA:
.... / 365

SENTIMENTO:

ANOTAÇÕES:

30
agosto

A interconexão com a natureza

Somos parte da natureza. A saúde dela é a nossa também.

Nós, seres humanos, somos uma extensão da natureza. Quando a natureza sofre, nós também sofremos. Nossa saúde está diretamente ligada à saúde do ambiente ao nosso redor.

É fácil esquecer, em nosso estilo de vida moderno, que somos parte integrante da natureza. No entanto, nossas vidas estão intimamente ligadas ao bem-estar do planeta. A destruição da natureza pela poluição, o desmatamento e as mudanças climáticas, para citar apenas algumas ameaças, afeta diretamente nossa saúde física, mental e espiritual. Quando cuidamos da natureza, cuidamos de nós mesmos, pois ela nos fornece o ar que respiramos, a água que bebemos e os alimentos que consumimos. Respeitar e proteger o meio ambiente não é apenas uma questão de preservação ecológica, mas também de autocuidado e sobrevivência.

APLICAÇÃO PRÁTICA

Adote práticas sustentáveis em sua vida cotidiana, sabendo que cuidar da natureza é cuidar de você mesmo. Pequenas mudanças em seus hábitos podem ter um grande impacto na saúde do planeta e, consequentemente, na sua.

CONSISTÊNCIA:
.... / 365

SENTIMENTO:

ANOTAÇÕES:

A tríade da identidade
Sentir, pensar e agir formatam quem somos.

Nossas emoções, pensamentos e ações se entrelaçam para formar nossa identidade. Quem somos é o resultado dessa interação contínua entre o sentir, o pensar e o agir.

A forma como sentimos, pensamos e agimos define quem somos e como nos apresentamos ao mundo. As emoções são a força motriz de muitas de nossas decisões, enquanto o pensamento nos ajuda a processar essas emoções e tomar decisões racionais. Nossas ações, por sua vez, são a manifestação externa dessas emoções e pensamentos. A harmonia entre esses três aspectos é essencial para uma vida equilibrada e autêntica. Quando sentimos profundamente, pensamos com clareza e agimos de acordo com nossos valores, vivemos de forma coerente com nossa verdadeira identidade.

APLICAÇÃO PRÁTICA

Observe como suas emoções, pensamentos e ações estão interconectados. Trabalhe para alinhar esses três aspectos de sua vida, garantindo que suas ações estejam em harmonia com seus sentimentos e pensamentos.

CONSISTÊNCIA:
.... / 365

SENTIMENTO:

ANOTAÇÕES:

O valor do conhecimento

Não se morre por excesso de conhecimento, mas sim pela falta dele.

O conhecimento é uma ferramenta essencial para a sobrevivência e o progresso. O perigo não está em saber muito, mas em não saber o suficiente para tomar decisões sábias.

O conhecimento é uma das nossas maiores armas contra o desconhecido. Quanto mais sabemos, mais preparados estamos para enfrentar os desafios da vida. Por outro lado, a ignorância pode ser perigosa, levando-nos a tomar decisões que podem prejudicar a nós mesmos e aos outros. Não é o excesso de conhecimento que nos destrói, mas sim a falta dele. Saber mais nos ajuda a viver com mais segurança, prever problemas e encontrar soluções para as adversidades. Portanto, buscar o conhecimento não é apenas uma questão de curiosidade, mas de sobrevivência e crescimento.

APLICAÇÃO PRÁTICA

Invista continuamente no seu aprendizado. Não tenha medo de saber mais, pois o conhecimento é uma fonte de poder que pode protegê-lo e guiá-lo em todas as áreas da vida.

CONSISTÊNCIA:
.... / 365

SENTIMENTO:

ANOTAÇÕES:

A pobreza do ódio coletivo

Há pessoas que se unem somente para odiar outras. Coitadas!

Algumas pessoas se unem pelo ódio compartilhado, alimentando-se mutuamente de ressentimento. No entanto, essa união é frágil e revela uma profunda pobreza de espírito.

A união baseada no ódio é uma das formas mais tristes de conexão humana. Pessoas que se unem para odiar outras estão, na verdade, projetando suas próprias frustrações e inseguranças no alvo de seu desdém. Essa aliança tóxica não traz crescimento, felicidade ou paz, mas apenas mais amargura e ressentimento. O verdadeiro vínculo humano deve ser construído sobre o respeito, o amor e o desejo de crescer juntos. Quando as pessoas se unem pelo ódio, estão apenas reforçando seus próprios vazios emocionais, sem perceber que o ódio corrói, antes de tudo, quem o sente.

APLICAÇÃO PRÁTICA

Evite se envolver em grupos ou situações que promovam o ódio. Em vez disso, busque conexões baseadas em amor, respeito e compreensão mútua. Alimente laços que elevem seu espírito.

CONSISTÊNCIA: .... / 365

SENTIMENTO:

ANOTAÇÕES:

A fidelidade a si mesmo

Tudo pode acontecer, exceto a traição a si mesmo.

Na vida, enfrentamos diversas circunstâncias e imprevistos, mas a única coisa que não podemos permitir é a traição de nossa essência e de nossos princípios.

Ser fiel a si mesmo é a base de uma vida autêntica e plena. As circunstâncias podem mudar e os desafios podem nos forçar a fazer escolhas difíceis, mas nunca devemos sacrificar nossa integridade. Trair a si mesmo significa ignorar suas próprias necessidades, valores e verdades em favor de agradar aos outros ou evitar confrontos. Essa traição interna é uma das mais dolorosas, pois nos desconecta de nossa própria essência. A vida nos pede flexibilidade, mas nunca às custas de quem realmente somos. Manter-se fiel à própria verdade é um ato de coragem e autorrespeito.

APLICAÇÃO PRÁTICA

Nas decisões que tomar, sempre pergunte a si mesmo se está sendo fiel à sua essência. Mantenha-se alinhado a seus valores e evite comprometer sua integridade, independentemente das circunstâncias.

CONSISTÊNCIA:
.... / 365

SENTIMENTO:

ANOTAÇÕES:

A superficialidade da ostentação

*Quem muito ostenta, pouco se conhece
e menos ainda se valoriza.*

Ostentar riquezas ou sucessos é um sinal de insegurança. Aqueles que se conhecem profundamente e se valorizam não sentem a necessidade de provar seu valor através de demonstrações externas.

A ostentação é frequentemente um reflexo de um vazio interior. Quando sentimos a necessidade de exibir nossas conquistas ou posses, é porque buscamos validação externa para preencher uma falta de autoestima ou autoconhecimento. As pessoas que se conhecem verdadeiramente e que têm confiança em seu valor não precisam de adereços externos para se sentir realizadas. A verdadeira riqueza está em entender quem somos e nos valorizar de forma genuína, sem a necessidade de aprovação alheia. Ostentar é uma armadilha que nos afasta da profundidade e da autenticidade.

APLICAÇÃO PRÁTICA

Em vez de ostentar, concentre-se em conhecer a si mesmo e valorizar suas qualidades internas. Lembre-se de que seu valor não depende do que você possui, mas de quem você é.

CONSISTÊNCIA:
.... / 365

SENTIMENTO:

ANOTAÇÕES:

5
setembro

A música como reflexo da alma
A trilha sonora da sua vida revela seus sentimentos.

A música que escolhemos ouvir muitas vezes reflete nosso estado emocional. Ela é um espelho de nossos sentimentos e pode revelar muito sobre o que estamos vivenciando internamente.

A trilha sonora da nossa vida é um reflexo direto de nossas emoções e experiências. As músicas que escolhemos em determinados momentos muitas vezes expressam aquilo que não conseguimos colocar em palavras. Quando estamos tristes, podemos nos identificar com melodias melancólicas, e quando estamos felizes, buscamos músicas que nos elevam e energizam. A música tem o poder de tocar as partes mais profundas de nossa alma, ajudando-nos a processar emoções e a nos conectar com nosso interior. Prestar atenção nas músicas que escolhemos pode nos oferecer uma visão mais clara do que estamos sentindo e vivendo.

APLICAÇÃO PRÁTICA

Observe a música que você ouve e reflita sobre como ela se conecta com seu estado emocional. Use a música como uma ferramenta para explorar seus sentimentos e se reconectar à essência.

CONSISTÊNCIA:
.... / 365

SENTIMENTO:

ANOTAÇÕES:

Gratidão pelo "não"

Agradecer pelo que não aconteceu também é sabedoria.

A gratidão não deve ser apenas pelo que recebemos, mas também pelo que não aconteceu. Nem sempre conseguimos ver de imediato, mas muitas vezes somos protegidos de situações que poderiam nos prejudicar.

A gratidão geralmente é associada ao que conquistamos ou recebemos. No entanto, ser grato pelo que não aconteceu – por oportunidades perdidas, portas fechadas ou situações evitadas – é uma forma profunda de sabedoria. Às vezes, aquilo que não acontece nos protege de experiências que poderiam ser prejudiciais ou nos desviariam do caminho certo. Nem sempre percebemos de imediato, mas o tempo frequentemente revela que algumas ausências foram verdadeiras bênçãos. Agradecer pelo "não" é uma forma de confiar no processo da vida e reconhecer que nem tudo que desejamos é o que realmente precisamos.

APLICAÇÃO PRÁTICA

Cultive a gratidão não apenas pelo que você conquistou, mas também pelo que foi evitado. Reflita sobre as situações em que algo que não aconteceu foi, na verdade, uma bênção disfarçada.

CONSISTÊNCIA:
.... / 365

SENTIMENTO:

ANOTAÇÕES:

7 setembro

O silêncio como encontro com o divino

É preciso silêncio para ouvir as palavras mudas de Deus.

No silêncio, encontramos a presença de Deus. É na quietude interior que podemos ouvir as mensagens mais profundas e sutis que Ele nos envia.

Deus fala conosco de muitas maneiras, mas as palavras mais profundas e transformadoras geralmente vêm no silêncio. Quando nos permitimos parar, aquietar a mente e o coração, abrimos espaço para ouvir a sabedoria divina que não se manifesta em palavras audíveis, mas em intuições, sentimentos e insights. O silêncio é uma ponte para o divino, um momento de conexão íntima com algo maior do que nós mesmos. Ele nos oferece clareza, paz e uma compreensão mais profunda do caminho que devemos seguir. Ouvir as "palavras mudas de Deus" é ouvir com a alma.

APLICAÇÃO PRÁTICA

Crie momentos de silêncio em sua rotina diária. Use esse tempo para se conectar com o divino e ouvir as mensagens sutis que só podem ser percebidas na quietude interior.

CONSISTÊNCIA:
.... / 365

SENTIMENTO:

ANOTAÇÕES:

O amor eterno da alma

Eu gosto de amar com a alma; assim, o amor nunca morrerá.

Amar com a alma é amar de forma incondicional e eterna. É um amor que transcende o físico e as circunstâncias, mantendo-se vivo e vibrante para sempre.

O amor que vem da alma é imortal. Ele não depende de aparências, momentos ou mudanças externas, mas está enraizado na conexão profunda e espiritual entre duas pessoas. Quando amamos com a alma, criamos laços que não podem ser rompidos pelo tempo, pela distância ou pelas circunstâncias. Esse tipo de amor é puro e duradouro, pois vem da parte mais profunda e verdadeira de quem somos. Ele não se extingue com os desafios ou com o passar dos anos, mas continua a florescer em todas as fases da vida.

APLICAÇÃO PRÁTICA

Busque amar com a alma, cultivando conexões que transcendam o superficial. Quando o amor é genuíno e espiritual, ele nunca morre, mas continua a crescer e a enriquecer sua vida.

CONSISTÊNCIA:
.... / 365

SENTIMENTO:

ANOTAÇÕES:

O amor como sentido da vida

Se não fosse o amor, tudo seria em vão!

O amor é a força que dá sentido a tudo o que fazemos. Sem ele, nossas ações e conquistas perderiam seu valor e significado.

O amor é a energia que move o mundo. Sem ele, nossas vidas perderiam a cor, a alegria e o propósito. Tudo o que fazemos – desde os pequenos gestos até as grandes realizações – é, em última análise, impulsionado pelo desejo de amar e ser amado. O amor nos conecta aos outros e nos faz sentir parte de algo maior. Ele é o que dá sentido ao esforço, à dedicação e ao sacrifício. Sem amor, nossas conquistas seriam vazias e nossa jornada seria solitária. É o amor que faz com que tudo valha a pena.

APLICAÇÃO PRÁTICA

Reconheça o papel central do amor em sua vida. Deixe que ele guie suas ações e decisões, sabendo que, no final, é o amor que dá sentido a tudo.

CONSISTÊNCIA:
.... / 365

SENTIMENTO:

ANOTAÇÕES:

10
setembro

A busca pelo que está além do Além material

As religiões existem porque a matéria não nos basta.

As religiões surgem da necessidade humana de buscar um sentido além do físico e do material. Elas oferecem respostas para as questões espirituais e existenciais que a matéria não consegue suprir.

O ser humano sempre buscou respostas para o que está além da matéria. A sensação de que há algo mais profundo, vasto e misterioso do que o que podemos ver e tocar é o que impulsiona a criação das religiões. Elas nascem da necessidade de se conectar com o espiritual, de encontrar um propósito maior que transcenda o mundo físico. A matéria, por si só, não nos satisfaz completamente, pois nossa alma anseia por algo que vá além – por conexão, por significado, pela compreensão do que nos une a um todo maior.

APLICAÇÃO PRÁTICA

Reflita sobre sua própria conexão com o espiritual. Independentemente de sua religião, busque respostas que satisfaçam tanto suas necessidades materiais quanto espirituais, equilibrando corpo e alma.

CONSISTÊNCIA:
.... / 365

SENTIMENTO:

ANOTAÇÕES:

A ação transforma o pensamento

*A gente não é o que pensa,
mas o que a gente faz com o que pensa.*

Os pensamentos, por si só, não nos definem. Somos moldados pelo que fazemos com esses pensamentos: pelas ações que tomamos a partir deles.

Pensar é o primeiro passo para qualquer mudança, mas são as ações que realmente importam. De nada adianta ter boas ideias, reflexões ou intenções, se elas nunca se concretizam em ações reais. É através do que fazemos com nossos pensamentos que criamos impacto no mundo e em nossas próprias vidas. Nossa identidade é construída não apenas pelo que passa em nossas mentes, mas por como transformamos esses pensamentos em gestos, atitudes e decisões que fazem a diferença.

APLICAÇÃO PRÁTICA

Sempre que tiver um pensamento, pergunte-se como pode agir a partir dele. Lembre-se de que são suas ações que realmente importam e que têm o poder de transformar sua vida.

CONSISTÊNCIA:
.... / 365

SENTIMENTO:

ANOTAÇÕES:

12 setembro

A base da vida plena
A saúde mental é a base de tudo na vida.

A saúde mental é o alicerce que sustenta nossa capacidade de viver bem. Sem ela, tudo o mais fica comprometido, desde as relações até o trabalho e o lazer.

Assim como o corpo precisa de cuidados, a mente também requer atenção constante. A saúde mental é essencial para todas as áreas da vida, pois influencia a maneira como pensamos, sentimos e agimos. Quando nossa saúde mental está comprometida, nossas interações, decisões e qualidade de vida são prejudicadas. Cuidar da mente é garantir equilíbrio emocional, resiliência e capacidade de enfrentar os desafios com clareza e calma. A mente saudável nos permite viver de maneira plena e consciente, aproveitando as alegrias e superando os obstáculos com mais leveza.

APLICAÇÃO PRÁTICA

Priorize sua saúde mental. Dedique tempo para cuidar de sua mente, seja através da meditação, da terapia ou simplesmente respeitando seus limites emocionais.

CONSISTÊNCIA: .... / 365

SENTIMENTO:

ANOTAÇÕES:

13
setembro

A realidade da dor invisível

*A dor emocional também é real,
mesmo que invisível aos olhos.*

A dor emocional, apesar de não ser visível, é tão real quanto qualquer dor física. Ela afeta profundamente nossa saúde e qualidade de vida.

A dor emocional muitas vezes é ignorada ou subestimada porque não pode ser vista. No entanto, ela é poderosa e pode ter consequências graves para nossa saúde mental e física. Essa dor pode se manifestar em tristeza, ansiedade, solidão ou luto, e muitas vezes é mais difícil de tratar porque as pessoas ao redor podem não percebê-la. Reconhecer que a dor emocional é válida e merece atenção é o primeiro passo para a cura. Assim como tratamos uma ferida física, devemos cuidar das feridas emocionais com a mesma seriedade e compaixão.

APLICAÇÃO PRÁTICA

Caso você ou alguém que conheça esteja passando por uma dor emocional, não minimize ou ignore o sofrimento. Busque apoio emocional e, se necessário, ajude a pessoa a encontrar profissionais que possam oferecer o suporte necessário.

CONSISTÊNCIA:
.... / 365

SENTIMENTO:

ANOTAÇÕES:

14
setembro

O universo dentro de nós

O cérebro humano é um universo repleto de complexidades, mas também de possibilidades infinitas.

O cérebro humano é incrivelmente complexo, mas ao mesmo tempo repleto de infinitas possibilidades. Ele é o centro de nossa existência, moldando como experimentamos e interagimos com o mundo.

O cérebro é um órgão fascinante que carrega em si uma infinidade de capacidades e mistérios. Ele nos dá a habilidade de pensar, sentir, criar, aprender e nos adaptar. Apesar de suas complexidades e, por vezes, nos apresentar desafios, como doenças mentais ou limitações cognitivas, esse órgão grandioso também é capaz de uma incrível plasticidade: a capacidade de mudar e se adaptar ao longo do tempo. Quando cuidamos do nosso cérebro e exploramos suas potencialidades, podemos alcançar níveis surpreendentes de criatividade, resiliência e sabedoria.

APLICAÇÃO PRÁTICA

Valorize e cuide do seu cérebro. Estimule-o com novos aprendizados, atividades desafiadoras e práticas de bem-estar, como meditação e exercícios físicos, que contribuem para sua saúde e vitalidade.

CONSISTÊNCIA:
.... / 365

SENTIMENTO:

ANOTAÇÕES:

O propósito dá sentido à adversidade

Viver com propósito é encontrar sentido até mesmo nas adversidades.

Quando vivemos com um propósito claro, até mesmo as dificuldades ganham sentido, pois as vemos como parte de um caminho maior e mais significativo.

Viver com propósito nos permite enfrentar as adversidades com uma visão diferente. Quando sabemos por que estamos fazendo algo ou o que buscamos alcançar, os obstáculos e desafios ao longo do caminho deixam de ser barreiras insuperáveis e se tornam etapas de aprendizado. O propósito dá significado à vida e nos ajuda a manter a motivação mesmo quando tudo parece difícil. Ele nos conecta com algo maior e nos lembra que as adversidades são temporárias, mas o sentido que damos a elas é duradouro.

APLICAÇÃO PRÁTICA

Encontre ou defina seu propósito de vida. Use-o como guia para enfrentar os desafios, sabendo que cada dificuldade tem um papel na sua jornada de crescimento e realização.

CONSISTÊNCIA:
.... / 365

SENTIMENTO:

ANOTAÇÕES:

16
setembro

A ressignificação do passado

*Não podemos mudar o passado,
mas podemos ressignificá-lo.*

O passado não pode ser alterado, mas nossa percepção e o significado que atribuímos a ele podem. Isso nos dá poder sobre nossa própria história.

Embora seja impossível mudar os acontecimentos do passado, podemos mudar a forma como os enxergamos. Ressignificar o passado significa olhar para as experiências com uma nova perspectiva, extraindo lições e enxergando as dificuldades como oportunidades de crescimento. Ao reinterpretar nossa história, deixamos de ser prisioneiros dela e passamos a ser os autores da nossa própria narrativa. A ressignificação nos oferece paz e a chance de seguir em frente com mais clareza e sabedoria.

APLICAÇÃO PRÁTICA

Reflita sobre os momentos difíceis do seu passado e pergunte-se como pode ressignificá-los. Em vez de ver apenas dor ou arrependimento, busque o aprendizado e o crescimento que essas experiências proporcionaram.

CONSISTÊNCIA:
.... / 365

SENTIMENTO:

ANOTAÇÕES:

17 setembro

A força do amor

O amor é a força mais poderosa do universo.

O amor é universalmente reconhecido como uma das forças mais potentes e transformadoras que existem. Ele tem o poder de curar, unir e inspirar de maneiras que poucas outras coisas são capazes.

O amor transcende barreiras, atravessa distâncias e supera obstáculos que pareceriam intransponíveis de outra forma. É uma força que não conhece limites e que pode mudar o curso de vidas e até mesmo da história. Quando agimos por amor, estamos conectados com a essência mais profunda do ser humano, aquela que busca o bem-estar dos outros e a harmonia no mundo.

O amor não é apenas um sentimento, mas uma escolha diária, uma decisão de agir com compaixão, empatia e bondade. É uma força criativa que constrói pontes onde antes havia abismos, que restaura o que estava quebrado e ilumina os cantos mais escuros da existência. Em seu estado mais puro, o amor nos conecta ao propósito maior da vida, dando sentido e direção a todas as nossas ações.

APLICAÇÃO PRÁTICA

Escolha uma maneira de expressar amor hoje, seja através de uma palavra amável, uma ação generosa ou simplesmente oferecendo seu tempo e atenção a alguém. Observe como essa pequena ação pode ter um impacto significativo em sua vida e na daqueles ao seu redor.

CONSISTÊNCIA:
.... **/ 365**

SENTIMENTO:

ANOTAÇÕES:

O custo de viver no futuro

*A ansiedade é o preço que pagamos
por viver no futuro.*

A ansiedade surge quando focamos demais no futuro e nos desconectamos do presente. É uma consequência de viver antecipando problemas e desafios que ainda não aconteceram.

A ansiedade é, muitas vezes, o resultado de nossa mente projetando-se no futuro, imaginando cenários que podem nunca se realizar. Quando nos preocupamos excessivamente com o que está por vir, perdemos a capacidade de apreciar o momento presente e nos sobrecarregamos com incertezas. Viver no futuro nos desconecta da realidade do agora, e essa desconexão gera ansiedade. Para lidar com ela, precisamos treinar nossa mente para voltar ao presente, onde as ações concretas e reais podem ser tomadas, sem o peso das suposições e dos "e se?".

APLICAÇÃO PRÁTICA

Sempre que sentir ansiedade, faça um esforço consciente para voltar ao presente. Foque no que você pode controlar agora e permita que o futuro se desdobre em seu tempo certo.

CONSISTÊNCIA:
.... / 365

SENTIMENTO:

ANOTAÇÕES:

A felicidade na gestão dos problemas

Ser feliz não significa não ter problemas, mas saber como lidar com eles.

A felicidade não é a ausência de dificuldades, mas a capacidade de lidar com os problemas de maneira equilibrada e positiva.

Problemas são inevitáveis. Todos nós enfrentamos desafios e momentos de dificuldade ao longo da vida. No entanto, a felicidade não depende de uma vida livre de adversidades, mas sim da nossa habilidade de enfrentá-las com resiliência e sabedoria. Ser feliz é ter a confiança de que, independentemente do que aconteça, podemos encontrar soluções, aprender com as situações e seguir em frente. O segredo da felicidade está na maneira como respondemos aos problemas, transformando-os em oportunidades de crescimento.

APLICAÇÃO PRÁTICA

Sempre que se deparar com um problema, veja-o como uma oportunidade para aprender e crescer. Lembre-se de que a felicidade vem da forma como você lida com os desafios, e não da ausência deles.

CONSISTÊNCIA:
.... / 365

SENTIMENTO:

ANOTAÇÕES:

20
setembro

Tratar a depressão

A depressão não é frescura; é uma doença que precisa ser tratada com seriedade.

A depressão é uma doença grave que afeta milhões de pessoas. Reconhecê-la como uma condição legítima é o primeiro passo para oferecer e buscar o apoio e o tratamento necessários.

Infelizmente, ainda existe muito estigma em torno da depressão. Muitas pessoas a desconsideram como fraqueza ou "frescura", o que pode dificultar que aqueles que sofrem busquem ajuda. No entanto, a depressão é uma doença real, com sintomas que podem ser debilitantes. Ela não é uma escolha e requer tratamento sério, seja com terapia, medicamentos ou ambos. Reconhecer a gravidade da depressão e oferecer apoio a quem a enfrenta é essencial para combater esse problema de saúde mental de forma eficaz.

APLICAÇÃO PRÁTICA

Se você ou alguém que conhece está enfrentando depressão, leve a condição a sério. Busque ajuda profissional e ofereça apoio emocional, entendendo que a recuperação é um processo que requer tempo e cuidado.

CONSISTÊNCIA:
.... / 365

SENTIMENTO:

ANOTAÇÕES:

21 setembro

As dádivas do autoconhecimento

*Autoconhecimento é a chave
para o equilíbrio emocional.*

O autoconhecimento nos dá o entendimento necessário para reconhecer e equilibrar nossas emoções, permitindo uma vida mais harmônica.

Conhecer a si mesmo é fundamental para a saúde emocional. Quando entendemos nossos gatilhos emocionais, padrões de comportamento e limites, podemos agir com mais consciência e controle em situações de estresse ou conflito. O autoconhecimento nos ajuda a tomar decisões melhores, a desenvolver empatia por nós mesmos e a ajustar nossas reações emocionais de forma saudável. Sem ele, ficamos à mercê de emoções descontroladas e, muitas vezes, repetimos erros que poderiam ser evitados.

APLICAÇÃO PRÁTICA

Reserve tempo para refletir sobre suas emoções e comportamentos. Identifique padrões e trabalhe para melhorar o controle emocional, sabendo que o autoconhecimento é a chave para o equilíbrio.

CONSISTÊNCIA:
.... / 365

SENTIMENTO:

ANOTAÇÕES:
....
....
....
....

PRIMAVERA

22 setembro

A liberdade de sentir

Não se culpe por sentir. Permita-se viver suas emoções.

Sentir é uma parte essencial da experiência humana. Não devemos nos culpar por nossas emoções, mas sim aprender a vivê-las e expressá-las de maneira saudável.

As emoções fazem parte de quem somos. Elas são nossa resposta natural às situações da vida e não devem ser reprimidas ou julgadas como erradas. A culpa por sentir tristeza, raiva ou medo só aumenta nosso sofrimento. O caminho para a saúde emocional passa pela aceitação e expressão saudável dessas emoções. Permitir-se sentir é reconhecer a legitimidade de nossas experiências internas e nos dá a liberdade de processar e sarar o que precisa ser curado.

APLICAÇÃO PRÁTICA

Aceite suas emoções sem culpa. Seja gentil consigo mesmo e permita-se vivê-las plenamente, sabendo que todas as emoções têm um propósito em nossa jornada de autoconhecimento e crescimento.

CONSISTÊNCIA: .... / 365

SENTIMENTO:

ANOTAÇÕES:

23 setembro

Libertando-se do perfeccionismo
O perfeccionismo é o maior inimigo da felicidade.

O perfeccionismo cria expectativas impossíveis de serem alcançadas e, com isso, nos impede de apreciar a vida e encontrar felicidade nas pequenas imperfeições.

Buscar a perfeição é uma armadilha. O perfeccionismo nos faz acreditar que só seremos felizes quando tudo estiver perfeito: nossas ações, nossos relacionamentos, nossas conquistas. No entanto, essa busca constante por algo inatingível leva à frustração e à insatisfação. A felicidade verdadeira vem da aceitação das imperfeições, da apreciação pelo que já somos e do reconhecimento de que a vida é feita de altos e baixos. Quando nos libertamos do perfeccionismo, abrimos espaço para a alegria e o bem-estar genuínos.

APLICAÇÃO PRÁTICA

Pratique a autocompaixão e permita-se ser imperfeito. Valorize o progresso em vez da perfeição e lembre-se de que a felicidade está nas pequenas imperfeições que tornam a vida única.

CONSISTÊNCIA:
.... / 365

SENTIMENTO:

ANOTAÇÕES:

As escolhas que moldam nossa vida

A vida é feita de escolhas e cada uma delas define quem somos.

Somos o resultado das escolhas que fazemos ao longo da vida. Cada decisão, por menor que pareça, contribui para definir quem nos tornamos.

Nossas escolhas, grandes ou pequenas, moldam a direção de nossas vidas. Desde o que escolhemos fazer em um dia até as decisões mais importantes, como relacionamentos ou carreira, cada escolha tem impacto sobre quem somos e quem nos tornamos. Por isso, é importante tomarmos nossas decisões de forma consciente, refletindo sobre como elas alinham-se com nossos valores e objetivos. Somos os autores de nossas próprias histórias, e as escolhas que fazemos determinam o rumo dessa jornada.

APLICAÇÃO PRÁTICA

Ao tomar decisões, reflita sobre como elas moldam quem você é e quem deseja se tornar. Escolha de maneira consciente, sabendo que cada ação tem o poder de transformar sua vida.

CONSISTÊNCIA: .... / 365

SENTIMENTO:

ANOTAÇÕES:

O poder dos pensamentos

Nossos pensamentos moldam a nossa realidade.

O que pensamos influencia diretamente a forma como percebemos o mundo e como vivemos nossas experiências. Nossos pensamentos têm o poder de moldar nossa realidade.

Nossos pensamentos criam o filtro através do qual enxergamos a vida. Pensamentos positivos podem nos ajudar a enxergar oportunidades, a manter o otimismo e a agir com confiança. Por outro lado, pensamentos negativos nos fazem focar nos obstáculos, nas dificuldades e no medo, moldando uma realidade de limitações. O que pensamos constantemente acaba se tornando nossa verdade, e isso influencia nossas ações e emoções. Ao controlar e direcionar nossos pensamentos, podemos moldar uma realidade mais construtiva e positiva.

APLICAÇÃO PRÁTICA

Observe seus pensamentos e como eles influenciam sua percepção da realidade. Trabalhe para substituir pensamentos negativos por perspectivas mais construtivas, sabendo que o poder de mudar sua realidade começa na mente.

CONSISTÊNCIA:
.... / 365

SENTIMENTO:

ANOTAÇÕES:

O amor nos limites

Respeitar os próprios limites é um ato de amor-próprio.

Reconhecer e respeitar nossos próprios limites é uma forma poderosa de praticar o amor-próprio. Saber quando parar é essencial para a nossa saúde física e emocional.

Todos temos limites – físicos, emocionais e mentais – e reconhecê-los é essencial para uma vida equilibrada. Muitas vezes, ultrapassamos nossos próprios limites por pressão externa ou interna, achando que precisamos fazer mais ou ser mais. No entanto, isso pode nos levar ao esgotamento e ao desgaste emocional. Respeitar nossos limites não é sinal de fraqueza, mas de sabedoria e autocuidado. Ao nos permitirmos parar, descansar e dizer "não", estamos demonstrando amor-próprio e garantindo nossa saúde e bem-estar em longo prazo.

APLICAÇÃO PRÁTICA

Reflita sobre seus limites e pratique o respeito a eles diariamente. Lembre-se de que parar, descansar ou recusar algo é uma forma de cuidar de si mesmo e preservar sua energia e saúde.

CONSISTÊNCIA:
.... / 365

SENTIMENTO:

ANOTAÇÕES:

27 setembro

Força na vulnerabilidade

A verdadeira força está em reconhecer nossas vulnerabilidades.

A verdadeira força não está em fingir ser invulnerável, mas em aceitar nossas fragilidades e usá-las como ponto de partida para o crescimento.

Vivemos em uma sociedade que muitas vezes valoriza a força como ausência de fraqueza, mas a verdadeira força reside em nossa capacidade de reconhecer e aceitar nossas vulnerabilidades. Ser vulnerável é ser humano – é admitir que temos medos, inseguranças e limitações, e que tudo bem ser assim. Quando reconhecemos nossas vulnerabilidades, abrimos espaço para o aprendizado, para a conexão genuína com os outros e para o autodesenvolvimento. Aceitar nossas fraquezas nos torna mais fortes, pois nos dá a oportunidade de trabalhar nelas com coragem e compaixão.

APLICAÇÃO PRÁTICA

Permita-se ser vulnerável. Ao reconhecer suas fraquezas, você ganha força e sabedoria. Use essa honestidade consigo mesmo como ferramenta para crescer e se conectar de maneira autêntica com os outros.

CONSISTÊNCIA:
.... / 365

SENTIMENTO:

ANOTAÇÕES:

O som do silêncio

O silêncio pode ser tão barulhento quanto o grito da alma.

O silêncio, embora aparentemente tranquilo, pode ser uma poderosa expressão de nossos sentimentos internos. Ele pode carregar uma intensidade emocional tão forte quanto um grito.

O silêncio muitas vezes é visto como ausência de som, mas ele pode falar mais alto do que palavras ou berros. Quando estamos em silêncio, nossas emoções mais profundas e não expressadas podem se manifestar de forma intensa. Seja o silêncio de dor, de reflexão ou de compreensão, ele carrega um peso que não pode ser ignorado. Ouvir o silêncio da alma é prestar atenção ao que está acontecendo dentro de nós, mesmo que não seja verbalizado. Muitas vezes, é no silêncio que encontramos as respostas e a verdade sobre nossos sentimentos mais profundos.

APLICAÇÃO PRÁTICA

Valorize o silêncio como uma forma de introspecção. Quando estiver em silêncio, ouça o que sua alma está dizendo e permita-se refletir sobre suas emoções e necessidades internas.

CONSISTÊNCIA:
.... / 365

SENTIMENTO:

ANOTAÇÕES:

29 setembro

A ponte da empatia

A empatia é a ponte que nos conecta ao outro.

A empatia é o que nos permite compreender verdadeiramente o próximo, construindo pontes de conexão e compreensão que vão além das palavras.

Empatia é a capacidade de se colocar no lugar do outro, de sentir e compreender suas emoções e perspectivas. É uma habilidade fundamental para a construção de relacionamentos saudáveis e para a convivência em sociedade. Quando praticamos a empatia, abrimos espaço para a compaixão e para o respeito mútuo. Ela nos conecta de maneira profunda e nos lembra que, apesar das diferenças, todos compartilhamos sentimentos e experiências humanas. A empatia é o alicerce da solidariedade e da harmonia entre as pessoas.

APLICAÇÃO PRÁTICA

Pratique a empatia em suas interações diárias. Ouça o outro com atenção e procure compreender suas emoções e perspectivas, criando assim conexões mais significativas e autênticas.

CONSISTÊNCIA:
.... / 365

SENTIMENTO:

ANOTAÇÕES:

A transformação começa com a aceitação

Aceitar-se é o primeiro passo para mudar o que precisa ser mudado.

A verdadeira mudança só pode ocorrer quando nos aceitamos como somos. A aceitação não é o fim, mas o primeiro passo para qualquer transformação genuína.

Muitas vezes, resistimos à ideia de nos aceitar porque confundimos aceitação com conformismo. No entanto, aceitar a si mesmo é um ato de autocompaixão e de honestidade que nos permite enxergar com clareza onde queremos mudar. Sem aceitação, qualquer tentativa de mudança será superficial e insustentável. Quando nos aceitamos, reconhecemos nossos pontos fortes e fracos, criando uma base sólida para o crescimento e a transformação real. Somente ao aceitar o que somos agora, podemos trabalhar para nos tornarmos a melhor versão de nós mesmos.

APLICAÇÃO PRÁTICA

Comece a praticar a aceitação de quem você é, com todas as suas qualidades e imperfeições. Use essa aceitação como ponto de partida para identificar áreas onde deseja crescer e mudar.

CONSISTÊNCIA:
.... / 365

SENTIMENTO:

ANOTAÇÕES:

1 outubro

O poder curativo do amor

*Não há cura sem amor,
seja pelo outro ou por si mesmo.*

O amor é a força mais poderosa e essencial para a cura, seja em nossas relações com os outros ou no amor que cultivamos por nós mesmos.

A cura verdadeira, seja emocional, mental ou física, exige uma base de amor. O amor-próprio é fundamental para a cura interior, pois sem ele é difícil tratar a si mesmo com a gentileza e o cuidado que a recuperação exige. Da mesma forma, o amor pelos outros pode ser transformador, criando um espaço seguro onde as feridas podem ser tratadas e onde a cura pode florescer. O amor, em todas as suas formas, é um bálsamo que fortalece, reconforta e promove a restauração.

APLICAÇÃO PRÁTICA

Cultive o amor-próprio e o amor pelos outros como parte de seu processo de cura. Reconheça o papel essencial que o amor desempenha na sua jornada de recuperação e bem-estar.

CONSISTÊNCIA:
.... / 365

SENTIMENTO:

ANOTAÇÕES:

Cuidando da mente poderosa

*A mente humana é poderosa,
mas precisa de cuidados constantes.*

Embora a mente seja incrivelmente poderosa e capaz de feitos extraordinários, ela também é delicada e precisa de cuidados constantes para funcionar bem.

A mente humana tem uma capacidade imensa de criação, aprendizado e adaptação. No entanto, com essa grandeza vem também a responsabilidade de cuidar dela. Assim como o corpo, a mente precisa de descanso, nutrição e estímulos adequados para se manter saudável. O estresse, a sobrecarga de informações e as emoções não resolvidas podem afetar seriamente nossa saúde mental. Cuidar da mente envolve práticas como o autoconhecimento, a meditação, o descanso adequado e o gerenciamento do estresse. Quanto mais cuidamos dela, mais poderosa e equilibrada nossa mente se torna.

APLICAÇÃO PRÁTICA

Priorize o cuidado com sua mente. Estabeleça rotinas de autocuidado mental, como momentos de descanso, meditação e atividades que promovam relaxamento e bem-estar.

CONSISTÊNCIA:
.... / 365

SENTIMENTO:

ANOTAÇÕES:

3
outubro

Esperança na luta contra a depressão

A depressão rouba a energia de viver, mas a esperança pode devolvê-la.

A depressão é uma condição que drena a energia e a motivação, mas a esperança – mesmo que pequena – é a chave para começar a recuperação.

A depressão tem o poder de obscurecer a alegria e drenar a energia vital. Quando estamos deprimidos, até as tarefas mais simples parecem impossíveis e o futuro pode parecer sem perspectiva. No entanto, a esperança, mesmo que pequena, pode ser o fio condutor que nos ajuda a encontrar o caminho de volta. A esperança de que as coisas podem melhorar, de que há apoio disponível e de que a escuridão não dura para sempre é essencial no processo de recuperação. Com a esperança, encontramos forças para procurar ajuda e seguir em frente, um passo de cada vez.

APLICAÇÃO PRÁTICA

Se você ou alguém que conhece está lidando com a depressão, lembre-se de que a esperança é uma ferramenta poderosa. Busque apoio e lembre-se de que há sempre uma possibilidade de recuperação.

CONSISTÊNCIA:
.... / 365

SENTIMENTO:

ANOTAÇÕES:

Respeitar o ritmo de cada um

*Cada pessoa tem um ritmo e respeitar isso
é essencial para o bem-estar.*

Cada pessoa tem seu próprio ritmo de vida, aprendizado e recuperação. Respeitar o ritmo de cada um é essencial para o bem-estar coletivo e individual.

Cada indivíduo tem um ritmo único de enfrentar a vida, de lidar com desafios e de alcançar seus objetivos. Comparar-se aos outros ou forçar alguém a seguir o seu ritmo pode gerar ansiedade e frustração. O respeito pelo próprio ritmo e pelo dos outros é essencial para promover uma convivência harmoniosa e para o desenvolvimento pessoal. Quando respeitamos nosso próprio tempo, somos mais capazes de lidar com os desafios de forma saudável e equilibrada, sem a pressão de atender às expectativas alheias.

APLICAÇÃO PRÁTICA

Respeite seu próprio ritmo e o dos outros ao seu redor. Lembre-se de que cada um tem seu tempo, e forçar ou apressar processos pode ser prejudicial ao bem-estar.

CONSISTÊNCIA:
.... / 365

SENTIMENTO:

ANOTAÇÕES:

5 outubro

O desafio de viver no agora

*Viver no presente é um desafio,
mas aqui e agora é onde a vida realmente acontece.*

Estar plenamente presente no momento atual pode ser desafiador em um mundo tão acelerado, mas é no presente que a vida realmente se desdobra.

A mente humana tende a divagar, seja relembrando o passado ou projetando-se no futuro. No entanto, a vida acontece no agora. Viver no presente é um exercício de atenção plena que nos permite desfrutar das experiências da vida com mais intensidade e clareza. Quando estamos no presente, conseguimos tomar decisões mais conscientes, aproveitar melhor as oportunidades e nos conectar de forma mais profunda com o que está ao nosso redor. Viver no presente é um desafio, especialmente em um mundo cheio de distrações, mas é também a chave para uma vida mais plena e satisfatória.

APLICAÇÃO PRÁTICA

Pratique a atenção plena e faça esforços conscientes para estar no presente. Evite se perder em preocupações com o futuro ou arrependimentos do passado e aproveite cada momento ao máximo.

CONSISTÊNCIA:
.... / 365

SENTIMENTO:

ANOTAÇÕES:

6 outubro

A jornada do autoconhecimento

A jornada do autoconhecimento é longa, mas cada passo vale a pena.

Conhecer a si mesmo é um processo contínuo, que pode durar a vida inteira. Cada passo nessa jornada, por menor que seja, contribui para uma vida mais autêntica e equilibrada.

O autoconhecimento não é algo que se alcança de uma só vez; é uma jornada que se constrói ao longo da vida. A cada experiência, reflexão e desafio aprendemos mais sobre quem somos, nossos valores, nossas limitações e aspirações. Esse processo de descoberta pode ser longo e, às vezes, desafiador, mas cada passo nessa jornada vale a pena. Quanto mais nos conhecemos, mais capazes somos de tomar decisões alinhadas com nossa essência, de viver de forma mais autêntica e de desenvolver relações mais profundas e significativas.

APLICAÇÃO PRÁTICA

Dedique-se ao processo de autoconhecimento com paciência e abertura. Lembre-se de que cada pequeno avanço é um passo importante em direção a uma vida mais plena e consciente.

CONSISTÊNCIA: .... / 365

SENTIMENTO:

ANOTAÇÕES:

7 outubro

A dualidade da mente

*A mente é o nosso maior tesouro,
mas também pode ser nosso maior desafio.*

A mente é uma fonte de poder e criatividade, mas também pode ser o local onde enfrentamos nossos maiores desafios. Cuidar dela é fundamental para aproveitar seu potencial e evitar armadilhas.

Nossa mente é um dos nossos maiores bens, que nos dá a capacidade de pensar, criar, refletir e sonhar. No entanto, ela também pode ser a fonte de nossas maiores lutas internas, como o medo, a ansiedade e o pensamento negativo. A mente pode nos impulsionar rumo a grandes realizações, mas também pode nos paralisar com dúvidas e inseguranças. Reconhecer essa dualidade é importante para que possamos aprender a dominar nossa mente e não sermos dominados por ela. Quando cuidamos da nossa saúde mental e desenvolvemos uma mentalidade positiva, a mente se torna uma aliada poderosa.

APLICAÇÃO PRÁTICA

Cuide da sua mente como um tesouro precioso. Desenvolva práticas que ajudem a manter o equilíbrio mental, como a meditação, a terapia e o autoconhecimento, e evite cair nas armadilhas do pensamento negativo.

CONSISTÊNCIA:
.... / 365

SENTIMENTO:

ANOTAÇÕES:

O valor do apoio emocional

O apoio emocional é tão importante quanto os medicamentos.

O apoio emocional tem um impacto profundo na saúde e no bem-estar. Assim como os medicamentos tratam o corpo, o apoio emocional trata a alma e a mente.

O apoio emocional é um pilar essencial para quem enfrenta desafios, seja em termos de saúde mental ou física. A presença de alguém que escuta, compreende e oferece empatia pode ser tão valiosa quanto qualquer tratamento médico. O apoio emocional promove o sentimento de pertencimento, alivia a solidão e fortalece a capacidade de enfrentar adversidades. Assim como os medicamentos tratam os sintomas físicos, o apoio emocional atua no coração e na mente, oferecendo força e conforto para quem precisa.

APLICAÇÃO PRÁTICA

Ofereça e busque apoio emocional sempre que necessário. Reconheça o valor de um ombro amigo e a importância de se sentir compreendido e apoiado em momentos difíceis.

CONSISTÊNCIA: .... / 365

SENTIMENTO:

ANOTAÇÕES:

9 outubro

O combate ao estresse crônico

O estresse crônico é um inimigo silencioso que precisa ser combatido.

O estresse crônico pode causar danos graves à saúde, tanto mental quanto física. Combatê-lo é essencial para manter o equilíbrio e o bem-estar a longo prazo.

O estresse é uma resposta natural do corpo a situações de perigo ou pressão, mas quando se torna constante, ele pode se transformar em um inimigo perigoso. O estresse crônico afeta o sistema imunológico, a saúde mental e até mesmo o coração. Ele é silencioso porque, muitas vezes, aprendemos a viver com ele, ignorando seus sinais. No entanto, os efeitos a longo prazo podem ser devastadores. É crucial identificar as fontes de estresse em nossas vidas e adotar práticas para reduzi-lo, como a meditação, o exercício físico, a terapia e a busca por equilíbrio entre trabalho e vida pessoal.

APLICAÇÃO PRÁTICA

Identifique os fatores de estresse crônico em sua vida e trabalhe ativamente para reduzi-los. Desenvolva rotinas de autocuidado e técnicas de gerenciamento do estresse para proteger sua saúde mental e física.

CONSISTÊNCIA:
.... / 365

SENTIMENTO:

ANOTAÇÕES:

10
outubro

O espaço terapêutico

A terapia é um espaço de acolhimento, não de julgamento.

A terapia oferece um ambiente seguro e acolhedor, onde podemos expressar nossos sentimentos e pensamentos sem medo de sermos julgados, promovendo a cura emocional.

Muitas vezes, as pessoas hesitam em buscar terapia por medo de serem julgadas ou incompreendidas. No entanto, a essência da terapia é justamente o oposto: ela proporciona um espaço de acolhimento, empatia e aceitação. O terapeuta atua como um guia, ajudando o paciente a explorar as emoções e os desafios, sem julgar ou criticar. Esse ambiente seguro é essencial para que possamos nos abrir, entender melhor a nós mesmos e trabalhar as áreas da nossa vida que precisam de atenção. A terapia é uma ferramenta valiosa para o autoconhecimento e a cura.

APLICAÇÃO PRÁTICA

Caso sinta necessidade, busque a terapia como um espaço de acolhimento. Lembre-se de que esse é um lugar seguro para compartilhar suas emoções e trabalhar em seu crescimento pessoal, sem julgamentos.

CONSISTÊNCIA:
.... / 365

SENTIMENTO:

ANOTAÇÕES:

A jornada da saúde mental

*A saúde mental não é um destino,
mas uma caminhada diária.*

A saúde mental não é algo que se alcança de uma vez e se mantém para sempre. Ela exige atenção e cuidado contínuos ao longo de toda a vida.

Manter a saúde mental é um processo constante, que exige prática e atenção diária. Assim como o corpo precisa de cuidados regulares, nossa mente também necessita de atividades e hábitos saudáveis para se manter em equilíbrio. O bem-estar mental não é algo estático; ele varia conforme as circunstâncias da vida, os desafios que enfrentamos e as emoções que experimentamos. A saúde mental é uma caminhada, e cada dia é uma oportunidade de nutrir nossa mente com pensamentos positivos, autocuidado, e busca de ajuda quando necessário.

APLICAÇÃO PRÁTICA

Encare sua saúde mental como uma jornada contínua. Pratique hábitos diários que promovam o bem-estar, como momentos de autocuidado, reflexão e conexão com suas emoções.

CONSISTÊNCIA:
.... / 365

SENTIMENTO:

ANOTAÇÕES:

12
outubro

Vivendo além do medo

*O medo é uma emoção natural,
mas não deve governar nossas vidas.*

Sentir medo é parte da experiência humana, mas não podemos permitir que ele nos controle. Aprender a agir apesar do medo é essencial para uma vida plena e autêntica.

O medo nos protege de perigos reais. No entanto, quando permitimos que esse sentimento assuma o controle, ele nos impede de viver plenamente. O medo pode nos paralisar, nos afastar de oportunidades e nos limitar em nossa capacidade de agir. Superar o medo não significa eliminá-lo, mas aprender a enfrentá-lo com coragem e discernimento. Ao reconhecer o medo como uma emoção natural, podemos aprender a controlá-lo e usá-lo como um guia para agir com mais consciência, sem deixar que ele governe nossas escolhas.

APLICAÇÃO PRÁTICA

Sempre que o medo surgir, reconheça-o e avalie sua real necessidade. Não permita que ele controle suas decisões. Enfrente-o com coragem, sabendo que viver plenamente exige ir além do medo.

CONSISTÊNCIA:
.... / 365

SENTIMENTO:

ANOTAÇÕES:

O poder libertador da aceitação

*A aceitação é libertadora
tanto para nós quanto para os outros.*

A aceitação de nós mesmos e dos outros é uma das chaves para a liberdade emocional. Ao aceitar o que não podemos mudar, liberamos o fardo do julgamento e das expectativas irreais.

Aceitar a nós mesmos e aos outros como somos é um dos maiores atos de compaixão e maturidade. Muitas vezes, gastamos muita energia tentando mudar ou controlar o que está além do nosso alcance, o que gera frustração e sofrimento. A aceitação nos permite liberar o peso das expectativas e abraçar a realidade como ela é. Isso não significa que devemos desistir de melhorar, mas sim que devemos reconhecer os limites do que podemos controlar. Aceitar os outros também é um presente que oferecemos a eles, permitindo que sejam quem são, sem a pressão de atender às nossas expectativas.

APLICAÇÃO PRÁTICA

Pratique a aceitação em sua vida tanto em relação a si mesmo quanto aos outros. Reconheça o que está além de seu controle e permita se libertar do peso das expectativas.

CONSISTÊNCIA:
.... / 365

SENTIMENTO:

ANOTAÇÕES:

As lições do sofrimento

O sofrimento pode ser um grande mestre, desde que estejamos abertos a aprender.

Embora doloroso, o sofrimento pode nos ensinar valiosas lições se estivermos dispostos a aprender com ele. Ele nos oferece uma oportunidade de crescimento e transformação.

Ninguém gosta de sofrer, mas o sofrimento faz parte da vida e, muitas vezes, é nas dificuldades que encontramos nossos maiores aprendizados. O sofrimento nos ensina sobre nossas limitações, nossa força interior e nossa capacidade de resiliência. Ele nos mostra o que é realmente importante e nos força a reavaliar nossas prioridades. Quando enfrentamos o sofrimento com abertura para aprender, ele pode nos transformar, tornando-nos mais sábios e fortes. Ignorar ou resistir ao sofrimento, por outro lado, impede que colhamos esses frutos.

APLICAÇÃO PRÁTICA

Quando passar por momentos de sofrimento, pergunte-se o que pode aprender com a experiência. Abrace a oportunidade de crescimento que esses momentos oferecem e use-os para se tornar uma versão mais forte e sábia de si mesmo.

CONSISTÊNCIA: .... / 365

SENTIMENTO:

ANOTAÇÕES:

15
outubro

Viver as emoções
*As emoções precisam ser vividas,
não reprimidas.*

Reprimir emoções pode causar mais danos do que expressá-las. É essencial permitir-se sentir e viver as emoções de maneira saudável para manter o equilíbrio emocional.

As emoções são uma parte fundamental de quem somos. Elas nos ajudam a processar experiências, nos conectar com os outros e compreender nossas necessidades. Quando reprimimos nossas emoções, criamos bloqueios internos que podem se manifestar de forma prejudicial em nossa saúde mental e física. A repressão pode levar a explosões emocionais, ansiedade ou até depressão. Por outro lado, viver as emoções significa reconhecê-las, aceitá-las e expressá-las de maneira saudável. Permitir-se sentir é um ato de autocuidado e de respeito pelo que estamos vivenciando.

APLICAÇÃO PRÁTICA

Quando sentir uma emoção forte, permita-se vivê-la e expressá-la de forma saudável. Reflita sobre o que ela está tentando lhe dizer e evite reprimir seus sentimentos.

CONSISTÊNCIA:
.... / 365

SENTIMENTO:

ANOTAÇÕES:

301

16
outubro

Cuidando da mente e do corpo

Cuidar da mente é tão importante quanto cuidar do corpo.

A mente e o corpo estão profundamente conectados, e cuidar de ambos é essencial para uma vida equilibrada e saudável.

Muitas vezes, damos muita atenção ao cuidado com o corpo – alimentação, exercícios, descanso –, mas negligenciamos a mente. No entanto, ela também precisa de cuidados regulares. O estresse, a ansiedade e as preocupações podem ter efeitos profundos na nossa saúde física, mostrando o quanto mente e corpo estão interligados. Cuidar da mente envolve práticas como meditação, descanso mental, reflexão e terapia, se necessário. Quando damos à nossa mente o mesmo cuidado que oferecemos ao nosso corpo, criamos um equilíbrio que nos permite enfrentar os desafios da vida com mais clareza e serenidade.

APLICAÇÃO PRÁTICA

Inclua práticas de cuidado mental na rotina, como você já faz com seu corpo. Lembre-se de que uma mente saudável é fundamental para uma vida plena e equilibrada.

CONSISTÊNCIA:
.... / 365

SENTIMENTO:

ANOTAÇÕES:

302

17 outubro

O poder da meditação

A meditação é uma ferramenta poderosa para acalmar a mente.

A meditação é uma prática antiga que tem o poder de acalmar a mente, reduzindo o estresse e promovendo a clareza mental e o equilíbrio emocional.

A meditação nos oferece um espaço de paz e silêncio em meio ao caos do dia a dia. Ela nos ajuda a focar no presente, a controlar nossos pensamentos e a reduzir a ansiedade. Com a prática regular da meditação, podemos treinar nossa mente para ser mais calma e centrada, o que nos permite lidar melhor com situações estressantes e desafios emocionais. A meditação não é apenas um momento de relaxamento, mas também uma ferramenta poderosa para o autoconhecimento e para desenvolver uma maior consciência de nós mesmos e do mundo ao nosso redor.

APLICAÇÃO PRÁTICA

Reserve alguns minutos do seu dia para a prática da meditação. Use esse tempo para acalmar sua mente, focar na respiração e permitir que sua mente se reequilibre.

CONSISTÊNCIA:
.... / 365

SENTIMENTO:

ANOTAÇÕES:

18
outubro

Oportunidades nos desafios

*Cada desafio traz consigo
uma oportunidade de crescimento.*

Os desafios são parte inevitável da vida, mas dentro de cada um deles está uma oportunidade única de crescimento e transformação pessoal.

Embora os desafios muitas vezes sejam difíceis, eles também são portas para o crescimento pessoal. Cada obstáculo que enfrentamos nos ensina algo novo sobre nós mesmos – nossa força, nossas fraquezas, nossa capacidade de adaptação. Quando mudamos de perspectiva e enxergamos os desafios como oportunidades, em vez de problemas, podemos usá-los como catalisadores para nos tornarmos mais fortes, sábios e resilientes. Em vez de temer os desafios, podemos abraçá-los como uma parte essencial da jornada de evolução.

APLICAÇÃO PRÁTICA

Sempre que enfrentar um desafio, pergunte-se o que pode aprender com a situação. Use os obstáculos como oportunidades para crescer e evoluir tanto pessoal quanto emocionalmente.

CONSISTÊNCIA:
.... / 365

SENTIMENTO:

ANOTAÇÕES:

304

19
outubro

A arte da resiliência

A resiliência é a arte de se reinventar a cada queda.

A resiliência é a habilidade de se levantar após cada queda, reinventando-se e adaptando-se às novas circunstâncias da vida.

A vida é cheia de altos e baixos, e todos nós enfrentamos momentos de fracasso e dificuldade. No entanto, o que nos define não é o número de quedas, mas a nossa capacidade de nos levantar e seguir em frente. A resiliência é essa habilidade de se reinventar, de aprender com cada queda e de usar essas experiências para se fortalecer. Ser resiliente não significa ser invulnerável ou imune à dor, mas ter a coragem e a determinação de se adaptar e crescer após cada desafio.

APLICAÇÃO PRÁTICA

Quando enfrentar uma queda ou um fracasso, foque na sua capacidade de se reinventar. Reflita sobre o que pode aprender e como pode se adaptar para voltar ainda mais forte.

CONSISTÊNCIA:
.... / 365

SENTIMENTO:

ANOTAÇÕES:

20
outubro

Os ensinamentos do diálogo

O diálogo é a melhor forma de resolver conflitos internos ou externos.

O diálogo, seja com os outros ou com nós mesmos, é a chave para resolver conflitos e alcançar entendimento. A comunicação aberta e honesta é fundamental para a resolução de problemas.

Muitos conflitos, tanto internos quanto externos, surgem da falta de comunicação ou da incompreensão. Quando nos permitimos dialogar, seja com os outros ou com nós mesmos, abrimos espaço para o entendimento e a resolução pacífica dos problemas. O diálogo é uma ferramenta poderosa, pois nos ajuda a expressar nossas necessidades, ouvir as perspectivas dos outros e encontrar soluções que atendam a todos os envolvidos. O mesmo se aplica aos nossos conflitos internos: dialogar consigo mesmo é uma forma de entender melhor suas emoções, medos e desejos, promovendo um equilíbrio interior.

APLICAÇÃO PRÁTICA

Sempre que enfrentar um conflito, opte pelo diálogo aberto e honesto. Seja com os outros ou com você mesmo, use a comunicação como uma ferramenta para encontrar soluções e promover a harmonia.

CONSISTÊNCIA:
.... / 365

SENTIMENTO:

ANOTAÇÕES:

Dê prioridade a sua saúde mental

A saúde mental deve ser uma prioridade, não uma opção.

A saúde mental é um aspecto fundamental do bem-estar e deve ser tratada com a mesma seriedade e atenção que a saúde física. Cuidar da mente não é uma opção, mas uma necessidade.

Muitas vezes, priorizamos nossa saúde física, mas negligenciamos a saúde mental, tratando-a como algo secundário. No entanto, sem uma mente saudável, é impossível ter uma vida equilibrada e plena. A saúde mental afeta diretamente nossa capacidade de tomar decisões, lidar com desafios e desfrutar das relações e experiências da vida. Colocá-la como uma prioridade significa dar a devida atenção às nossas necessidades emocionais, buscar ajuda quando necessário e adotar práticas que promovam o equilíbrio mental, como a meditação, o autocuidado e a terapia.

APLICAÇÃO PRÁTICA

Trate sua saúde mental como uma prioridade diária. Adote hábitos saudáveis para a mente e busque apoio quando necessário, reconhecendo que cuidar da sua mente é cuidar de toda a sua vida.

CONSISTÊNCIA: .... / 365

SENTIMENTO:

ANOTAÇÕES:

22
outubro

O alicerce do amor-próprio

O amor-próprio é o alicerce para relações saudáveis.

Relações saudáveis começam com o amor-próprio. Quando nos valorizamos, somos capazes de estabelecer conexões baseadas em respeito e reciprocidade.

O amor-próprio é a base de todas as nossas interações. Quando sabemos nosso valor, estabelecemos limites saudáveis e não aceitamos menos do que merecemos em nossas relações. Isso nos permite construir conexões autênticas, onde há respeito mútuo e equilíbrio. Sem amor-próprio, tendemos a buscar validação nos outros, o que pode levar a relacionamentos desequilibrados e insatisfatórios. Ao cultivar o amor por nós mesmos, criamos o ambiente propício para relações saudáveis e duradouras.

APLICAÇÃO PRÁTICA

Antes de buscar amor ou aceitação dos outros, cultive o amor-próprio. Lembre-se de que só podemos oferecer e receber amor genuíno quando nos respeitamos e valorizamos.

CONSISTÊNCIA: .... / 365

SENTIMENTO:

ANOTAÇÕES:

23 outubro

A beleza da imperfeição

A vida é imperfeita, e é nisso que reside sua beleza.

É nas imperfeições da vida que encontramos sua verdadeira beleza. A busca pela perfeição muitas vezes nos cega para o que realmente importa.

A vida é naturalmente imperfeita, e é essa imperfeição que a torna única e cheia de significados. São os erros, os imprevistos e as mudanças de planos que nos ensinam as lições mais valiosas e nos levam a evoluir. A busca incessante pela perfeição nos afasta da apreciação do presente e das belezas que existem nas falhas e incertezas. Quando aceitamos a vida como ela é – com seus altos e baixos – somos capazes de encontrar beleza nos momentos mais simples e reais.

APLICAÇÃO PRÁTICA

Abra mão da perfeição e aceite a vida com todas as suas imperfeições. Encontre a beleza no inesperado e no imperfeito, e celebre a autenticidade da jornada.

CONSISTÊNCIA: .... / 365

SENTIMENTO:

ANOTAÇÕES:

24
outubro

Reconhecendo a necessidade de ajuda

O primeiro passo para a cura é reconhecer que precisamos de ajuda.

A cura começa com a humildade de reconhecer que não podemos enfrentar tudo sozinhos. Pedir ajuda é um sinal de força, não de fraqueza.

Muitas vezes, resistimos a pedir ajuda porque acreditamos que devemos ser fortes o tempo todo. No entanto, reconhecer que precisamos de apoio é o primeiro passo para a cura. Seja em questões emocionais, mentais ou físicas, admitir que precisamos de auxílio é um ato de coragem e autocompaixão. Quando aceitamos a vulnerabilidade, abrimos espaço para receber o cuidado e a orientação de que necessitamos para nos curar e crescer.

APLICAÇÃO PRÁTICA

Caso esteja enfrentando dificuldades, permita-se pedir ajuda. Reconhecer suas necessidades é um passo crucial no processo de cura e crescimento pessoal.

CONSISTÊNCIA:
.... / 365

SENTIMENTO:

ANOTAÇÕES:

25
outubro

Cuidando do jardim da mente

A mente é um jardim e precisamos escolher bem as sementes que plantamos.

Nossos pensamentos são como sementes e a qualidade deles determina o que floresce em nossas vidas. Cultivar bons pensamentos é essencial para o bem-estar.

Assim como cuidamos de um jardim, devemos cuidar da nossa mente. Os pensamentos que permitimos entrar e germinar em nossa mente têm um impacto profundo na saúde mental e emocional. Se plantarmos sementes de pensamentos negativos, o resultado será ansiedade, medo e estresse. Por outro lado, ao cultivarmos pensamentos positivos, de gratidão, empatia e confiança, criamos um ambiente mental saudável e fértil para o crescimento e a felicidade. O que nutrimos em nossa mente se reflete em nossa vida.

APLICAÇÃO PRÁTICA

Observe seus pensamentos e escolha com cuidado as "sementes" que deseja plantar em sua mente. Cultive pensamentos positivos e produtivos que irão florescer em bem-estar e paz interior.

CONSISTÊNCIA:
.... / 365

SENTIMENTO:

ANOTAÇÕES:
....
....
....
....

26
outubro

Transformando falhas em lições

*Não somos definidos pelas nossas falhas,
mas pelo que fazemos com elas.*

As falhas não nos definem, mas sim a maneira como reagimos a elas. É o que fazemos após cometer um erro que revela nosso verdadeiro caráter.

Todos nós falhamos em algum momento, mas o que realmente importa é como escolhemos lidar com esses erros. Podemos nos deixar abater, sentindo culpa e vergonha, ou podemos enxergar as falhas como oportunidades de aprendizado e crescimento. As falhas não são um reflexo de nossa capacidade, mas sim uma parte essencial do processo de evolução. Cada erro carrega uma lição que pode nos ajudar a melhorar e a nos aproximar de nossos objetivos.

APLICAÇÃO PRÁTICA

Quando cometer um erro, em vez de se julgar, reflita sobre o que pode aprender com a situação. Use suas falhas como ferramentas para crescer e se tornar uma pessoa mais resiliente e sábia.

CONSISTÊNCIA:
.... / 365

SENTIMENTO:

ANOTAÇÕES:

27
outubro

Compaixão de dentro para fora

A compaixão começa dentro de nós e se expande para o mundo.

A compaixão genuína começa com a maneira como tratamos a nós mesmos. Quando aprendemos a ser compassivos internamente, somos capazes de espalhar essa empatia para o mundo ao nosso redor.

Para sermos verdadeiramente compassivos com os outros, primeiro precisamos praticar a compaixão interna. Isso significa tratar a nós mesmos com gentileza, paciência e perdão. Quando aceitamos nossas falhas e nos cuidamos emocionalmente, estamos melhor equipados para oferecer essa mesma compreensão e apoio aos outros. A compaixão é um ciclo que começa dentro de nós e se expande para o mundo, criando conexões mais profundas e relações mais harmoniosas.

APLICAÇÃO PRÁTICA

Comece praticando a compaixão por si mesmo. Seja gentil consigo nos momentos difíceis e, ao fazer isso, você naturalmente expandirá essa compaixão para os outros ao seu redor.

CONSISTÊNCIA:
.... / 365

SENTIMENTO:

ANOTAÇÕES:

28
outubro

Reconhecendo o cansaço mental

O cansaço mental pode ser tão exaustivo quanto o físico.

O cansaço mental é real e pode ser tão desgastante quanto o físico. Precisamos aprender a reconhecer e cuidar da exaustão mental para manter o equilíbrio.

Enquanto o cansaço físico é mais fácil de identificar, o cansaço mental muitas vezes passa despercebido. No entanto, ele pode ser igualmente debilitante, afetando nossa capacidade de tomar decisões, de nos concentrar e de lidar com as emoções. A sobrecarga mental pode levar ao esgotamento, à ansiedade e até à depressão, se não for tratada. Assim como precisamos de descanso físico, é crucial oferecer à mente momentos de pausa e relaxamento para que possamos reenergizá-la e manter nosso bem-estar geral.

APLICAÇÃO PRÁTICA

Caso esteja se sentindo mentalmente exausto, permita-se descansar. Pratique atividades que ajudem a aliviar a carga mental, como meditação, hobbies relaxantes ou simplesmente passe um tempo longe das responsabilidades diárias.

CONSISTÊNCIA: .... / 365

SENTIMENTO:

ANOTAÇÕES:

29 outubro

A decisão de mudar

A mudança começa quando decidimos nos transformar.

Toda mudança significativa começa com uma decisão interna. A transformação pessoal depende da nossa vontade de mudar e de nos comprometermos com o processo.

Mudar exige coragem e determinação, mas o primeiro passo é a decisão consciente de que queremos algo diferente para nós mesmos. Seja na busca por hábitos mais saudáveis, na superação de medos ou no crescimento pessoal, a transformação só acontece quando decidimos agir. Essa decisão marca o início de uma jornada de autodescoberta e melhoria contínua. A mudança pode ser desafiadora, mas, ao nos comprometermos com o processo, colhemos os frutos do crescimento e da evolução.

APLICAÇÃO PRÁTICA

Reflita sobre as áreas da sua vida em que deseja mudança. Tome a decisão de se transformar e dê o primeiro passo em direção a sua nova versão, sabendo que a verdadeira mudança começa de dentro.

CONSISTÊNCIA: .... / 365

SENTIMENTO:

ANOTAÇÕES:

A libertação através do perdão

O perdão é uma escolha que liberta não o outro, mas a nós mesmos.

Perdoar não significa justificar o erro do outro, mas sim libertar-se do peso que o rancor e a mágoa trazem. O perdão é um presente que damos a nós mesmos.

Muitas vezes, acreditamos que ao perdoar, estamos fazendo um favor à outra pessoa. No entanto, o verdadeiro poder do perdão está na libertação que ele oferece a quem perdoa. Guardar mágoas e ressentimentos só prolonga o sofrimento, aprisionando-nos em emoções negativas. O perdão não é sobre esquecer o que aconteceu, mas sobre se libertar do fardo emocional que nos impede de seguir em frente. Ao perdoar, nos damos a oportunidade de curar nossas feridas e de abrir espaço para a paz interior.

APLICAÇÃO PRÁTICA

Reflita sobre as mágoas que você ainda carrega e pergunte-se se está pronto para se libertar delas. Pratique o perdão não para o benefício do outro, mas para trazer mais leveza e liberdade a sua vida.

CONSISTÊNCIA:
.... / 365

SENTIMENTO:

ANOTAÇÕES:

31
outubro

Ação para mudar o rumo da vida

A vida não tem controle remoto.
Precisamos nos levantar e mudar o canal.

Muitas vezes, ficamos esperando que as coisas mudem sozinhas. No entanto, somos nós que precisamos agir e tomar as rédeas da nossa vida para mudar o que não está funcionando.

Assim como uma televisão não muda de canal sozinha, nossa vida também não se transforma se não tomarmos a iniciativa. Esperar que as coisas mudem sem ação é se resignar a uma vida sem controle. Para que novas oportunidades e experiências aconteçam, é necessário sair da inércia e fazer escolhas conscientes. Isso exige esforço, mas também oferece a possibilidade de criarmos uma realidade mais alinhada com nossos desejos e necessidades. Mudanças externas começam com atitudes internas.

APLICAÇÃO PRÁTICA

Se algo na sua vida não está do jeito que gostaria, tome a iniciativa para mudar. Avalie o que pode ser feito para melhorar sua situação e aja de forma proativa.

CONSISTÊNCIA:
.... / 365

SENTIMENTO:

ANOTAÇÕES:

A jornada infinita do autoconhecimento

O autoconhecimento é uma jornada que não tem fim, mas vale cada passo.

O autoconhecimento é um processo contínuo. Nunca chegamos a um ponto final, mas cada descoberta nos leva a uma versão mais autêntica e equilibrada de nós mesmos.

Conhecer a si mesmo é uma busca que dura a vida inteira. Sempre há novas camadas a serem desvendadas, novas percepções sobre quem somos e o que queremos. A jornada do autoconhecimento nos desafia a olhar para dentro e a refletir sobre nossos comportamentos, crenças e emoções. À medida que crescemos e mudamos, também evolui nossa compreensão de nós mesmos. Embora essa jornada não tenha um fim, ela nos traz inúmeros benefícios, como clareza, paz interior e a capacidade de viver de forma mais consciente.

APLICAÇÃO PRÁTICA

Dedique tempo à sua jornada de autoconhecimento. Reflita sobre suas ações e emoções, e veja cada passo como uma oportunidade de crescimento e descoberta.

CONSISTÊNCIA:
.... / 365

SENTIMENTO:

ANOTAÇÕES:

A felicidade no caminho

A felicidade não é um destino, mas uma jornada.

Muitas vezes, pensamos na felicidade como um objetivo a ser alcançado, algo que acontecerá no futuro quando certas condições forem atendidas. No entanto, a verdadeira felicidade não é um ponto de chegada, e sim, uma jornada contínua.

Viver em busca de uma felicidade futura pode nos fazer perder as alegrias do presente. A felicidade é encontrada nas pequenas coisas do dia a dia, nas experiências e nos momentos que compõem a nossa vida cotidiana. Quando nos concentramos apenas no destino final, deixamos de apreciar a beleza da viagem.

Ao entender que a felicidade é uma jornada, podemos começar a valorizar cada etapa do caminho, celebrando as pequenas vitórias, aprendendo com os desafios e apreciando as experiências que moldam quem somos. Cada dia oferece a oportunidade de encontrar alegria e satisfação, mesmo nas tarefas mais simples.

Essa perspectiva nos liberta da pressão de alcançar uma felicidade perfeita e nos permite viver de forma mais plena e presente.

APLICAÇÃO PRÁTICA

Pratique a gratidão diária, reconhecendo as pequenas alegrias que surgem ao longo do seu dia. Ao fazer isso, você começará a perceber que a felicidade está presente em cada momento da sua jornada, não apenas em um destino.

CONSISTÊNCIA:
.... **/ 365**

SENTIMENTO:

ANOTAÇÕES:

Apreciando os momentos de felicidade

A felicidade é feita de momentos, e não de uma constante.

A felicidade não é um estado permanente, mas um conjunto de momentos que vivenciamos ao longo da vida. Valorizar esses momentos nos permite reconhecer a alegria em meio à rotina.

Muitas vezes, buscamos a felicidade como um estado duradouro e ininterrupto, o que nos leva à frustração. A realidade é que a felicidade se apresenta em pequenos momentos – uma conversa significativa, um pôr do sol, o sucesso de um projeto. Reconhecer que esses momentos são passageiros, mas preciosos, nos ajuda a apreciar mais a vida como um todo. Quando aceitamos que a felicidade é feita de momentos, podemos parar de perseguir a ideia de uma felicidade constante e começar a valorizar as pequenas alegrias que tornam a vida especial.

APLICAÇÃO PRÁTICA

Preste atenção aos pequenos momentos de felicidade no seu dia a dia. Aprecie-os e reconheça que esses momentos são o que compõem uma vida plena.

CONSISTÊNCIA: .... / 365

SENTIMENTO:

ANOTAÇÕES:

4
novembro

A terapia como ferramenta de crescimento

A terapia não é para quem tem problemas, mas para quem busca soluções.

A terapia não é apenas para momentos de crise, mas para todos que buscam compreender melhor a si mesmos e encontrar soluções para viver de forma mais equilibrada e saudável.

Ainda existe o estigma de que a terapia é apenas para quem enfrenta grandes problemas emocionais ou mentais. Na verdade, a terapia é um espaço para todos que querem melhorar sua qualidade de vida, compreender melhor suas emoções e aprender a lidar com os desafios do cotidiano de maneira mais eficaz. A terapia oferece ferramentas para o autoconhecimento, o crescimento pessoal e o fortalecimento emocional. Buscar terapia é um ato de autocuidado e um passo importante na jornada de quem deseja encontrar soluções para viver de forma mais plena e consciente.

APLICAÇÃO PRÁTICA

Considere a terapia como um recurso para seu bem-estar, não apenas em momentos difíceis, mas como uma ferramenta contínua de crescimento e autocuidado.

CONSISTÊNCIA:
.... / 365

SENTIMENTO:

ANOTAÇÕES:

5
novembro

A resiliência da mente humana

A mente humana é capaz de se adaptar, mesmo nas situações mais adversas.

A mente humana tem uma capacidade incrível de adaptação. Mesmo em situações desafiadoras, somos capazes de encontrar formas de ajustar nossa perspectiva e superar as dificuldades.

A mente humana possui uma plasticidade admirável, o que significa que ela pode se reorganizar e se adaptar a novos desafios. Quando enfrentamos adversidades, podemos, inicialmente, sentir-nos sobrecarregados ou sem saída, mas com o tempo, nossa mente encontra maneiras de ajustar-se à nova realidade. Esse processo de adaptação nos permite desenvolver resiliência e descobrir soluções criativas para problemas complexos. A capacidade de adaptação da mente nos dá esperança de que, mesmo nas situações mais difíceis, podemos nos reinventar e superar os obstáculos.

APLICAÇÃO PRÁTICA

Confie na capacidade da sua mente de se adaptar. Diante de situações difíceis, dê tempo para que sua mente processe tudo o que aconteceu e encontre novas maneiras de lidar com os desafios.

CONSISTÊNCIA:
.... / 365

SENTIMENTO:

ANOTAÇÕES:

6
novembro

O veneno da raiva

*A raiva é um veneno
que nós mesmos bebemos.*

A raiva acumulada é um veneno que nos corrói por dentro. Nutrir esse sentimento, na esperança de causar danos a alguém, só prejudica a nós mesmos.

Sentir raiva é uma emoção natural, mas quando alimentada por muito tempo, pode se transformar em um fardo pesado que carregamos. Ao manter ressentimentos e mágoas, estamos nos envenenando emocionalmente na expectativa de que isso cause dano ao outro. No entanto, a raiva não afeta quem a originou – ela corrói apenas quem a carrega. Liberar a raiva através do perdão ou da aceitação nos liberta desse veneno emocional e nos permite seguir em frente de forma mais leve e saudável.

APLICAÇÃO PRÁTICA

Caso esteja guardando raiva de alguém, reflita sobre o impacto que essa pessoa tem em sua vida. Trabalhe para liberar esse sentimento, seja através do perdão, da aceitação ou de conversas sinceras, e permita-se encontrar a paz.

CONSISTÊNCIA:
.... / 365

SENTIMENTO:

ANOTAÇÕES:

7
novembro

A paz na impermanência

*Aceitar a impermanência da vida
é o primeiro passo para a paz interior.*

A vida está em constante mudança, e aceitar essa impermanência é fundamental para alcançar a paz interior. Tudo é passageiro e essa verdade nos ajuda a lidar melhor com as transições da vida.

A impermanência é uma das poucas certezas da vida. Tudo está em constante transformação – as pessoas, as circunstâncias, os sentimentos. Quando resistimos a essa verdade, sofremos com a tentativa de manter o que não pode ser conservado. Aceitar que tudo é passageiro, incluindo as dificuldades e os bons momentos, nos ajuda a desenvolver uma perspectiva mais equilibrada e ponderada. Com essa aceitação, vem a paz interior, pois não mais nos agarramos ao que não podemos controlar, mas fluímos com a vida de maneira mais harmoniosa.

APLICAÇÃO PRÁTICA

Pratique aceitar a impermanência em sua vida. Reflita sobre como tudo – bom ou ruim – passa, e use essa compreensão para cultivar a paz e o desapego nas situações diárias.

CONSISTÊNCIA:
.... / 365

SENTIMENTO:

ANOTAÇÕES:

324

8 novembro

Superando o medo de errar

O medo de errar muitas vezes nos impede de tentar.

O medo de errar pode nos paralisar e impedir que tomemos iniciativas importantes. Superar esse medo é essencial para alcançarmos nossos objetivos e crescermos.

O medo de errar é comum, mas quando ele se torna excessivo, acaba nos impedindo de tentar coisas novas ou de arriscar mudanças que podem nos beneficiar. O erro faz parte do aprendizado e da vida, e é através dele que evoluímos. Porém, quando deixamos o medo de errar dominar nossas ações, nos limitamos e fechamos portas para oportunidades de crescimento. Superar esse medo é essencial para viver de forma plena e autêntica. Afinal, cada erro contém uma lição valiosa que nos aproxima do sucesso e da realização.

APLICAÇÃO PRÁTICA

Sempre que o medo de errar surgir, lembre-se de que os erros são parte do processo de crescimento. Permita-se tentar, mesmo sabendo que o erro pode ocorrer, pois ele é um passo natural na jornada de aprendizado.

CONSISTÊNCIA:
.... / 365

SENTIMENTO:

ANOTAÇÕES:
....
....
....
....

A construção diária da saúde mental

A saúde mental é uma construção diária, erguida tijolo por tijolo.

A saúde mental não se mantém sozinha; ela é construída dia após dia com pequenos atos de autocuidado e autocompreensão.

Assim como uma casa é erguida tijolo por tijolo, a saúde mental é construída aos poucos com cada escolha que fazemos. Praticar o autocuidado, buscar apoio emocional, desenvolver hábitos saudáveis e aprender a lidar com o estresse são elementos que, ao serem incorporados na rotina, fortalecem nossa mente e nos ajudam a enfrentar os desafios. Pequenas ações diárias, como meditar, refletir ou praticar a gratidão, somam-se para formar uma base sólida de bem-estar mental.

APLICAÇÃO PRÁTICA

Invista na sua saúde mental diariamente. Reconheça que cada pequena ação de autocuidado é um "tijolo" que fortalece a base do seu bem-estar emocional.

CONSISTÊNCIA: .... / 365

SENTIMENTO:

ANOTAÇÕES:

10
novembro

O poder universal da gentileza

A gentileza é o idioma que até os surdos conseguem ouvir e a imagem que até os cegos conseguem ver.

A gentileza transcende as barreiras da linguagem e da percepção física. Ela é uma expressão universal de humanidade que pode ser entendida e sentida por todos, independentemente de suas limitações ou circunstâncias.

A gentileza é um ato simples, mas poderoso, que tem o poder de tocar corações e mudar vidas. Não requer grandes gestos ou palavras elaboradas. Muitas vezes, as ações mais simples de gentileza, como um sorriso, um gesto de ajuda ou uma palavra de encorajamento, têm os impactos mais profundos.

Essa virtude é um idioma universal porque fala diretamente à essência de cada ser humano. Mesmo aqueles que não podem ver ou ouvir a gentileza em sua forma tradicional podem sentir sua presença e ser afetados por ela. A gentileza cria conexões profundas entre as pessoas, promovendo um ambiente de compreensão, empatia e compaixão.

Além disso, a prática da gentileza beneficia não apenas aqueles que a recebem, mas também quem a pratica.

APLICAÇÃO PRÁTICA

Faça um esforço consciente para praticar a gentileza hoje, seja através de uma ação ou palavra. Observe como esses pequenos atos impactam não apenas os outros, mas também sua própria sensação de bem-estar e de conexão com o mundo ao seu redor.

CONSISTÊNCIA:
.... / 365

SENTIMENTO:

ANOTAÇÕES:

11
novembro

O valor do aprendizado contínuo

*A vida é um constante aprendizado
e cada experiência nos ensina algo novo.*

A vida está sempre nos ensinando através de experiências boas e ruins. Estar aberto ao aprendizado contínuo é fundamental para o crescimento pessoal.

Cada dia e cada situação traz consigo uma lição. As experiências, sejam de sucesso ou fracasso, são oportunidades valiosas para aprendermos mais sobre nós mesmos, os outros e o mundo ao nosso redor. Quando adotamos uma mentalidade de crescimento e nos permitimos aprender com tudo o que vivemos, transformamos cada momento em uma oportunidade de evolução. A sabedoria vem da prática constante de absorver as lições que a vida oferece com humildade e abertura.

APLICAÇÃO PRÁTICA

Ao passar por uma nova experiência, pergunte-se o que ela pode ensinar a você. Esteja aberto ao aprendizado contínuo, sabendo que cada situação, boa ou ruim, contribui para o seu crescimento.

CONSISTÊNCIA:
.... / 365

SENTIMENTO:

ANOTAÇÕES:

12
novembro

O efeito da ansiedade no presente

A ansiedade nos rouba o presente, projetando-nos em um futuro que ainda não existe.

A ansiedade nos desconecta do momento presente ao focar em cenários futuros que podem nem acontecer. Para viver plenamente, é preciso trazer a mente de volta ao agora.

A ansiedade surge quando nossa mente se projeta para o futuro, criando cenários de preocupação e medo. Ao focarmos no que pode ou não acontecer, perdemos a capacidade de viver o presente e de apreciar o momento. Essa antecipação de problemas futuros – muitas vezes irreais – gera estresse e nos impede de experimentar a vida em sua plenitude. Aprender a trazer a mente de volta para o agora é essencial para combater a ansiedade e viver com mais serenidade.

APLICAÇÃO PRÁTICA

Sempre que perceber a ansiedade está tomando conta de sua mente, pratique técnicas de atenção plena para voltar ao presente. Lembre-se de que o futuro ainda não chegou e que o único momento que você pode controlar é o agora.

CONSISTÊNCIA:
.... / 365

SENTIMENTO:

ANOTAÇÕES:

Fortalecendo a resiliência

*A resiliência é como um músculo:
quanto mais a exercitamos, mais forte fica.*

A resiliência é desenvolvida com a prática. Quanto mais a exercitamos, enfrentando e superando desafios, mais fortes nos tornamos.

Assim como os músculos do corpo, a resiliência se fortalece com o uso. A cada desafio enfrentado e superado, desenvolvemos nossa capacidade de resistir, de nos adaptar e de nos reerguer. Momentos difíceis são oportunidades de treinamento para nossa resiliência emocional. Quanto mais praticamos, mais fortes e preparados ficamos para lidar com futuras adversidades, enfrentando-as com confiança e determinação.

APLICAÇÃO PRÁTICA

Ao enfrentar uma dificuldade, lembre-se de que está fortalecendo sua resiliência. Use cada obstáculo como uma oportunidade para crescer e se tornar mais resistente às adversidades.

CONSISTÊNCIA:
.... / 365

SENTIMENTO:

ANOTAÇÕES:

14
novembro

O alívio do perdão

A culpa é um sentimento que corrói, mas o perdão é um bálsamo.

A culpa nos prende ao passado, corroendo nossa paz interior. O perdão, por outro lado, nos liberta e traz cura tanto para nós quanto para os outros.

Carregar a culpa é como carregar um peso emocional constante, que nos impede de viver plenamente no presente. A culpa nos mantém presos a erros passados e ao sofrimento. O perdão, no entanto, é o antídoto para essa dor. Ao nos perdoarmos e aos outros, liberamos esse fardo e abrimos espaço para a cura e a paz interior. O perdão não significa esquecer, mas sim soltar o que nos corrói por dentro e seguir em frente com leveza.

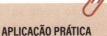

APLICAÇÃO PRÁTICA

Caso esteja carregando culpa, reflita sobre a possibilidade de perdoar a si mesmo ou aos outros. O perdão é um ato de autocura que nos permite seguir em frente de forma mais leve e saudável.

CONSISTÊNCIA:
.... / 365

SENTIMENTO:

ANOTAÇÕES:

15 novembro

O coração e a verdade interior

A mente mente, mas o coração sempre fala a verdade.

A mente pode ser influenciada por medos, inseguranças e ilusões, mas o coração carrega a sabedoria profunda e autêntica que nos guia com verdade.

Nossa mente é uma ferramenta poderosa, mas nem sempre confiável. Ela pode ser afetada por pensamentos negativos, dúvidas e medos que nos afastam da verdade. O coração, por outro lado, é o centro de nossa essência, onde reside nossa intuição e sabedoria mais profunda. Enquanto a mente pode nos confundir, o coração fala a verdade de quem somos e do que realmente queremos. Ouvir o coração, em vez de nos deixar levar pelas armadilhas da mente, nos permite tomar decisões mais autênticas e viver com mais paz interior.

APLICAÇÃO PRÁTICA

Sempre que estiver em dúvida, ouça o que seu coração tem a dizer. Ele é uma fonte de sabedoria que pode guiá-lo em direção à verdade, mesmo quando sua mente estiver confusa.

CONSISTÊNCIA: .... / 365

SENTIMENTO:

ANOTAÇÕES:

O passado como referência

O passado é um lugar de referência, não de residência.

O passado deve servir como um guia para aprendermos, mas não como um lugar onde vivemos. É no presente que nossa vida se desenrola.

O passado tem valor como fonte de aprendizado e reflexão, mas não devemos ficar presos a ele. Viver no passado nos impede de aproveitar as oportunidades do presente e de seguir em frente. Quando tratamos o passado como referência, usamos as lições que ele nos oferece para tomar melhores decisões no presente. No entanto, se fizermos do passado nossa residência, ficamos estagnados, presos a memórias e arrependimentos. O presente é onde a vida acontece, e é nele que devemos focar nossa energia.

APLICAÇÃO PRÁTICA

Use o passado como uma fonte de sabedoria, mas não se apegue a ele. Viva no presente e faça dele o foco de suas ações e decisões.

CONSISTÊNCIA:
.... / 365

SENTIMENTO:

ANOTAÇÕES:

17
novembro

O poder das palavras
As palavras têm poder. Use-as com sabedoria.

As palavras que escolhemos usar podem construir ou destruir. É importante usar a linguagem de forma consciente e com responsabilidade, sabendo que ela tem um impacto profundo.

Nossas palavras são uma das ferramentas mais poderosas que temos. Elas podem curar, inspirar e motivar, mas também podem ferir, destruir e desencorajar. O que dizemos aos outros – e a nós mesmos – tem um impacto direto em nossas relações e na maneira como percebemos a vida. Palavras podem fortalecer laços ou criar distâncias, podem trazer paz ou gerar conflitos. Usar a linguagem com sabedoria é essencial para construir uma vida e relações mais harmoniosas e saudáveis.

APLICAÇÃO PRÁTICA

Escolha suas palavras com cuidado. Antes de falar, reflita sobre o impacto que suas palavras terão tanto em você quanto nos outros.

CONSISTÊNCIA:
.... / 365

SENTIMENTO:

ANOTAÇÕES:

A realidade na imperfeição

A vida é imperfeita, e isso é o que a torna real.

A imperfeição é parte inerente da vida, e é exatamente essa característica que a torna autêntica e significativa.

A busca pela perfeição é uma armadilha que nos afasta da verdadeira essência da vida. A existência, com todas as suas falhas, erros e incertezas, é bela justamente porque é real. Quando aceitamos as imperfeições como parte natural do ato de existir, nos libertamos das expectativas irreais e aprendemos a valorizar cada momento em sua autenticidade. A perfeição é uma ilusão, mas a beleza da vida está em sua complexidade, em seus altos e baixos, em suas falhas e sucessos. Ao abraçar a imperfeição, abraçamos a verdadeira natureza da vida.

APLICAÇÃO PRÁTICA

Aceite a imperfeição como parte da vida e celebre a autenticidade que ela traz. Lembre-se de que a beleza da existência está em sua realidade, com todas as suas nuances e imperfeições.

CONSISTÊNCIA:
.... / 365

SENTIMENTO:

ANOTAÇÕES:

19
novembro

O medo como sinal de crescimento

O medo é um mau conselheiro, mas um ótimo indicador do que precisamos enfrentar.

Embora o medo possa nos paralisar, ele também serve como um indicador de onde estão nossas maiores oportunidades de crescimento e superação.

O medo muitas vezes nos impede de agir, fazendo-nos evitar situações desafiadoras. No entanto, em vez de seguir seus conselhos de fuga, devemos encará-lo como um sinal de que há algo importante a ser superado. O medo indica nossas inseguranças e as áreas em que precisamos nos fortalecer. Quando enfrentamos aquilo que tememos, encontramos a chance de expandir nossos limites e descobrir nossa verdadeira força. Portanto, embora o medo não deva guiar nossas decisões, ele pode apontar o caminho para nosso crescimento pessoal.

APLICAÇÃO PRÁTICA

Sempre que sentir medo, pergunte-se o que ele está tentando lhe mostrar. Use-o como um guia para identificar as áreas em que você precisa se desafiar e crescer.

CONSISTÊNCIA:
.... / 365

SENTIMENTO:

ANOTAÇÕES:

20 novembro

Sentir para curar

A cura emocional começa quando nos permitimos sentir.

A cura emocional só pode acontecer quando permitimos que nossas emoções venham à tona, em vez de reprimi-las. Sentir é o primeiro passo para superar.

Muitas vezes, evitamos sentir emoções dolorosas, acreditando que isso nos protegerá do sofrimento. No entanto, reprimir emoções só prolonga a dor e impede a cura. Para curar verdadeiramente, precisamos nos permitir sentir – tristeza, raiva, medo – sem julgar ou tentar fugir dessas emoções. Ao acolhê-las, começamos a entender suas origens e a processá-las de maneira saudável. Esse procedimento pode ser desconfortável, mas é essencial para a cura emocional e para que possamos seguir em frente com mais leveza e clareza.

APLICAÇÃO PRÁTICA

Permita-se sentir suas emoções plenamente, sem repressão. Acolha-as com compaixão, sabendo que esse é o caminho para a cura emocional.

CONSISTÊNCIA: .... / 365

SENTIMENTO:

ANOTAÇÕES:

21 novembro

A necessidade de autocuidado

O autocuidado não é egoísmo, mas uma necessidade.

Cuidar de si mesmo é essencial para manter o equilíbrio e o bem-estar. O autocuidado não é um ato egoísta, mas uma prática necessária para também manter uma relação saudável com os outros.

Muitas vezes, vemos o autocuidado como algo secundário ou até egoísta, especialmente quando estamos sobrecarregados com responsabilidades. No entanto, é impossível cuidar bem dos outros ou ser produtivo se não cuidarmos de nós mesmos. O autocuidado é uma necessidade, pois garante que tenhamos a energia e a saúde emocional para enfrentar os desafios diários. Ao reservar um tempo para nós mesmos – seja através do descanso, de hobbies ou da reflexão – estamos nos fortalecendo para sermos melhores em todas as outras áreas da vida.

APLICAÇÃO PRÁTICA

Inclua práticas de autocuidado em sua rotina diária, sem culpa. Lembre-se de que cuidar de si mesmo é essencial para que você possa cuidar bem dos outros.

CONSISTÊNCIA:
.... / 365

SENTIMENTO:

ANOTAÇÕES:

22 novembro

A habilidade de lidar com os desafios

*A paz interior não é a ausência de problemas,
mas a capacidade de lidar com eles.*

A verdadeira paz interior não vem de uma vida livre de problemas, mas da capacidade de enfrentar e lidar com os desafios com serenidade e equilíbrio.

Em geral, associamos paz interior com a ausência de conflitos ou dificuldades, mas a vida é cheia de desafios inevitáveis. A verdadeira paz interior não significa estar livre de problemas, mas ter a habilidade de lidar com eles de forma equilibrada e consciente. Quando aprendemos a manter a calma e a perspectiva, mesmo em meio às dificuldades, desenvolvemos uma paz interna que nos sustenta, independentemente das circunstâncias externas. Essa paz vem da confiança em nossa capacidade de enfrentar o que quer que a vida nos traga.

APLICAÇÃO PRÁTICA

Em vez de buscar uma vida sem problemas, desenvolva sua capacidade de lidar com as dificuldades de forma calma e centrada. Pratique manter a serenidade diante dos desafios, sabendo que a paz interior depende da sua resposta a eles.

CONSISTÊNCIA:
.... **/ 365**

SENTIMENTO:

ANOTAÇÕES:

23
novembro

Alimentando a mente com consciência

A mente é um reflexo daquilo com que a alimentamos diariamente.

A qualidade de nossos pensamentos e sentimentos é diretamente influenciada pelo que consumimos todos os dias – sejam informações, experiências ou hábitos.

Assim como o corpo responde ao que comemos, a mente responde ao que absorvemos diariamente. Se alimentarmos nossa mente com pensamentos negativos, preocupações ou conteúdos tóxicos, nossa saúde mental será afetada. Por outro lado, se nutrirmos a mente com positividade, aprendizado e experiências construtivas, ela se tornará mais forte e equilibrada. Cuidar do que consumimos – seja na mídia, nas relações ou em nossos próprios pensamentos – é essencial para manter uma mente saudável e resiliente.

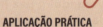

APLICAÇÃO PRÁTICA

Observe com o que você está "alimentando" sua mente. Escolha com cuidado os conteúdos, as companhias e os pensamentos que consome, buscando sempre aquilo que nutre e fortalece sua saúde mental.

CONSISTÊNCIA:
.... / 365

SENTIMENTO:

ANOTAÇÕES:

24
novembro

A importância das conexões
O apoio social é um dos pilares da saúde mental.

Ter uma rede de apoio social é fundamental para nossa saúde mental. As conexões com amigos, familiares e a comunidade nos ajudam a enfrentar os desafios com mais força e resiliência.

Ninguém é uma ilha, e nossa saúde mental depende em grande parte das conexões que cultivamos com as pessoas ao nosso redor. Uma rede de apoio social oferece não apenas conforto e segurança, mas também uma fonte de força em momentos de crise. O apoio emocional, a troca de experiências e a sensação de pertencimento são elementos essenciais para o bem-estar mental. Quando estamos conectados aos outros, somos mais capazes de enfrentar os desafios, pois sabemos que não estamos sozinhos.

APLICAÇÃO PRÁTICA
Fortaleça suas conexões sociais, cultivando relacionamentos significativos e buscando ajuda quando necessário. Lembre-se de que o apoio dos outros é um pilar fundamental da saúde mental.

CONSISTÊNCIA:
.... / 365

SENTIMENTO:

ANOTAÇÕES:

A transformação através da gratidão

A gratidão transforma o que temos em suficiente.

A prática da gratidão nos permite enxergar o valor do que já temos, afastando-nos da insatisfação constante e trazendo contentamento para a vida.

A gratidão tem o poder de mudar nossa perspectiva, nos fazendo perceber que já temos o suficiente para sermos felizes. Em vez de focar no que falta, a gratidão nos convida a reconhecer as bênçãos que já estão presentes em nossas vidas. Ao praticá-la regularmente, transformamos o que antes nos parecia escassez em abundância, e o que considerávamos pouco se torna mais que suficiente. A gratidão não muda a realidade externa, mas altera a forma como a enxergamos, trazendo contentamento e paz interior.

APLICAÇÃO PRÁTICA

Cultive a gratidão diariamente. Reflita sobre o que já possui e valorize cada pequeno detalhe, transformando a percepção de falta em uma sensação de plenitude e abundância.

CONSISTÊNCIA:
.... / 365

SENTIMENTO:

ANOTAÇÕES:

26
novembro

O segredo da perseverança

A perseverança é o segredo para alcançar grandes coisas.

Grandes realizações raramente são conquistadas de forma rápida ou fácil. A perseverança é o ingrediente essencial que nos sustenta ao longo da jornada, nos impulsionando a continuar mesmo quando os desafios parecem intransponíveis.

A perseverança é a capacidade de manter o foco e a determinação, independentemente dos obstáculos que surgem no caminho. É ela que nos diferencia quando as coisas ficam difíceis, pois enquanto muitos desistem, os perseverantes continuam avançando, passo a passo, até alcançarem seus objetivos.

O caminho para grandes realizações é muitas vezes árduo e repleto de contratempos. No entanto, cada desafio superado fortalece nossa determinação e nos aproxima um pouco mais do nosso destino. A perseverança não é apenas sobre continuar; é também sobre aprender, adaptar-se e crescer ao longo do processo. Ela nos ensina a importância da resiliência e da paciência, e nos recompensa com o sucesso que vem da dedicação e do esforço contínuo.

APLICAÇÃO PRÁTICA

Identifique um objetivo de longo prazo que você está buscando. Reflita sobre as dificuldades que já superou e renove seu compromisso com a perseverança. Lembre-se de que cada pequeno passo é um avanço em direção à conquista de algo grande.

CONSISTÊNCIA:
.... / 365

SENTIMENTO:

ANOTAÇÕES:

27 novembro

A oportunidade do recomeço diário
Cada dia é uma nova oportunidade de recomeçar.

Cada amanhecer traz consigo a chance de começar de novo. O passado não precisa definir o presente, e cada dia é uma nova página em branco.

A vida é cheia de altos e baixos e, às vezes, podemos nos sentir desanimados com os erros ou falhas do passado. No entanto, cada novo dia nos oferece a oportunidade de recomeçar. Não importa o que aconteceu ontem, sempre temos a chance de tentar novamente, de corrigir erros e fazer escolhas diferentes. Encarar cada dia como uma nova oportunidade nos dá esperança e nos ajuda a seguir em frente com mais leveza e determinação.

APLICAÇÃO PRÁTICA

Ao acordar, lembre-se de que hoje é uma nova chance de começar de novo. Use cada dia como uma oportunidade para ser melhor e criar novas possibilidades para si mesmo.

CONSISTÊNCIA:
.... / 365

SENTIMENTO:

ANOTAÇÕES:

28
novembro

A profundidade da empatia

A empatia é a habilidade de sentir com o outro, não apenas pelo outro.

Empatia não é apenas sentir pena ou compaixão por alguém. É a capacidade de se colocar no lugar do outro e sentir junto com ele, compreendendo suas emoções.

A verdadeira empatia vai além de simplesmente reconhecer o sofrimento alheio. Ela envolve a habilidade de sentir com o outro, de se conectar profundamente com suas emoções e experiências, criando um vínculo de compreensão mútua. Quando praticamos a empatia, deixamos de ser espectadores e nos tornamos participantes ativos na experiência emocional do outro. Isso nos permite apoiar de forma mais genuína e criar conexões mais profundas e significativas.

APLICAÇÃO PRÁTICA

Pratique a empatia em suas interações. Em vez de apenas sentir pelo outro, procure se conectar com suas emoções e entender sua perspectiva, oferecendo um apoio mais autêntico.

CONSISTÊNCIA:
.... / 365

SENTIMENTO:

ANOTAÇÕES:

29
novembro

Retire as amarras do seu coração

A vida é curta demais para vivermos com o coração fechado.

A vida passa rápido e fechar o coração por medo ou mágoa só nos priva de experiências ricas e significativas. Viver com o coração aberto é a chave para uma vida plena.

O tempo que temos é limitado e viver com o coração fechado nos impede de experimentar o amor, a alegria e as conexões que dão sentido à existência. Muitas vezes, fechamos o coração por medo de sermos feridos ou por causa de mágoas passadas, mas isso só nos afasta do que realmente importa. Abrir o coração, mesmo que haja riscos, é o que nos permite viver plenamente, aproveitando cada oportunidade de amar e ser amado, de aprender e de crescer. Não permita que o medo impeça você de se entregar à vida com autenticidade e paixão.

APLICAÇÃO PRÁTICA

Abra seu coração para novas experiências e pessoas, mesmo que isso signifique correr riscos. Viva com autenticidade e permita-se sentir profundamente, sabendo que é assim que se vive plenamente.

CONSISTÊNCIA:
.... / 365

SENTIMENTO:

ANOTAÇÕES:

30 novembro

Aprenda a dividir seu sofrimento
O sofrimento não precisa ser solitário; compartilhe-o.

Embora o sofrimento seja uma experiência pessoal, ele não precisa ser vivido sozinho. Compartilhar nossas dores com os outros alivia o fardo e nos aproxima de quem nos apoia.

Muitas vezes, nos isolamos quando estamos sofrendo, acreditando que devemos enfrentar a dor sozinhos. No entanto, compartilhar o sofrimento com alguém de confiança nos ajuda a processar as emoções de maneira mais saudável. Falar sobre o que nos aflige permite que recebamos apoio, compreensão e, muitas vezes, novas perspectivas que nos ajudam a enxergar soluções. O sofrimento compartilhado é uma maneira de criar laços mais fortes e de aliviar o peso que carregamos. A dor, quando dividida, se torna mais leve.

APLICAÇÃO PRÁTICA

Se estiver sofrendo, não se isole. Busque alguém em quem confia para compartilhar suas dificuldades. Ao dividir suas dores, você abrirá espaço para receber apoio e encontrar alívio.

CONSISTÊNCIA:
.... / 365

SENTIMENTO:

ANOTAÇÕES:

1 dezembro

A força do propósito

O propósito de vida é o que nos dá força para seguirmos em frente.

Ter um propósito claro nos dá direção e motivação para enfrentar os desafios da vida. É ele que nos mantém firmes, mesmo quando as dificuldades parecem insuperáveis.

Quando temos um propósito, nossa vida ganha sentido e foco. O propósito nos guia, servindo como um farol em meio às tempestades. Ele nos dá força para continuar quando as coisas ficam difíceis, porque nos lembra dos motivos por trás de nossas ações e esforços. Esse propósito pode ser algo grande, como uma missão de vida, ou algo simples, como o desejo de ser uma melhor versão de nós mesmos. Independentemente de sua forma, o propósito nos mantém firmes e resilientes, tornando as adversidades mais fáceis de serem suportadas.

APLICAÇÃO PRÁTICA

Reflita sobre qual é o seu propósito de vida. Quando encontrar desafios, lembre-se desse propósito para reorientar suas energias e seguir em frente com mais determinação.

CONSISTÊNCIA:
.... / 365

SENTIMENTO:

ANOTAÇÕES:

A terapia como espaço de autodescoberta

A terapia é um encontro consigo mesmo mediado por um profissional.

A terapia não é apenas uma prática que o ajuda a resolver os problemas, mas uma oportunidade de se reconectar com sua essência. Ela oferece um espaço seguro para o autoconhecimento guiado por um profissional.

A terapia é um processo profundo de autodescoberta. Ela nos ajuda a explorar nossas emoções, crenças e padrões de comportamento muitas vezes desconhecidos para nós mesmos. O terapeuta atua como um facilitador, guiando-nos em um caminho de reflexão e compreensão. Esse encontro consigo mesmo permite que você enxergue áreas da vida que precisam de atenção, aprenda a lidar com traumas e desenvolva novas formas de pensar e agir. A terapia é uma ferramenta poderosa para a transformação pessoal e o bem-estar emocional.

APLICAÇÃO PRÁTICA

Considere a terapia como um recurso para se reconectar com quem você é. Use o processo terapêutico para explorar suas emoções e encontrar novas maneiras de crescer e se curar.

CONSISTÊNCIA: .... / 365

SENTIMENTO:

ANOTAÇÕES:

3
dezembro

A mensagem das emoções

*As emoções são mensageiras.
Escute o que elas têm a dizer.*

As emoções carregam mensagens importantes sobre nossos desejos, medos e necessidades. Em vez de ignorá-las, devemos escutá-las para entender o que elas estão tentando nos comunicar.

Cada emoção que sentimos, seja positiva ou negativa, traz uma mensagem que não deve ser ignorada. Sentir raiva pode ser um sinal de que nossos limites foram ultrapassados; tristeza pode indicar a necessidade de luto ou reflexão; a alegria pode nos mostrar que estamos no caminho certo. Quando prestamos atenção às nossas emoções, entendemos melhor o que está acontecendo em nosso interior e quais necessidades estão pedindo mais dedicação. Em vez de reprimir ou ignorar, escutar nossas emoções nos ajuda a tomar decisões mais alinhadas com nosso bem-estar.

APLICAÇÃO PRÁTICA

Sempre que uma emoção forte surgir, pare e reflita sobre o que ela está tentando lhe dizer. Use essa informação para agir de maneira mais consciente e equilibrada.

CONSISTÊNCIA:
.... / 365

SENTIMENTO:

ANOTAÇÕES:

4 dezembro

Compreendendo o quebra-cabeça da mente

A mente humana é como um quebra-cabeça: cada peça tem seu lugar.

A mente humana é complexa e entender seus diferentes aspectos é como montar um quebra-cabeça. Cada peça, cada pensamento e emoção tem seu lugar e sua importância.

Assim como um quebra-cabeça, nossa mente é composta de diferentes partes – pensamentos, emoções, memórias, crenças. Para entender quem somos, é necessário encaixar essas peças de maneira que façam sentido em conjunto. Às vezes, pode ser difícil compreender como cada aspecto de nós se relaciona, mas com paciência e reflexão, começamos a ver o quadro completo. Esse processo exige tempo e autoconhecimento, mas é essencial para compreendermos como nossa mente funciona e como cada parte influencia nossas ações e decisões.

APLICAÇÃO PRÁTICA
Reflita sobre como suas diferentes emoções, pensamentos e experiências se conectam para formar o quadro completo da sua vida. Dê tempo para que cada peça do quebra-cabeça se encaixe.

CONSISTÊNCIA:
.... / 365

SENTIMENTO:

ANOTAÇÕES:

A ilusão da ansiedade
A ansiedade nos faz correr sem sair do lugar.

A ansiedade cria uma sensação de urgência e movimento constante, mas muitas vezes nos impede de progredir de verdade. Ficamos presos em pensamentos e preocupações, sem avançar.

Quando estamos ansiosos, sentimos que precisamos fazer algo, que estamos atrasados ou que algo ruim está prestes a acontecer. No entanto, essa sensação de urgência raramente resulta em ação produtiva. Em vez de avançarmos, ficamos presos em um ciclo de preocupação, repetindo os mesmos pensamentos e medos. A ansiedade nos coloca em movimento interno, mas não nos leva a lugar nenhum. Reconhecer essa dinâmica é o primeiro passo para desacelerar e tomar controle da situação.

APLICAÇÃO PRÁTICA
Quando a ansiedade surgir, pare e respire profundamente. Reflita se você está realmente progredindo ou apenas correndo mentalmente em círculos. Tome medidas concretas e intencionais para avançar em vez de ceder à urgência da ansiedade.

CONSISTÊNCIA:
.... / 365

SENTIMENTO:

ANOTAÇÕES:

6
dezembro

Autoestima e autoaceitação

A autoestima é construída com autoaceitação, não com perfeição.

A verdadeira autoestima não vem de ser perfeito, mas de aceitar quem somos com todas as nossas imperfeições. É na autoaceitação que encontramos nosso valor.

Costumamos associar a autoestima com a ideia de perfeição – acreditamos que só seremos confiantes e felizes quando alcançarmos determinado padrão. No entanto, a verdadeira autoestima vem da aceitação de quem somos, com nossos defeitos, erros e qualidades. Quando nos aceitamos plenamente, nos libertamos da pressão de sermos perfeitos e começamos a valorizar nossa autenticidade. A perfeição é inalcançável, mas a autoaceitação nos permite encontrar paz e confiança em nossa própria pele.

APLICAÇÃO PRÁTICA

Pratique a autoaceitação. Reflita sobre suas qualidades e imperfeições, e trabalhe para aceitar a si mesmo como é, sabendo que a autoestima verdadeira vem dessa aceitação.

CONSISTÊNCIA:
.... / 365

SENTIMENTO:

ANOTAÇÕES:

O princípio do respeito

O respeito é a base de qualquer relacionamento saudável.

O respeito é a fundação sobre a qual todos os relacionamentos saudáveis são construídos. Sem ele, a confiança, a comunicação e o afeto dificilmente podem florescer de forma verdadeira e duradoura.

Respeito significa reconhecer e valorizar a dignidade e os direitos do outro, independentemente das diferenças de opinião, crença ou comportamento. É o respeito que cria um espaço seguro onde as pessoas podem ser quem realmente são, sem medo de julgamento ou rejeição.

Nos relacionamentos, o respeito se manifesta através de ações e palavras que demonstram consideração, empatia e compreensão. Ele permite que os conflitos sejam resolvidos de forma construtiva, sem agressão ou desrespeito.

Quando praticamos o respeito de forma consistente, estamos construindo um relacionamento em que ambas as partes se sentem valorizadas e ouvidas. Esse respeito mútuo fortalece os laços e cria uma base sólida sobre a qual o amor, a amizade e a parceria podem prosperar.

APLICAÇÃO PRÁTICA

Reflita sobre como você expressa respeito nos seus relacionamentos. Procure maneiras de aprimorar essa prática, seja ouvindo mais atentamente ou se esforçando para compreender as possíveis diferenças e discordâncias que podem surgir.

CONSISTÊNCIA: .... **/ 365**

SENTIMENTO:

ANOTAÇÕES:

A memória grata do coração

A gratidão é a memória do coração.

A gratidão é mais do que um simples sentimento; é a forma como o coração lembra e reconhece as bênçãos e as bondades que experimentamos ao longo da vida.

Quando praticamos a gratidão, estamos ativando uma memória especial dentro de nós, uma memória que não se baseia apenas em fatos ou eventos, mas em sentimentos e emoções. Essa memória grata nos ajuda a focar no que realmente importa, nutrindo um senso de contentamento e paz interior.

A gratidão transforma a maneira como vemos o mundo. Ao lembrar com gratidão, nosso coração se abre para as pequenas e grandes bênçãos que recebemos, muitas vezes de forma silenciosa. Ela nos ajuda a valorizar as relações, as experiências e até mesmo os desafios que contribuíram para o nosso crescimento.

Essa prática constante de lembrar com gratidão fortalece nossa resiliência emocional e mental. Ela nos dá uma base sólida para enfrentar as dificuldades da vida, pois nos lembra de que, independentemente das circunstâncias, sempre há algo pelo qual ser grato.

ANOTAÇÕES:

APLICAÇÃO PRÁTICA

Comece um diário de gratidão, onde você deve anotar diariamente três coisas pelas quais é grato. Ao revisar essas memórias, permita que seu coração se conecte profundamente com esses sentimentos, fortalecendo a memória grata do seu coração.

CONSISTÊNCIA:
.... / 365

SENTIMENTO:

9 dezembro

Saúde mental como prioridade

A saúde mental não é luxo, mas necessidade.

Cuidar da saúde mental não é um privilégio ou algo que podemos deixar de lado. É uma necessidade essencial para nosso bem-estar geral e qualidade de vida.

A saúde mental é muitas vezes subestimada e tratada como uma preocupação secundária. No entanto, ela é fundamental para todos os aspectos da nossa vida – relacionamentos, trabalho, a saúde física e emocional. Sem uma mente saudável, nossa capacidade de tomar decisões, lidar com desafios e encontrar alegria é profundamente afetada. Cuidar da saúde mental não deve ser visto como um luxo, mas como uma necessidade diária, que deve ser priorizada tanto quanto a saúde física.

APLICAÇÃO PRÁTICA

Trate sua saúde mental com a seriedade que ela merece. Inclua práticas de autocuidado mental em sua rotina e busque apoio sempre que sentir necessidade.

CONSISTÊNCIA: .... / 365

SENTIMENTO:

ANOTAÇÕES:

10
dezembro

O poder curativo do tempo

O tempo é o melhor remédio para muitas dores emocionais.

Embora não possamos acelerar o processo de cura emocional, o tempo é um aliado poderoso para aliviar a dor e trazer novas perspectivas.

Muitas dores emocionais parecem insuportáveis no momento em que as vivenciamos. No entanto, com o passar do tempo, essas feridas começam a cicatrizar. O tempo oferece distanciamento e clareza, permitindo que a intensidade das emoções se acalme e que novas formas de enxergar a situação surjam. Não podemos apressar esse processo, mas podemos confiar que, com paciência e autocompaixão, o tempo ajudará a suavizar a dor e a abrir espaço para o crescimento e a cura.

APLICAÇÃO PRÁTICA

Caso esteja passando por um momento difícil, lembre-se de que o tempo possui um enorme poder curativo. Dê a si mesmo a permissão de sentir e permitir que o tempo trabalhe em seu favor.

CONSISTÊNCIA:
.... / 365

SENTIMENTO:

ANOTAÇÕES:

11
dezembro

O amor como força conectiva

O amor é a energia que nos conecta a tudo e a todos.

O amor é a força mais poderosa do universo. Ele nos conecta uns aos outros, nos dá propósito e enche nossa vida de significado.

O amor não se limita aos relacionamentos românticos. Ele é uma energia que permeia todas as conexões significativas que temos: com outras pessoas, com a natureza e até com nós mesmos. O amor nos motiva a agir com bondade, compaixão e generosidade. É um sentimento que nos conecta profundamente, permitindo que sintamos empatia e nos move a cuidar dos outros, mesmo em momentos difíceis. Quando reconhecemos o amor como essa força universal, percebemos que ele está presente em todos os aspectos da vida, sustentando e fortalecendo nossas relações e experiências.

APLICAÇÃO PRÁTICA

Cultive o amor em todas as suas formas. Valorize as conexões que ele cria e permita que essa energia oriente suas ações, trazendo mais significado e harmonia para sua vida.

CONSISTÊNCIA:
.... / 365

SENTIMENTO:

ANOTAÇÕES:

Aceitando a constância da mudança

A mudança é a única constante na vida. Abrace-a.

A única coisa permanente na vida é a mudança. Resistir a ela só traz sofrimento, enquanto abraçá-la nos permite crescer e evoluir.

Não é raro que tenhamos medo da mudança, pois ela nos tira da zona de conforto. No entanto, a mudança é inevitável e necessária para o crescimento pessoal. Quando resistimos, ficamos presos a situações que podem não nos servir mais. Ao abraçar a mudança, aceitamos a oportunidade de evoluir, aprender e nos adaptar a novas circunstâncias. Encarar a mudança com abertura e coragem nos permite viver de maneira mais leve e resiliente, sabendo que cada novo ciclo traz consigo oportunidades de transformação.

APLICAÇÃO PRÁTICA

Quando a mudança se apresentar em sua vida, em vez de resistir, abrace-a com curiosidade. Veja-a como uma oportunidade de crescimento e adaptação.

CONSISTÊNCIA: .... / 365

SENTIMENTO:

ANOTAÇÕES:

A cura pelo poder interior
O silêncio interior é um espaço de cura.

No silêncio interior, encontramos o espaço necessário para refletir, restaurar e curar nossas feridas emocionais.

Vivemos em um mundo barulhento, repleto de distrações, no qual somos bombardeados por informações constantes. Nesse cenário, o silêncio interior é um recurso valioso e muitas vezes subestimado. Quando nos permitimos momentos de quietude, criamos espaço para que nossa mente e nossas emoções se reorganizem. O silêncio interior nos permite processar experiências, aliviar o estresse e encontrar soluções que o barulho externo muitas vezes oculta. Ele é um espaço de cura, onde nos conectamos com nossa essência e fornecemos o tempo necessáio para que as feridas emocionais possam cicatrizar.

APLICAÇÃO PRÁTICA

Reserve momentos de silêncio em sua rotina. Use esse tempo para refletir, acalmar sua mente e se reconectar com sua própria energia, permitindo que a cura aconteça.

CONSISTÊNCIA:
.... / 365

SENTIMENTO:

ANOTAÇÕES:

14
dezembro

Autoconhecimento: o maior tesouro

Não é sobre ostentar e, sim, sobre se conhecer.

Na vida, o que realmente importa não é o que exibimos, mas o que descobrimos sobre nós mesmos. Não é o brilho externo que nos preenche, mas a profundidade do que carregamos por dentro.

Vivemos em uma sociedade que nos incentiva a buscar validação em bens materiais e status. No entanto, o que nos traz verdadeira satisfação não está do lado de fora, mas sim do lado de dentro, no nosso autoconhecimento. Quando passamos a nos entender de forma plena — nossas qualidades, nossas fraquezas e nossos limites — percebemos que a paz e a alegria duradouras vêm dessa conexão interna. Ostentar é como correr atrás de algo que se esvai com o tempo, enquanto o autoconhecimento é uma jornada contínua, que nos fortalece e nos prepara para os desafios da vida.

APLICAÇÃO PRÁTICA

Em vez de buscar reconhecimento através de aparências ou bens, volte-se para dentro. Pergunte-se o que realmente te motiva, quais são os seus valores, e permita que eles sejam o norteador de suas escolhas. Essa é a base para uma vida com propósito e serenidade.

CONSISTÊNCIA:
.... / 365

SENTIMENTO:

ANOTAÇÕES:

15 dezembro

Agir de verdade

Não é sobre falar e, sim, sobre agir.

Palavras têm valor, mas são as ações que verdadeiramente mostram quem somos. Falar é fácil; agir com coerência e constância é o que revela nosso real compromisso com nossas crenças.

Muitas vezes, nos deixamos levar por promessas vazias ou discursos bem articulados, mas é só através da ação que demonstramos quem realmente somos. O mundo não precisa de mais palavras vazias, ele precisa de exemplos práticos. Quando agimos de acordo com o que falamos, ganhamos credibilidade e construímos relações baseadas na confiança. A transformação, seja pessoal ou social, só acontece quando nos colocamos em movimento. A ação é a verdadeira prova de integridade e é através dela que honramos nossas palavras.

APLICAÇÃO PRÁTICA

Sempre que se encontrar refletindo sobre algo importante, pergunte-se: "Como posso materializar isso? O que posso fazer para que essas palavras ganhem vida?" Lembre-se de que o mundo muda com atitudes, não apenas com intenções.

CONSISTÊNCIA:
.... / 365

SENTIMENTO:

ANOTAÇÕES:

A essência que vai além do ter

Não é sobre ter e, sim, sobre ser de verdade.

Na essência da vida, a felicidade não está no acúmulo de bens, mas na profundidade de ser quem você realmente é. Ser genuíno vale mais do que qualquer posse material.

Estamos imersos em uma cultura que nos faz acreditar que o sucesso e a felicidade estão relacionados ao que possuímos. No entanto, a verdadeira felicidade e a paz interior vêm de viver de acordo com nossa essência, de sermos autênticos. Quando nos concentramos no "ter", acabamos nos desconectando de quem somos e nos aprisionamos em uma busca interminável por validação externa. Já o "ser" nos proporciona uma liberdade inestimável, pois vem de dentro, e é essa autenticidade que traz consigo uma sensação duradoura de paz e realização.

APLICAÇÃO PRÁTICA

Reavalie suas prioridades. Pergunte-se: "Eu estou tentando ser alguém que os outros esperam que eu seja ou estou sendo eu mesmo?" Encontre força na autenticidade e faça dela o pilar de suas decisões e ações.

CONSISTÊNCIA:
.... / 365

SENTIMENTO:

ANOTAÇÕES:

A confiança no Tempo Divino

Acalme esse seu coração ansioso. O que é seu encontrará o caminho para chegar até você. Deus não demora, Ele capricha.

A ansiedade nos faz querer acelerar a vida, mas a fé nos ensina que tudo tem seu tempo. A confiança no divino nos faz entender que aquilo que é nosso está sendo preparado com todo cuidado.

Quando estamos ansiosos, a sensação é de que o mundo precisa se ajustar ao nosso tempo. Queremos que tudo aconteça imediatamente, mas a verdade é que a vida tem seus próprios ritmos e as melhores coisas acontecem quando estão maduras. Confiar no tempo de Deus, ou no tempo do universo, nos permite viver com mais serenidade, sabendo que tudo se encaixa exatamente quando é preciso. Aquilo que é nosso, seja uma oportunidade, uma pessoa ou um sonho, encontrará o caminho até nós. E, quando isso acontecer, saberemos que veio no momento e do jeito certos.

APLICAÇÃO PRÁTICA

Toda vez que a ansiedade bater à sua porta, lembre-se: confie no processo. Tudo tem um tempo e é justamente esse tempo que garante que as coisas cheguem da melhor forma. Cultive a paciência e reforce sua fé de que o que é seu está sendo cuidadosamente preparado.

CONSISTÊNCIA: .... / 365

SENTIMENTO:

ANOTAÇÕES:

18 dezembro

O amor que reside na escuta

Saber ouvir é uma das formas mais gentis de amor.

Em um mundo onde todos querem ser ouvidos, ouvir de verdade é um ato raro, porém essencial. Escutar com atenção é um dos gestos mais profundos de amor que podemos oferecer.

A maioria das pessoas fala, mas poucas sabem realmente ouvir. Quando ouvimos alguém de coração aberto, sem interrupções ou julgamentos, oferecemos um espaço seguro para que o outro se expresse. A escuta ativa vai além de simplesmente ouvir palavras; é sobre captar as emoções, os silêncios e o que está por trás do que é dito. Essa atitude é uma forma de acolhimento e respeito, validando o outro como ele é. Saber ouvir é um presente que fortalece vínculos, aumenta a compreensão mútua e cria laços baseados na empatia e na confiança.

APLICAÇÃO PRÁTICA

Em suas conversas, pratique a escuta ativa. Desligue-se de suas próprias preocupações por um momento e concentre-se totalmente na pessoa que está falando. Ouvir é um gesto de amor silencioso, mas imensamente poderoso.

CONSISTÊNCIA:
.... / 365

SENTIMENTO:

ANOTAÇÕES:

A inércia da crítica
Quem só critica não tem coragem de fazer nada.

Criticar é fácil, mas exige coragem e comprometimento para agir. Aqueles que apenas apontam falhas muitas vezes usam as críticas como desculpa para evitar responsabilidades.

Quantas vezes nos deparamos com pessoas que apenas criticam sem oferecer soluções ou tentar mudar algo? A crítica, quando feita de maneira construtiva, tem um valor imenso. No entanto, quando o objetivo é apenas desmerecer o esforço alheio, ela se torna uma forma de inércia. Criticar sem agir é uma forma de se proteger do risco de errar, pois quem se dispõe a fazer algo, invariavelmente se expõe ao erro e à vulnerabilidade. Entretanto, é na ação, na tentativa e até mesmo no erro, que crescemos e aprendemos. A coragem está em agir, mesmo sabendo que não será perfeito, mas será real.

APLICAÇÃO PRÁTICA

Antes de criticar, pergunte-se: "Eu tenho uma solução para isso? Estou disposto a agir para melhorar a situação?" Transforme suas críticas em ações construtivas. Fazer é sempre mais desafiador, mas também mais recompensador.

CONSISTÊNCIA:
.... / 365

SENTIMENTO:

ANOTAÇÕES:

20 dezembro

A liberdade de ser quem você é

O que os outros pensam de você: essa é sua maior prisão.

A busca constante pela aprovação alheia nos aprisiona em expectativas que nunca serão completamente atendidas. A verdadeira liberdade está em viver de acordo com a nossa essência.

Muitas vezes, moldamos nossas ações e decisões com base no que os outros pensam ou esperam de nós. Isso nos coloca em uma prisão invisível, onde deixamos de viver nossa verdade para agradar aos outros. Esse comportamento, embora comum, nos afasta da nossa própria identidade e dos nossos valores. O que os outros pensam de nós não define quem somos; é apenas uma perspectiva externa. A liberdade real vem quando nos permitimos viver de acordo com o que acreditamos e desejamos, sem a necessidade de aprovação constante. Quando deixamos de nos preocupar com os julgamentos alheios, encontramos um espaço de paz e autenticidade.

APLICAÇÃO PRÁTICA

Reflita sobre como as opiniões alheias têm influenciado suas escolhas. Pergunte-se: "estou vivendo de acordo com minhas próprias convicções ou tentando agradar aos outros?" Liberte-se das expectativas externas e permita-se ser quem você realmente é.

CONSISTÊNCIA: .... / 365

SENTIMENTO:

ANOTAÇÕES:

VERÃO

Persistir sempre

*Não desista, resista.
A vida gosta dos que resistem.*

A vida nos coloca à prova constantemente, e aqueles que continuam, mesmo diante das dificuldades, são os que mais crescem e se fortalecem. Resistir é um ato de coragem e perseverança.

Todos enfrentamos momentos em que a vontade de desistir parece a opção mais fácil. No entanto, é nos momentos mais difíceis que encontramos nossa verdadeira força. Resistir não significa ignorar a dor ou o cansaço, mas sim encontrar dentro de nós uma razão para continuar. A vida sempre testa nossa determinação, mas aqueles que se mantêm firmes diante dos desafios descobrem que a superação traz consigo não apenas a realização, mas também um profundo crescimento pessoal. Persistir nos faz resilientes, e é essa resiliência que nos capacita a alcançar nossos sonhos, mesmo quando o caminho parece impossível.

APLICAÇÃO PRÁTICA

Nos momentos de desânimo, lembre-se de que a resistência é o que nos aproxima de nossas conquistas. Reforce sua motivação, olhe para o que já superou e siga em frente, um passo de cada vez.

CONSISTÊNCIA:
.... / 365

SENTIMENTO:

ANOTAÇÕES:

Como diferenciar frustração de depressão

*Levar um fora: frustração.
Não ver sentido na vida: depressão.*

A frustração faz parte da vida e é natural. Já a depressão é um estado profundo de sofrimento que exige cuidado e atenção. Saber distinguir esses sentimentos é essencial para nossa saúde mental.

Todos nós, em algum momento, enfrentamos a frustração — seja por um relacionamento que não deu certo, um projeto que não saiu como esperado ou um sonho que ainda não se concretizou. A frustração é temporária e, com o tempo, aprendemos a lidar com ela e a seguir em frente. Já a depressão é um estado de vazio profundo, onde a vida parece perder o sentido, e esse sentimento persiste por muito tempo. Diferenciar esses dois estados é fundamental, pois enquanto a frustração pode ser superada com resiliência, a depressão requer um olhar atento e, muitas vezes, tratamento. Não devemos minimizar a gravidade da depressão, mas também não precisamos temer a frustração, que faz parte do nosso crescimento.

APLICAÇÃO PRÁTICA

Reflita sobre como você tem lidado com suas frustrações e avalie se esses sentimentos têm se transformado em algo mais profundo, como a depressão. Se necessário, busque apoio. Cuidar de nossa saúde emocional é essencial para uma vida equilibrada.

CONSISTÊNCIA:
.... / 365

SENTIMENTO:

ANOTAÇÕES:

23
dezembro

Reencontrando sua criança interior
O que a criança que fui acha do adulto que me tornei?

A criança que fomos carrega sonhos e esperanças puras. Olhar para o adulto que nos tornamos com os olhos dessa criança pode nos trazer insights valiosos sobre nossas escolhas e caminhos.

A criança dentro de nós, repleta de curiosidade e sonhos, ainda vive em algum lugar da nossa essência. Ela tinha aspirações, desejos e uma forma única de ver o mundo. Perguntar à nossa criança interior o que ela pensa sobre o adulto que nos tornamos é um exercício poderoso de autoconhecimento. Muitas vezes, na correria da vida adulta, nos afastamos dessa pureza e tomamos decisões que não estão em sintonia com nossos valores mais profundos. Esse reencontro pode nos ajudar a reavaliar nossos passos e, quem sabe, realinhar nossa vida com a essência verdadeira de quem somos.

APLICAÇÃO PRÁTICA

Reserve um momento para refletir: "Minha criança interior se sentiria orgulhosa do adulto que me tornei?" Use essa reflexão para fazer ajustes nas suas escolhas e nas suas prioridades, buscando sempre ser fiel à sua essência.

CONSISTÊNCIA:
.... / 365

SENTIMENTO:

ANOTAÇÕES:

24
dezembro

A profundidade do ser

*O que me define está muito além
do que os olhos alheios podem ver.*

Nossa essência vai muito além das aparências e dos julgamentos superficiais. O que verdadeiramente nos define está escondido nas camadas mais profundas da nossa alma.

Somos frequentemente julgados pelos outros com base em nossas ações visíveis, palavras ditas ou em nossa aparência externa. No entanto, o que realmente nos define são nossos pensamentos mais íntimos, nossas emoções e intenções que os olhos alheios não podem captar. Nossas verdadeiras motivações, lutas internas e sonhos não são facilmente visíveis para o mundo exterior, mas são essas forças que esfcapam aos olhos dos que nos cercam que moldam quem realmente somos. A verdadeira definição de uma pessoa está em sua essência, algo que só pode ser compreendido profundamente por quem se permite conhecer a si mesmo.

APLICAÇÃO PRÁTICA

Reflita sobre o que realmente o define e não se deixe limitar pela opinião alheia. Valorize sua profundidade e autenticidade, mesmo que não sejam plenamente visíveis para os outros.

CONSISTÊNCIA:
.... / 365

SENTIMENTO:

ANOTAÇÕES:

25
dezembro

Poder *versus* amor

O oposto do amor não é o ódio, é o desejo de poder.

O verdadeiro oposto do amor não é o ódio, mas o desejo de controle e poder sobre os outros. Onde há amor, há liberdade; onde há poder, há dominação.

Amor e ódio são frequentemente colocados como opostos, mas, na verdade, ambos têm algo em comum: envolvem uma conexão emocional profunda, mesmo que de formas opostas. O verdadeiro oposto do amor é o desejo de poder, pois o amor se baseia na entrega, no respeito e na igualdade, enquanto o poder busca controlar, dominar e subjugar. O desejo de poder distorce as relações humanas, transformando-as em dinâmicas de controle e manipulação, ao passo que o amor nos eleva e nos liberta. Onde há amor, há espaço para o outro ser quem é; onde há desejo de poder, existe sufocamento e submissão.

APLICAÇÃO PRÁTICA

Reflita sobre suas relações e observe se elas são pautadas pelo amor ou pelo desejo de controle. Trabalhe para cultivar amor genuíno, que liberta, em vez de buscar poder, que limita.

CONSISTÊNCIA:
.... / 365

SENTIMENTO:

ANOTAÇÕES:

As emoções enraizadas

É impossível expulsar da mente aquilo que já se aninhou no coração.

Quando algo ou alguém ocupa um lugar especial em nosso coração, torna-se difícil, se não impossível, esquecê-lo. O que se enraíza no coração permanece vivo em nossa mente.

Nossas emoções e experiências mais profundas não são facilmente esquecidas, especialmente quando elas encontram um lar em nosso coração. O que amamos, o que vivemos intensamente, cria raízes dentro de nós, e mesmo que tentemos afastar esses pensamentos, eles continuam a nos acompanhar. Isso acontece porque as memórias do coração não são meros dados armazenados na mente, mas sim sentimentos vividos e revividos. Tentativas de esquecê-las muitas vezes só as tornam mais presentes, mostrando que o que se aninha no coração é parte inseparável de quem somos.

APLICAÇÃO PRÁTICA

Aceite que certos sentimentos e memórias fazem parte de você. Em vez de tentar expulsá-los, permita-se compreender o papel que eles desempenham em sua vida e em sua jornada emocional.

CONSISTÊNCIA:
.... / 365

SENTIMENTO:

ANOTAÇÕES:

27
dezembro

Caminhar com fé e paz interior

Sigo pela fé e pela paz que desejo perpetuar em minha jornada.

A fé e a paz são as bússolas que nos guiam pela vida. Quando seguimos por esses caminhos, nossa jornada se torna mais serena e significativa.

A vida é repleta de incertezas e desafios, mas quando escolhemos caminhar com fé e cultivar a paz interior, enfrentamos essas dificuldades com mais força e equilíbrio. A fé nos dá a confiança de que estamos seguindo o caminho certo, mesmo quando não podemos ver o destino final. A paz, por sua vez, nos ajuda a enfrentar os obstáculos sem perder a serenidade. Quando perpetuamos esses dois princípios em nossa jornada, encontramos significado e propósito em cada passo, seja ele pequeno ou grande, fácil ou desafiador.

APLICAÇÃO PRÁTICA

Sempre que se sentir perdido ou desorientado, reconecte-se com sua fé e cultive a paz interior. Permita que esses valores guiem seus passos e tragam mais harmonia à sua jornada.

CONSISTÊNCIA:
.... / 365

SENTIMENTO:

ANOTAÇÕES:

28
dezembro

Acolhendo o amor com plenitude

Se o amor bater à sua porta, abra todas as portas e janelas para deixá-lo entrar.

Quando o amor se apresenta em nossa vida, devemos recebê-lo de braços abertos e com o coração escancarado, sem medo ou reservas.

O amor é uma força poderosa, mas muitas vezes, quando ele bate à nossa porta, hesitamos em recebê-lo plenamente, seja por medo, desconfiança ou traumas passados. No entanto, o verdadeiro amor só pode ser vivenciado em toda a sua profundidade quando nos permitimos ser vulneráveis e acolher essa emoção em sua totalidade. Abrir as portas e janelas da nossa vida para o amor significa aceitar a beleza e os desafios que ele traz, com a confiança de que enriquecerá nossa existência de maneiras que nem sempre podemos prever.

APLICAÇÃO PRÁTICA

Quando o amor se apresentar, em qualquer forma – seja romântico, familiar ou de amizade – permita-se recebê-lo completamente. Abra-se para as possibilidades que ele traz e permita-se vivenciá-lo sem medo.

CONSISTÊNCIA:
.... / 365

SENTIMENTO:

ANOTAÇÕES:

29 dezembro

Saborear a felicidade com serenidade

Abra a porta, puxe uma cadeira e saboreie um longo café na companhia da felicidade.

A felicidade não é algo que deve ser buscado com pressa. Às vezes, ela é encontrada nos momentos simples, onde decidimos desacelerar e apreciá-la com tranquilidade.

Muitas vezes, corremos atrás da felicidade como se ela fosse algo distante e inatingível, mas a verdade é que ela está nos pequenos momentos de pausa e apreciação da vida. Decidir sentar e saborear um longo café com a felicidade é uma metáfora para acolher os momentos de alegria e paz que surgem em nosso dia a dia. É um convite para estar presente, para reconhecer o valor das pequenas coisas e permitir que a felicidade, ao invés de ser algo fugaz, seja um estado duradouro e tranquilo que podemos cultivar com consciência.

APLICAÇÃO PRÁTICA

Dedique tempo para saborear a felicidade em sua vida. Seja em um momento de pausa, um café com amigos ou uma caminhada tranquila, aprecie os pequenos instantes de alegria e bem-estar que a vida oferece.

CONSISTÊNCIA:
.... / 365

SENTIMENTO:

ANOTAÇÕES:

Vivendo o amor verdadeiro

*Fala-se muito sobre o amor,
mas são poucos os que realmente o experienciam.*

Embora o amor seja um dos temas mais discutidos, ele é muitas vezes mal compreendido. Poucos têm a coragem e a disposição de vivenciar o amor em sua forma mais pura e profunda.

O amor é frequentemente romantizado em palavras e idealizado em histórias, mas o verdadeiro amor vai muito além das declarações superficiais. Ele exige entrega, vulnerabilidade, paciência e compreensão. Muitos falam sobre o amor, mas poucos estão dispostos a enfrentar as complexidades e desafios que ele traz. Experienciar o amor em sua profundidade é um ato de coragem, pois envolve abrir o coração, aceitar o outro com todas as suas imperfeições e estar disposto a crescer ao lado dessa pessoa. O amor real não é fácil, mas é o que nos transforma e dá significado à vida.

APLICAÇÃO PRÁTICA

Em vez de apenas falar sobre o amor, busque vivenciá-lo em suas relações diárias. Permita-se ser vulnerável e autêntico em suas interações para que possa experienciar o amor em sua forma mais verdadeira e profunda.

CONSISTÊNCIA:
.... / 365

SENTIMENTO:

ANOTAÇÕES:

Fins e recomeços

A vida é feita de ciclos. Cada fim é um novo começo.

A vida é composta por ciclos contínuos de encerramentos e novos começos. Cada término, por mais doloroso que seja, prepara o terreno para uma nova fase de crescimento e aprendizado.

O fim de um ciclo pode trazer tristeza ou medo do desconhecido, mas é importante lembrar que todo fim também é um novo começo. A natureza cíclica da vida nos ensina que nada é permanente e que, assim como as estações mudam, nossas experiências e desafios também passam. Quando aceitamos que os ciclos são parte da jornada, aprendemos a soltar o que já não nos serve e a abrir espaço para o novo. Cada fim, seja ele de um relacionamento, uma fase da vida ou um projeto, nos oferece a oportunidade de recomeçar com novas perspectivas e forças renovadas.

APLICAÇÃO PRÁTICA

Quando um ciclo se encerrar em sua vida, em vez de resistir, abrace o novo começo que está por vir. Encare esse fim como uma oportunidade de crescimento e transformação.

CONSISTÊNCIA:
.... / 365

SENTIMENTO:

ANOTAÇÕES:

Um tempo pra mim

Faça aqui a sua reflexão sobre como este livro o ajudou a enfrentar os altos e baixos do seu último ano. Descreva como você mudou nesses doze meses e liste os momentos em que as considerações e atividades presentes em *Um tempo pra mim* o ajudaram a lidar com momentos complexos. Revisite as anotações que realizou ao longo destas páginas e identifique as ideias com as quais você precisa se reconectar e quais pontos de seus hábitos, personalidade e rotina ainda precisam ser melhor trabalhados. Marque aquelas páginas que apresentam pontos que ainda representam desafios para o seu processo de evolução e desenvolvimento. Escreva livremente e sem amarras Respire fundo, revisite seu íntimo e mergulhe nas mudanças trazidas por esse tempo consigo mesmo.

Este livro, composto na fonte Inria Serif,
foi impresso em papel Offset 75g na Gráfica Santa Marta,
São Bernardo do Campo, dezembro de 2024.